KB128927

# 100

# 스타트업 100인의 커뮤니케이션 전략

'큰 기업'이 '작은 기업'을 잡아먹던 시대는 끝났다
'빠른 기업'이 '느린 기업'을 잡아먹는 시대가 왔다

Communication

민병운 저

학지사비즈

# 들어가는 말

**삼슥현엘이 아니라 네카라쿠배당토직야**

**MVP가 스포츠의 그 MVP가 아니다**

**HR이 아니라 HC**

**인사팀이 아니라 피플앤컬처팀**

**프레젠테이션이 아니라 피칭**

**페이 잇 포워드, 판교 사투리, J커브, 컬처덱, 커피챗, 허슬링, 아하 모먼트?**

여기에 여러 생소한 용어들이 있다. 이 용어들이 익숙하고 잘 아는 것들이라면 이 책을 읽지 않아도 좋다. 하지만 이 용어들이 익숙하지 않거나 한번쯤 들어봤다고 하더라도 이 용어들에 대한 정확한 내용과 배경 지식을 잘 알고 있지 못하다면 이 책을 읽어 볼 가치가 있을 것이다. 사실 이 신조어들에는 공통점이 있다. 바로 이 말들이 만들어진 곳이 스타트업이라는 것이다. 대략 2010년부터 본격화된 국내 스타트업 열풍은 10년 동안 급속도로 확산됐다. 그만큼 스타트업과 관련된 다양한 용어들이 등장했다. 그리고 스타트업에서 파생된 여러 개념과 그들이 이끌고 있는 변화들을 대기업들이 받아들이기 시작했다.

그래서 이 책은 이런 신조어들을 만들어 낸 스타트업이 대체 무엇인지, 스타트업과 기존 기업은 무엇이 다른지, 스타트업이 기존 기업과 차이를 만들면서 바꾼 패러다임의 변화들은 무엇인지, 그래서 기존 기업들이 스타트업에서 무엇을 배우고 무엇을 도입하고 있는지를 알아보고자 하는 내용을 담고 있다. 또한 스타트업에 대한 내용을 알기 쉽게 설명하여 대기업에 비해 잘 알려져 있지 않은 스타트업 전반에 대한 이해도를 높이는 데에 목적이 있다. 더 나아가 대기업과 스타트업을 놓고 여러 저울질을 할 때 선택에 있어서 실패 확률을 줄이고, 선택을 했다면 각 업계에서의 적응력을 높이는 데에 도움을 주려는 목적이 있다.

따라서 이 책은 초기 진로에 고민을 안고 있는 학생들이나 이제 막 스타트업을 시작하거나 스타트업에 취업하려고 하는 취업 준비생, 나이를 불문하고 스타트업을 인생 포트폴리오에 하나쯤 넣으려고 하는 예비 창업자, 이제 막 직장 생활을 시작한 사회초년생, 현재 회사를 다니고 있지만 스타트업으로 이직을 고려 중인 경력자, 혹은 회사에 스타트업의 가치와 DNA를 이식하고자 하는 중간관리자 등을 대상으로 하고 있다.

이를 위해 대기업과 스타트업에서의 개인적 경험을 녹여 냈고, 또 다양한 책, 콘텐츠, 세미나, 콘퍼런스 등을 참고하기도 했다. 하지만 이 책은 무엇보다 대기업과 스타트업을 두루 경험한 100여 명의 업계 전문가들에게 들은 진솔한 이야기들이 종합됐다는 것이 가장 큰 특징이다. 그들은 미국 실리콘밸리와 한국은 물론이고, 글로벌 스타트업 시장에서 빼놓을 수 없는 중국, 일본, 베트남 스타트업 관계자들이다. 경력으로는 창업자나 대표부터 3~4년차까지 아우르고 있다. 직무로는 제품, 개발, 인사, 투자, 대관, 마케팅, 홍보 등 각 분야별 전문가들이 고루 분포되어 있다. 이들의 경력을 모두 더하면 100년은 넘을 정도이다.

그리고 이들이 인터뷰에 응해 준 시간만 해도 100시간은 족히 넘을 것이고, 그 시간을 돈으로 환산한다면 어마어마한 가치를 가질 것이다. 이렇게 많은 스타트업 관계자들이 도움을 준 이유는 선배가 자신의 경험과 노하우를 후배들에게 아무런 대가 없이 공유하는 실리콘밸리만의 독특한 문화인 '페이 잇 포워드(pay it forward)'가 작용했기 때문이다. 또한 스타트업이 현재 많은 변화를 이끌고 있기 때문에 그 격랑 속에서 느낀 바를 잘 알려 주고 싶은 마음 때문이기도 하다. 그리고 그만큼 스타트업에 대한 오해와 환상도 있기 때문에 스타트업을 잘 알길 바라는 마음이 담겼다. 이 지면을 빌려 인터뷰에 응해 주신 모든 분께 진심으로 감사드린다. 이제 스타트업이라는 작은 시작이 얼마나 큰 변화를 만들었는지, 그래서 어떻게 스타트업이 시대의 흐름이 됐는지, 우리는 스타트업에서 무엇을 배우고 무엇을 얻을 수 있는지에 대해 하나씩 알아보려고 한다.

## 이 책을 위해 도움 주신 분들

이 책을 위해 100명이 넘는 분들이 인터뷰를 해 주셨다. 그중 개인 사정에 따라 표기를 꺼려하신 분들을 제외하고 표기에 동의해 주신 분 116명을 정리하였다. 특히, 이 책은 많은 분들의 의견을 종합한 결과물이기 때문에 특정 내용에 대해서는 각자의 입장이 일부 다를 수도 있음을 밝힌다.

### 한국(100명)

강영석 　네이버 광고플랫폼 기획
고창현 　하이퍼노바 공동창업자 | 전 삼성SDS 백엔드 엔지니어
공은지 　팀스파르타(스파르타코딩클럽) 프로덕트 디자이너
구자욱 　디웨일(클랩) 대표 | 전 AI 홈트레이닝 위힐드 공동창업자 겸 COO, 삼성SDS 사내벤처 대표
권정현 　더뉴그레이 대표
김근애 　현대홈쇼핑 모바일 쇼호스트 | 전 아모레퍼시픽 브랜드 마케팅, 삼성전자 무선사업부 전략마케팅실
김민경 　오즈 컨설팅 대표 | 『링크드인 취업혁명』 저자
김민표 　크레이빙콜렉터(콜렉티브) 콘텐츠 디자이너 겸 마케터
김성은 　AI 음원 서비스 주스 서비스 기획팀장
김여경 　비즈니스캔버스(타입드) 마케터
김영민 　팀마고스 CPO | 전 제네시스랩 CPO, 야놀자 Senior PO, 클래스픽 대표, 레

코벨 매니저, 위메프 과장, 티몬 과장
김용호 스트라(코다, 리스픽) 대표 | 전 삼성전자 C-Lab
김용훈 월급쟁이부자들 CMO | 전 펫프렌즈 CMO, 굿닥 크리에이티브 디렉터 및 그로스해커, 이제석광고연구소 아트디렉터
김유경 우아한형제들(배달의민족) 홍보팀장 | 전 중앙일보, 이코노미스트 기자
김은후 더블미 메타버스 경험그룹장
김의경 LG전자 모바일커뮤니케이션사업본부 연구개발팀
김정수 스위트스팟 대표
김지엽 클래스유 크리에이터 겸 마케터 | 전 GC녹십자웰빙 영상제작
김지은 애자일소다 마케팅팀 수석연구원
김진성 쿠팡플레이 과장 | 전 KBS 미디어 매니저, 아이코닉스 어시스턴트 매니저, CJ Hello 어시스턴트 매니저
김채현 더파이러츠(인어교주해적단) 운영팀 매니저
김태용 EO 대표
김한비 더기프팅컴퍼니 PM
김해성 커뮤니케이션앤컬쳐 상품기획전략팀
김현일 디스에이블드 대표
김 호 더랩에이치 코치 | 전 에델만코리아 대표 | 『직장인에서 직업인으로』 『그렇게 물어보면 원하는 답을 들을 수 없습니다』 저자
김호진 전자결제서비스 페이레터 이사
김희정 째깍악어 대표 | 전 매일유업 유아식사업본부 사업부장, 리바이스코리아 마케팅팀장, 한국존슨앤드존슨 마케터
노성열 한화시스템 위성시스템팀 연구원 | 전 이노스페이스 전자제어팀 연구원
노유리 요기요 매거진 '맛(maat)' 에디터
다이켄 젠 유튜브 '다이켄의 테크인사이트' 운영자
문성욱 팀블라인드(블라인드) 대표 | 전 티몬 시니어 프로덕트 디렉터, 네이버 서비스 프로덕트 매니저
민경욱 아이티앤베이직(심플로우, 심오피스, 심커리어, 심클래스, 심플로우ev) 대표 | 전 크래프톤 QA
박다함 슈퍼워크 시니어 프로덕트 디자이너
박소령 퍼블리 대표
박재규 올림플래닛 마케팅팀장 | 전 직방 마케팅, 오뚜기 마케팅
박종진 삼성생명 상무
박지연 캔서테인먼트 박피디와 황배우 공동대표
박창모 고박스 대표 | 전 삼성전자 해외영업

박현호 크몽 대표
박혜린 아무(비니티) 대표
배현경 운칠기삼(포스텔러) 공동창업자 겸 CCO
백경진 리테일 미디어 플랫폼 프리즘 미디어사업실 매니저
백산 쿠팡 이사(Director of Product Management) | 전 몰로코 ML 시니어 PM, Awair 부사장, 라인(LINE) USA 시니어 매니저
손주현 현대자동차 국내사업비즈니스지원팀 매니저
손창원 블렌딩(뮤빗, 뮤아) 공동대표
손하빈 밑미(meet me) 대표 | 전 Airbnb 브랜드 마케팅 매니저, IBM 비즈니스 컨설턴트
송준협 8퍼센트 홍보실장 | 전 중앙일보 광고사업본부, 롯데홈쇼핑 MD
신성국 허그인 대표
신한철 팀민트 사업개발팀장 | 전 모비데이즈 퍼포먼스 마케팅
심상훈 뉴미디어아트 그룹 벌스(VERS) 대표
심재한 라이넨스 공동창업자 겸 사업개발실장 | 전 의식주컴퍼니(런드리고) B2B사업본부장
안재선 그립컴퍼니 B2B 클라우드 마케터 | 전 아드리엘 마케팅 매니저 | 『서투르지만 둥글둥글한 팀장입니다』 저자
안정호 앤마들린(오늘룩) 대표
양가영 우아한형제들(배달의민족) 사업부문 외식업솔루션센터 외식업마케팅팀
양승운 케이씨벤처스 감사
염예원 온닥터 마케팅
유두호 바비톡 CMO | 전 eBay Korea 스마일마케팅실 이사 실장, 제일기획 시니어 어카운트 매니저
유호현 토블(Tobl) 대표 | 전 옥소폴리틱스 대표, Airbnb 소프트웨어 엔지니어, Twitter Senior 소프트웨어 엔지니어 | 『옥소 플레이북』 『이기적 직원들이 만드는 최고의 회사』 『실리콘밸리를 그리다』 저자
윤현지 코드스테이츠 콘텐츠 MD
이기대 강원창조경제혁신센터 센터장 | 전 스타트업얼라이언스 이사 | 『초보 창업자를 위한 HR가이드북』 『스무살 이제 직업을 생각할 나이』 『외국인회사 들어가기 옮겨가기』 저자
이병문 왓챠 모션&비주얼 디자인팀장
이상근 콴텍 대표
이상민 뉴빌리티(뉴비) 대표, 포브스 아시아 30세 이하 리더
이영운 크림 물류팀장

이원철 링티 대표 겸 재활의학과 의사
이유빈 세컨드클로젯(두옷) 대표
이재현 엠엑스바이오 대표 | 전 비브로스(똑닥) 공동창업자 겸 COO
이정우 이멀스 소프트웨어 엔지니어
이준상 그립플레이 대표
이진선 더 코어(THE CORE) 대표 | 전 더자람컴퍼니(그로우앤베터) 디자인 리드 | 『사수가 없어도 괜찮습니다』 저자
이창수 창톡 프로덕트팀장 | 전 얼룩소 창립멤버
이형기 신세계백화점 컨텐츠전략팀장 | 『리:티핑 포인트』 저자
이혜미 한국사회투자 CCO | 『CSR 2030을 만나다』 저자
장병준 노코드캠프 대표 | 전 팀블라인드(블라인드) 사업개발팀 리더, 사운들리 PM, SK텔레콤 세일즈 매니저
장한솔 쿠팡플레이 PM | 전 당근 PM, VCNC(타다) 기획&분석팀
장혜인 헤이스타트업재단 사무국장
정승현 마카롱팩토리(마이클) 프로덕트 오너
정연욱 대한항공 부기장
정종빈 볼트 데이터사이언티스트 | 전 우버 데이터사이언티스트
정지용 사람인 경영전략팀
정휘관 하우즈커뮤니케이션앤컨설팅 이사 | 전 대한민국시장군수구청장협의회 소통지원팀장, 식품의약품안전처, 중앙자살예방센터 미디어홍보팀장 | 『역발상 트렌드 2023』『코로나 시대의 역발상 트렌드』 저자
조계연 위아프렌즈(트리프렌드) 대표
조용범 메타 동남아시아 대표 | 전 페이스북 코리아 대표
조은빛 에이피알 PR 매니저
조준현 마이로(MYRO) 대표 | 전 LG CNS
진대연 뤼튼 PM | 전 화상회의 솔루션 으흠(mmhmm) 아시아태평양 사업개발 총괄, 올거나이즈 고객 성공 매니저, Awair 한국 지사장, 에버노트 한국 AE&세일즈 매니저
천세희 더자람컴퍼니(그로우앤베터) 대표 | 전 채널톡 COO, CLASS101 부사장, 우아한형제들(배달의민족) 디렉터
최성진 코리아스타트업포럼 대표
최정우 고위드 프렌즈 대표 | 전 뷰티앤케이 대표, 옐로트래블 대표, 아모레퍼시픽 그룹 미래전략실 | 『로켓 패러독스』『스타트업은 어떻게 유니콘이 되는가』 저자
최정혁 헬스랩(글리어, 술친굼, 마이디어) 대표 | 전 쿠폰차트 런칭멤버

| | |
|---|---|
| 최항집 | 스타트업얼라이언스 센터장 ǀ 전 현대자동차 사내벤처 대표, 현대자동차 오픈이노베이션 플랫폼 제로원 센터장 |
| 최혁재 | 스푼라디오 대표 |
| 최화준 | 아산나눔재단 AER지식연구소 선임연구원 ǀ 『테크노 사피엔스』 저자 |
| 한재혁 | 토스페이먼츠 데이터베이스 어드미니스트레이터 |
| 함동수 | 시니어 개인 비서 서비스 토끼와 두꺼비(똑비) 대표 |
| 함윤선 | 토스뱅크 데이터 애널리스트 ǀ 전 LG유플러스 선임 |
| 황서윤 | 캔서테인먼트 박피디와 황배우 공동대표 |
| 황재성 | 위트레인(운동닥터) 이사 ǀ 전 LG유플러스 사내벤처 |
| 황조은 | 힐링페이퍼(강남언니) 홍보이사 ǀ 전 카카오벤처스 PR팀장, 스포카(도도포인트) PR 매니저 ǀ 『그 회사의 브랜딩』 저자 |

## 중국(11명)

| | |
|---|---|
| Alexey Tsybin | Cainiao Logistics System Development Team |
| Doo Ting | Aimeewq PR Team |
| Guo Miao | Mageline CEO |
| Hao Wan | Daqing Wanan Security Service CEO |
| Mei Shen | Ola Chat Marketing ǀ Pre. ByteDance(TikTok) Marketing |
| Ron Chan | Chan Tea CEO |
| Vanessa Heng | Douyu Marketing |
| Wu Lujia | Knowledge Planets CEO |
| Wu Wen | Blue Dream Marketing |
| Wu Yuexin | Wajijiwa Entertainment PR Team ǀ Pre. Flowsixteen PR Team |
| Xiaojun Xu | Cainiao International Business |

## 베트남(5명)

| | |
|---|---|
| Bui Bich Ngoc | Cake Digital Bank Marketing ǀ Pre. Viettel Telecom Marketing, Vingroup Company Marketing |
| Dao Van Tam | Detech Group Chairman, Konnai Coffee Founder |
| Hanh Tran | Humangate CEO |
| Huong Nguyen | Vingroup Company Head of Accounting |
| Phan Phoi Chinh Hang | Dabae CEO |

## 차례

START UP

# 01

# 빠른 기업이 느린 기업을 잡아먹는 시대

## 변화의 서막

스타트업이라는 말 자체는 약 50년 전 미국 실리콘밸리를 중심으로 본격적으로 쓰이기 시작했다. 하지만 국내에서 스타트업이 눈에 띄게 많이 보이기 시작한 것은 2010년 정도부터이다. 그리고 2020년대에 들어서 스타트업에 대한 기사나 투자 소식들이 폭발적으로 증가하기 시작했다. 사람들 사이에서 스타트업이 많이 회자되기 시작한 것도 이쯤이다. 실제로 대학교에서는 학생들의 스타트업에 대한 관심이 높아지고 있고, 취업에 있어서도 스타트업이 학생들의 주요 선택지 중 하나로 자리매김하기 시작했다. 업계에서도 대기업에서 스타트업으로 이직하려고 하거나 대기업이 오픈 이노베이션 등을 통해 스타트업과 협업하는 등 스타트업의 가치와 DNA를 이식하고자 하는 움직임도 많아졌다. 정부도 이미 성숙된 기업 환경과 저성장 흐름을 스타트업으로 풀고자 스타트업에 대한 투자를 늘리고 있고, 지자체들도 스타트업에 대한 지원을 늘리며 지역 활성화를 도모하기 시작했다.

요컨대 대학교, 대기업, 정부, 지자체 등 여러 분야에서 스타트업이 관심의 대상이 되고 있다. 그런데 이렇게 스타트업이 많은 분야에서 관심을 받고 있다는 표현만으로는 지금의 현상을 모두 표현하기 어렵다. 스타트업이 현재 던진 화두는 이것이기 때문이다.

'큰 기업'이 '작은 기업'을 잡아먹던 시대는 끝났다.
'빠른 기업'이 '느린 기업'을 잡아먹는 시대가 왔다.[1]

즉, 모든 분야에서 변화의 속도는 점점 빨라지고 있고, 조금이라도 그 템포를 따라가지 못하면 아무리 튼튼하고 철옹성 같은 기업도 경쟁사에 잡아먹히는 것이 시대의 흐름이다. 그런데 여기서 빠른 기업을 상징하는 것이 스타트업이고, 스타트업은 고객이 원하는 상품과 서비스를 빠르게 출시하거나 빠르게 비즈니스를 전환(pivot)하기 때문에 생존 가능성이 높다. 이런 스타트업의 기본적인 속성이 변화의 서막을 열었다고 할 수 있다.

## 주목해야 하는 10가지 변화의 숫자와 현상들

### 하나, 유니콘 기업 1,000개 시대

최근 글로벌 경기 침체에 따라 스타트업에 대한 투자가 어려워지고 있다고는 하지만 여전히 기업 가치가 성장하고 있는 스타트업도 많다. 그리고 스타트업의 성장률만 놓고 보면 대기업을 능가하고 있다. 그래서 글로벌 시장조사기관 CB인사이트에 따르면 2023년 5월 기준 기업 가치가 1조 원 이상인 비상장 '유니콘 기업'이 전 세계에 1,216개로 늘어났다.[2] 한국의 경우 중소벤처기업부에 따르면 2022년 말 기준 유니콘 기업은 22개로 나타났다.[3] 이는 2018년 말 6개에서 약 4배 가까이 증가한 것으로 초기 스타트업이 유니콘 기업이 될 확률이 높아지고 있다는 뜻이다. 그리고 그런 확률이 높아지고 있다는 것은 시장에서 스타트업을 받아들이는 저변이 확대되고 있다는 뜻이기도 하다. 왜냐하면 기업 가치를 인정받기 위해서는 투자자와 소비자에게 있어서 스타트업의 인식이 높아져야 하기 때문이다.

## 둘, 스타트업 종사자 100만 명 시대

중소벤처기업부가 발표한 '2022년 벤처 · 스타트업 고용동향'에 따르면 2022년 말 기준 벤처 · 스타트업은 2021년 대비 8.1% 증가한 74.6만 명을 고용하여 같은 기간 전체 기업의 고용 규모가 2.4% 증가한 것과 비교해 3배 이상 높은 증가율을 보였다.[4] 여기에 혁신벤처단체협의회 소속 회원사를 기준으로 보면 스타트업 종사자는 100만 명이 넘는 것으로 나타났다.[5] 이는 삼성, SK, 현대자동차, LG 등 4대 대기업 그룹의 고용 인원인 69만 8,000명보다 더 많은 규모이다. 즉, 스타트업 종사자가 4대 대기업 그룹 종사자 수를 넘어서는 골든 크로스가 일어나면서 스타트업이 전면에 등장하기 시작했다.

그것을 상징적으로 보여 주는 말이 '네카라쿠배당토직야'이다. 네카라쿠배당토직야는 네이버, 카카오, 라인, 쿠팡, 배달의민족, 당근마켓, 토스, 직방, 야놀자를 의미하는데, 미국에 FAANG(페이스북 · 아마존 · 애플 · 넷플릭스 · 구글)이 있는 것과 같이 한국의 대표 스타트업들의 초성을 딴 신조어가 생긴 것이다. 그래서 이제 '삼슥현엘', 즉, 삼성, SK, 현대자동차, LG 그룹에 들어가는 것만큼 네카라쿠배당토직야에 들어가는 것이 낯설지 않다. 흥미로운 것은 이 신조어 뒤에 붙는 스타트업들이 계속 늘어나고 있고, 그 속도가 점점 빨라지고 있다는 점이다. 이 외에도 개발자들의 '신의 직장'으로 불리는 '몰두센', 즉, 몰로코, 두나무, 센드버드 등 한국인이 창업한 실리콘밸리 기반 스타트업들의 조합도 등장하기 시작했다.

### 셋, 대기업을 넘어서는 스타트업 선호도

이렇게 스타트업 종사자가 증가하고 있는 이유는 스타트업에 대한 선호도가 높아지고 있기 때문이다. 실제로 최근 '취업하고 싶은 기업' 또는 '이직하고 싶은 기업' 순위에서 스타트업이 차지하는 비중이 증가하고 있거나 높은 순위를 차지하는 경향이 짙어지고 있다. 얼마 전 취업 포털 인크루트가 구직 중인 전국 대학생 약 1천명을 대상으로 조사한 '2022 대학생이 뽑은 가장 일하고 싶은 기업'에 따르면 1위는 카카오였다. 카카오는 2020년부터 3년 연속 1위를 차지하고 있다. 대학생들은 카카오를 뽑은 주된 이유로 '본인의 성장과 자기계발 가능성'을 꼽았는데, 이는 '카카오 출신'이 업계에서 경쟁력을 갖춘 상징이 됐기 때문이다. 그다음 2위는 네이버였다. 이에 대한 응답자들의 이유는 '기업의 사업 가치와 미래 성장 가능성 유망'이었다.[6] 카카오와 네이버를 선호하는 이유의 공통 키워드는 '성장'이었는데, 이는 카카오와 네이버가 기존 기업들과 달리 본인의 성장에 직접적으로 도움이 될 거라는 기대가 반영된 결과로 보인다.

같은 취업플랫폼 잡코리아의 결과도 크게 다르지 않았다. 잡코리아는 최근 대학생들이 뽑은 가장 취업하고 싶은 기업 순위를 공개했는데, 삼성전자, 카카오, 삼성바이오로직스, 아모레퍼시픽, 네이버 순이었다.[7] 카카오와 네이버가 기존 기업들과의 취업 선호도에서 거의 밀리지 않거나 높은 선호도를 보이고 있는 것이다. 특히, 이직 시장에서도 스타트업에 대한 선호도가 높은 것으로 나타났다. 최근 잡코리아가 직장인 약 1천 명을 대상으로 조사한 '스타트업 기업의 이직 의향'에 따르면 직장인의 72.3%가 '스타트업으로 이직할 의향이 있다'고 답했다.[8] 취업과 이직에 있어서 스타트업의 존재감이 확실히 드러나고 있다.

### 넷, 판교 사투리를 모르면 말이 통하지 않는다

어떤 분야에서 신조어가 등장하고, 그것을 사람들이 관심갖기 시작하면 그것은 그 분야가 사회적 현상이 되고 있다는 것과 같다. 이를 대표하듯이 스타트업들이 많이 모여 있는 판교를 중심으로 스타트업에서 주로 쓰는 말들이 여기저기 회자되고 있고, 그 말들을 '판교 사투리'라고 부르기 시작했다. 일반적인 사람들이 평소 쉽게 접하기 어려운 생소한 스타트업 소통 언어를 소위 '판교어'나 '판교 사투리'라고 부르게 된 것이다.[9]

예를 들어, '이슈가 있느냐'는 말은 일반적으로 마케팅에서 화제가 되길 바란다는 긍정적인 의미이지만 스타트업에서는 문제, 리스크, 껄끄러운 것, 애매한 것 등 부정적인 표현이다. 그래서 스타트업 대표가 직원들을 살피면서 "이슈 있어요?"라고 물으면 그것은 일을 하는 데 있어서 문제가 있느냐고 확인하는 의미이다. 그리고 스타트업에서는 회의를 할 때 '린(lean)하게 하자'는 말을 자주 쓴다. '린하다'는 말은 업무를 추진할 때 이것저것 군더더기 없이 잘게 쪼개서 빠르게 처리하자는 의미이다. 사람을 두고 평가하는 말도 다르다. 보통 일반 회사에서는 많은 사람들에게 인정받는 사람을 '에이스'라고 표현하지만 스타트업에서는 '펀딩감'이라고 부른다. 투자자가 능력 있는 스타트업에 투자하듯이 사람도 그런 방식으로 평가하고 부르는 것이다. 재미있는 건 기존 기업들에서도 저연차 직원들 중심으로 이런 신조어들을 조금씩 쓰기 시작했는데, 상사들이 그런 말들을 이해하지 못해 서로 말이 통하지 않는다는 얘기도 들린다. 그래서 이제 〈우리말 나들이〉를 볼게 아니라 판교 사투리를 배워야 한다. 이렇게 판교 사투리라는 신조어 모음이 생기다 보니 유튜브에서는 판교 사투리를 주제로 콘텐츠가 다수 만들어졌고, 사람들이 이를 공유하면서 하나의 밈(meme)처럼 즐기기 시작했다. 이에 대해 언어 전문가들은 스타트업의 이런 신조어들이 하나의 문화로서, 새 언어로서 힘을 얻어가고 있다고 분석했다.[10)]

### 판교어 사전

**린하게 하자**
두루뭉술한 업무를 목표에 맞춰 잘게 쪼개 빠르게 진행하자[쓸데없는 낭비를 최소화 하자는 '린 제조(Lean Production)' 방식에서 파생].

**MVP**
최소 기능 제품. 기존의 시제품하고는 다르게 아이디어만 반영한 미완성 제품이지만 사용자에게 그 가치를 증명할 수 있는 것.

**비즈니스 피봇**
기존에 시작한 사업이 여러 이유로 난관에 부딪혀 진행이 어려울 때 타깃 소비자 또는 서비스 방식 등을 바꾸는 것.

**그 사람 정말 펀딩감이다**
그 사람은 불특정 다수에게도 어필할 만한 재주나 아이디어를 갖고 있는 사람이구나.

**너는 올라운더니?**
너는 어느 업무를 맡겨도 성과를 낼 수 있는 능력자인지?

**OKR하자**
구성원 각자가 객관적으로 눈에 띄는 성과를 내도록 합시다.

**A/B Test**
시장 반응을 살펴보기 위해 A그룹과 B그룹으로 나누어 제품이나 서비스 테스트를 진행하고 최적의 안을 찾는 경영 방식.

자료: 업계 취합

판교어 사전

## 다섯, 광고시장의 큰 손이 된 스타트업

스타트업들이 성장을 거듭하고, 그 성장세가 빠르다 보니 일부 스타트업은 대중성을 확보하기 위해 대중 매체 광고를 하기 시작했다. 이제 스타트업들이 마케팅 활동을 주로 했던 소셜 미디어나 포털 사이트에서 벗어나서 TV 광고, 버스와 지하철 등 옥외 광고를 하거나 심지어 쇼핑몰이나 번화가에서 팝업 스토어도 열기 시작한 것이다. 그래서 이제 주변에서 스타트업 광고를 보는 것이 흔한 일이 되었다. 대표적인 패션테크 스타트업 무신사와 지그재그, 이커머스 플랫폼 컬리, HR 플랫폼 플렉스 등은 TV 광고에서 심심치 않게 볼 수 있고, 글로벌 협업툴 노션 광고는 버스나 지하철에서 쉽게 접할 수 있다. 여기에 중고차 가격 조회 플랫폼 헤이딜러는 더현대 서울에서 팝업 스토어를 열었고, 협업툴 플로우 역시 여의도에 체험형 팝업 스토어를 열어서 대중과의 접점을 늘리기도 했다.

비단 대중 매체 광고뿐만 아니라 늘어나고 있는 스타트업 숫자만큼 소셜 미디어와 포털 사이트에서의 스타트업 광고는 지속적으로 증가하고 있다. 특히, 글로벌 광고업계에 가장 큰 영향력을 행사하고 있는 세계적인 크리에이티브 행사 '칸 라이언즈'에서는 스타트업들의 스폰서십과 참여 비중이 크게 늘었다. 이렇듯 가장 상업적이고 소비자 극단에 있는 광고시장에서 스타트업들의 노출이 많아지고 있다는 것은 그만큼 스타트업의 저변이 확대되고 있다는 증거이기도 하다. 그래서 광고업계에서는 스타트업이 없었다면 광고대행사들의 매출에도 영향이 있었을 것이고 광고업계 전체가 활력을 잃었을 것이라는 평가도 나온다.

지그재그 TV 광고[11]

헤이딜러 TV 광고[12]

## 여섯, 콘텐츠가 되고 있는 스타트업 스토리

미디어 시장을 놓고 보면 최근 스타트업 콘텐츠가 증가하고 있음을 알 수 있다. 우선 2015년 하루 10건에 불과했던 스타트업 관련 기사가 2022년 하루 50~100건씩 나오고 있을 정도로 스타트업에 대한 언론사, 기자, 대중의 관심이 높아졌다. 심지어 해외에서는 미국뿐만 아니라 베트남에서 스타트업 서바이벌 오디션 〈샤크 탱크〉의 인기가 대단하다. 광고시장과 마찬가지로 미디어가 관심을 갖고 그에 대한 콘텐츠를 만든다는 것은 그곳에 시장이 있다는 뜻이다. 힙합, 트로트, 뮤지컬이 그랬던 것처럼 말이다.

그래서 최근 스타트업을 소재로 한 영화와 드라마가 제작되고 있는 흐름을 유심히 볼 필요가 있다. 물론 그 전에도 스타트업 주제 영화와 드라마들은 있었다. 2010년 〈소셜 네트워크〉, 2016년 〈스티브 잡스〉와 같은 영화가 대표적이었고, 한국에서도 2020년 tvN 드라마 〈스타트업〉이 있었다. 하지만 이 작품들은 일부 인물을 중심으로 스타트업을 드라마적으로 다루거나 현실감이 없는 내용이 많았다.

그런데 최근 스타트업 자체의 성공과 실패를 실재감 있게 다룬 콘텐츠가 떠오르기 시작했다. 예를 들어, 넷플릭스에서는 2021년부터 〈타다: 대한민국 스타트업의 초상〉 〈말하지 못한 이야기: AND1의 흥망성쇠〉 등의 다큐멘터리와 음원 스트리밍 플랫폼 스포티파이를 주제로 한 영화 〈플레이리스트〉 등 스타트업 콘텐츠를 연이어 선보이기 시작했다. 뿐만 아니라 애플은 스타트업을 배경으로 한 3부작 드라마 〈애플 앳 워크〉를 만들었고, 최근 쿠팡플레이도 스타트업 웹드라마 〈유니콘〉을 제작했다. 그 외에 실제 스타트업을 돌아다니며 생생한 이야기를 다룬 유튜브 콘텐츠 〈워크맨 기업탐방〉 등 실제 스타트업 현장을 느낄 수 있는 콘텐츠가 계속 만들어지고 있다. 이들 모두 과장되거나 꾸며진 이야기가 아닌 리얼 스타트업 스토리를 담고 있다는 평가를 받는다. 그만큼 대중들이 스타트업을 관심 있게 받아들이기 시작했다고 할 수 있다.

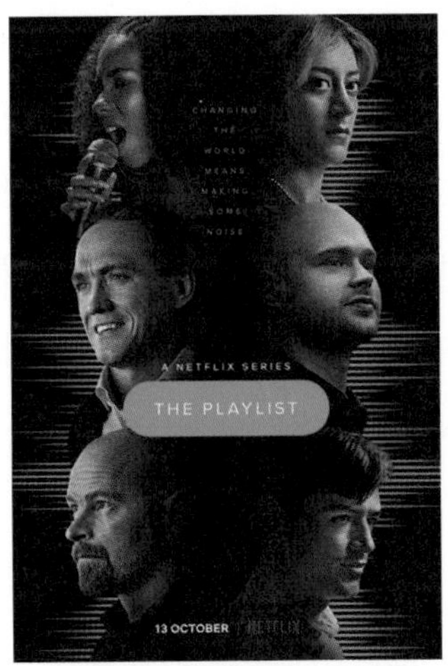


넷플릭스의 스포티파이 영화
〈플레이리스트〉

쿠팡플레이의 웹드라마 〈유니콘〉

## 일곱, 곳곳에서 펼쳐지고 있는 세계 4대 스타트업 행사

매년 세계 곳곳에서는 스타트업과 관련된 여러 행사와 축제가 열리고 있다. 스타트업에 대한 사람들의 관심이 높아지고 있기도 하지만 스타트업 상호 간 경쟁과 공존을 위한 목적도 있는 것이다. 그래서 ICT 박람회나 패션위크, 국제 영화제처럼 스타트업 업계에서도 '세계 4대 스타트업 행사'라는 것이 있다. 미국의 테크크런치 디스럽트(TechCrunch Disrupt), 포르투갈의 웹 서밋(Web Summit), 프랑스의 비바 테크놀로지(VIVA Technology), 핀란드의 슬러시(Slush)가 그것이다. 이 중 매년 핀란드 헬싱키에서 열리는 슬러시는 규모면에서 세계 최대 스타트업 행사라고 할 수 있는데, 2022년에는 참가자가 1만 명을 넘길 정도로 큰 관심을 끌고 있다. 그런데 이 슬러시의 스핀오프 행사인 '슬러시드(Slush'D)'가 2023년 6월 부산에서 열렸다. 슬러시드의 한국 개최는 이번이 처음이었는데, 갈수록 성장하고 있는 한국 스타트업 업계에 대한 슬러시의 화답이었던 셈이다. 이렇게 글로벌 스타트업 행사들이 활발하게 개최되고 있는 가운데에 거꾸로 해외 스타트업 관계자들이 많이 참여하는 국내 스타트업 행사들도 빠르게 자리잡고 있다. 예를 들어, 컴업(COMEUP), 스타트업:콘(Startup:CON), 바운스(Bounce) 등이 대표적이다.

뿐만 아니라 세계 3대 ICT 박람회인 CES, MWC, IFA 등에서도 스타트업만을 위한 공간이 마련되어 스타트업들의 기술력이 글로벌 ICT 업계를 선도하는 한 축이 됐음을 알리고 있다. 매년 1월 미국 라스베이거스에서 개최되는 CES는 '유레카 파크(Eureka Park)'

라는 이름의 스타트업 전시관을 개최하여 1,000개가 넘는 스타트업들을 선보이고 있다. 특히 이 CES에서는 'K-스타트업관'도 운영되고 있다. 또한 매년 2월 스페인 바르셀로나에서 열리는 MWC에도 '지금부터 4년 후(4 Years From Now: 4YFN)'라는 스타트업 경연 전시장이 있다. 그리고 매년 9월 독일 베를린에서 열리는 IFA 역시 유망 스타트업이 모여있는 '넥스트(Next)' 전시관을 운영한다. 특히, 2030 세계박람회에서도 스타트업관이 별도로 운영될 예정이라고 한다. 세계적인 크리에이티브 행사 '칸 라이언즈'에서도 스타트업인 메타와 링크드인이 파트너사로 선정됐고, 아마존과 스포티파이가 가장 큰 오프라인 공간을 마련해 다양한 행사를 주최하기도 했다. 세계적인 규모의 컨벤션에서 그동안 주인공은 대부분 대기업들이었지만 이제 스타트업도 규모감 있게 한 자리를 차지하고 있는 것이다.

세계 최대 스타트업 행사 '슬러시'

슬러시의 스핀오프 행사 '슬러시드 부산'

### 여덟, 국가를 대표하는 목소리가 된 스타트업

최근 IT, HR, 마케팅 관련 세미나와 콘퍼런스를 다녀 보면 스타트업 연사들의 비중이 커지고 있음을 느낀다. 과거 대기업 임원이나 관계자가 주를 이뤘던 것과 다른 흐름이다. IT 콘퍼런스에서는 쿠팡이나 야놀자와 같은 플랫폼의 개발자들이, HR 세미나에서는 플렉스나 클라썸과 같은 HR 서비스 전문가들이, 마케팅 포럼에서는 무신사와 컬리같은 이커머스 플랫폼의 마케팅 담당자들이 대거 연사로 초청되어 관련 업계의 전문적인 내용을 전달하고 있다. 이들은 놀랄 만큼 젊고, 전문성이 있어서 현장 반응에서 다른 업계의 연사보다 더 큰 호응을 이끌어내고 있다.

특히, 최근 프랑스 파리에서는 2030 세계박람회 유치를 위한 국제박람회기구 총회가 열렸다. 이 자리에 삼성, SK, 현대자동차, LG 등 4대 대기업 그룹 총수를 비롯한 19명의 기업인이 유치단에 힘을 실었다. 그런데 유치전의 얼굴이라고 할 수 있는 경쟁 프레젠테이션에서 연사로 나선 기업인은 교육 소셜 스타트업 에누마의 이수인 대표였다. 보통의 국제 무대에서 각계각층의 연사들이 현장 발표에 나설 때 대기업 CEO들이 전면에 나서곤 했던 과거와는 다른 모습을 보인 것이다. 이런 연사의 선택은 미래를 상징하는 세계박람회가 지향하는 기업 가치란 무엇인지 상징적으로 잘 보여 주는 장면이라고 할 수 있다.

## 아홉, 대기업들이 링에 오르기 시작했다

이렇게 스타트업들이 곳곳에서 약진하고 있다 보니 대기업들이 스타트업에 대한 존재감을 인정하기 시작했다. 스타트업을 경쟁 상대로 보거나 협업 관계를 맺으려는 움직임이 있는 것이다. 일례로 삼성전자가 스타트업의 조직문화를 배우기 위해 배달의민족을 방문한 일은 유명하다. 그리고 스타트업을 통해 빠르게 변화하는 시장에 대응하고 미래 성장 동력을 얻으려는 대기업이 늘어나면서 대기업과 스타트업 간 업무협약(MOU)을 맺는 일도 늘어나고 있다. 예를 들어, 한화호텔&리조트는 주거지 기반 분산 오피스 운영사 집무실과 함께 워크 스테이 사업을 공동으로 추진하기로 했다. 이에 따라 한화호텔&리조트가 보유한 리조트 내에 워케이션에 특화된 집무실이 들어서게 됐다.

투자와 관련된 활동에서도 대기업들이 전면에 나서고 있다. 우선 대기업이 자신들의 업종과 관련된 초기 스타트업의 육성을 돕는 액셀러레이터 프로그램이 속속 런칭되고 있고, 대기업과 스타트업의 실질적인 협업을 도모하는 오픈 이노베이션이 활발하게 진행되고 있다. 그리고 이제 지주회사가 기업형 벤처 캐피털(CVC)을 보유할 수 있게 되면서 대기업이 스타트업에 직접 투자하거나 M&A를 적극 고려하고 있는 것도 전과 다른 움직임이다. 이에 대해

한화리조트 제주의 워크 스테이 '집무실'

스타트업 얼라이언스는 '스타트업 생태계 콘퍼런스'에서 "관전 모드에 있던 대기업들이 글러브를 끼고 링에 오르기 시작했다"고 하면서 이것이 최근 스타트업 업계에서 진행 중인 가장 큰 변화 중 하나라고 평가했다.[13]

## 열, 대기업의 견제자 정부, 스타트업의 지지자가 되다

사실 스타트업에 있어서 정부의 존재가 걸림돌인지 디딤돌인지에 대한 의견은 팽팽히 맞서고 있다. 하지만 혁신 기술에 대한 정부의 정책과 제도 개선 부분을 제외하면 정부의 역할은 디딤돌에 가깝다. 특히, 한국 정부 입장에서 대기업이 대체로 견제의 대상이라면 스타트업은 지원과 보육의 대상이기도 하다. 그래서 스타트업에 대한 주요 투자자 중 하나가 정부이고, 한국 정부의 투자 자본 규모 역시 세계 상위권을 차지할 정도이다. 정부가 스타트업의 주요 자금줄이 되고 있는 것이다.

실제로 글로벌 경기 침체로 2022년 하반기부터 스타트업 투자가 위축되면서 한국도 2023년 1분기 스타트업 투자가 2022년 1분기 대비 60%가 줄어들어 뚜렷한 감소세를 보이자 중소벤처기업부와 금융위원회가 스타트업 투자에 10조 5,000억 원을 추가 공급하기로 했다. 그리고 최근 서울시는 서울에 세계 최대 창업허브를 개관하여 글로벌 유니콘 50개를 육성하겠다는 '서울창업정책 2030'을 발표하기도 했다. 이에 따라 서울시는 2030년까지 스타트업 업계에 1조 6,717억 원을 투입해 서울을 세계 5위의 스타트업 도시로 도약시키겠다는 목표를 수립했다.

한편, 최근 롯데헬스케어의 알고케어 카피 의혹, 비상교육의 슬링 카피 의혹 등 기존 기업들이 스타트업의 핵심 기술을 카피하지 않았느냐 하는 이슈가 제기되기도 했었는데, 이 점에 대해서도 정부가 적극 나서기로 했다. 중소벤처기업부가 대기업의 기술 탈취와 관련해 스타트업에 전 과정에 걸쳐 종합적인 지원을 해주는 정부 방안을 발표한 것이다. 대표적으로 관련 이슈에 대해 징벌적 손해배상 상한을 현행 3배에서 5배로 높이고, 문제를 처리하는 전 과정에서 스타트업에 법적, 금전적 지원을 보장하겠다는 것이다. 물론 정부는 모든 기업을 보호하고 지원한다는 역할적 책임을 갖고 있다. 다만 이미 체계를 잘 갖춘 대기업보다 스타트업에 좀 더 관심을 갖고, 스타트업을 통해 국가 경쟁력 제고를 도모하겠다는 입장이 커지고 있는 것이 사실이다. 이는 전세계적인 흐름이기도 하다.

## 스타트업이 일으킨 기업혁명

이렇게 주목해야 하는 변화의 숫자와 현상들은 왜 생겨났을까? 이는 결국 스타트업이 불러온 변화의 결과들이라고 할 수 있다. 그리고 이것을 단순히 최근 10~20년의 경과 속에서만 볼 것이 아니라 큰 그림 속에서 본다면 더 많은 의미를 발견할 수 있다. 즉, 역사적으로 기업형태가 어떻게 바뀌어 왔고, 각 기업형태가 담고 있는 가치와 키워드가 어떻게 변화해 왔는지를 파악하면 전체적인 변화의 흐름을 선명하게 파악할 수 있다. 잠시 역사를 되돌려 보자.

우선 역사적으로 최초의 기업형태는 '마이스터'이다. 마이스터는 주로 16~17세기에 종교혁명과 민주주의 같은 제도혁명을 통해 중세 유럽을 중심으로 형성되었다. 즉, 전문 기술을 가진 장인들이 종교의 그늘에서 벗어나 상업적 이윤을 추구하기 시작한 것이다. 그래서 이때의 핵심 가치는 장인 정신(meistership)이고, 그 장인이 가진 기술이 곧 기업이 되었으며, 그 전문 기술을 가족이나 제자에게 도제식으로 전수시키는 것이 중요했다. 그래서 이 시절에는 예술의 경지에 오른 기술자와 디자이너에 대한 일화가 하나의 이야깃거리였고, 그들이 어떤 물건을 만들 때 얼마나 많은 시간을 들였느냐가 제품의 가치를 결정하기도 했다. 이런 마이스터 기반 기업은 현대에도 존재하고 있다. 대부분 비상장 형태를 유지하고 있는 유럽 명품기업들이 바로 마이스터의 후예들이다.

두 번째 기업형태는 '길드'이다. 길드는 그 전부터 존재했지만 본격적으로 기업형태를 띄기 시작한 것은 18~19세기 근대 유럽의 1차 산업혁명과 기계화혁명을 통해서였다. 하나의 제품에 많은 공을 들여왔던 이전 시대와 달리 기계를 통해 빠른 생산이 가능해지자 소규모로 존재했던 장인들이 한 목소리를 낼 필요가 있었다. 그래서 기존 마이스터들이 조직화되기 시작했고, 그것이 길드가 된 것이다. 그래서 길드의 핵심 가치는 동업자 정신(partnership)이 된다. 이 동업자 정신을 중심으로 방직, 영농, 화훼 등 특정 영역의 집단이 만들어졌고, 그 특정 영역이 길드명이 되었다. 이후 이들은 점점 규모를 키우면서 이익집단화됐고, 현대에 이르러 다양한 조합의 형태를 유지하게 된다. 대표적으로 금융조합이나 협동조합이 그것이다.

세 번째 기업형태는 '엔터프라이즈'이다. 엔터프라이즈는 앞선 1차 산업혁명 이후 20세기에 진행된 2차 산업혁명을 바탕으로 등장했다. 이들은 빠른 생산뿐만 아니라 대량생산이 가능한 공장 시스템과 대륙철도나 바닷길을 통한 물류혁명을 바탕으로 세를 키우기 시작했다. 특히, 그동안 기업형태가 대부분 유럽 중심으로 형성되고 이어져 왔던 것과 달리 제1, 2차 세계 대전 이후 미국의 영향력이 커지면서 엔터프라이즈 역시 미국 중심으로 태동하게 된다. 그렇기 때문에 전쟁이라는 어려운 상황에서도 기업을 설립하고 경영하는 기업가 정신(entrepreneurship)이 핵심 가치로 여겨지게 된다. 그래서 창업자와 그들의 동료들(company)이라는 뜻의 '창업자명 & Company'가 기업명이 되기도 했고, 전설적인 창업자와 CEO가 유명세를 떨치기도 했다. 예를 들어, 철강왕 앤드류 카네기, 중성자탄 잭(neutron Jack)이라는 별명으로 유명한 GE의 잭 웰치 등의 자서전이 베스트셀러에 오르기도 한 것이다. 한국에서도 정주영, 이건희, 김우중 등의 일대기나 경영 철학을 다룬 책들이 서점을 가득 채웠다. 특히, 현대적 기업의 형태를 갖춘 이 엔터프라이즈가 우리가 알고 있는 대부분의 경영 개념을 만들어 낸다. 구체적으로 분업화, 직급체계 등이 정립되었고, 포드 모델 T 생산방식, GE의 6시그마, 도요타의 적시생산시스템(Just In Time: JIT)과 같은 개념이 확립된 것이다. 엔터프라이즈는 향후 공장과 물류 거점 등 부동산 기반의 제조 · 유통 대기업으로 지위를 공고히 점하게 된다.

마지막 기업형태는 앞으로 본격적으로 다루려고 하는 '스타트업'이다. 스타트업은 21세기 이후 3차, 4차 산업혁명에 따른 지식정보, 초연결, 테크혁명을 바탕으로 등장했다. 이 기간 안에서도 큰 변곡점이 있는데, 2008년 앱스토어와 안드로이드 마켓의 오픈으로 열린 애플리케이션 시장의 등장이 바로 그것이다. 애플리케이션은 그동안 잠재되어 있거나 숨어 있던 시장의 존재를 수면 위로 올려주었고, 누구도 예상하지 못한 연결을 가능하게 했다. 그래서 그런 가능성에 도전하고 기존 시장과 다른 시장을 창출하는 스타트업만의 파괴적 혁신 정신(innovationship)이 핵심 가치로 떠오른다. 그렇기 때문에 대부분의 스타트업은 창업자보다 그 스타트업이 세상에 전달하고자 하는 가치와 서비스를 기업명으로 삼게 된다. 특히, 스타트업의 등장은 기존의 기업형태가 등장했을 때 만들었던 변화보다 더 큰 변화를 이끌어냈다. 제품과 서비스를 기획하고 실험하고 만드는 방식, 사람들이 생각하고, 말하고, 행동하는 조직문화 등 스타트업이 작동하는 방식이 기업 운영의 새로운 틀을 제시한 것이다. 뿐만 아니라 세계 주요 기업의 비중에 있어서도 기존 기업들은 주로 유럽과 미국에 대다수 분포했지만 이제 그 축이 아시아를 비롯한 세계 곳곳에 형성되기 시작했다. 그리고 기업 성장을 주도하는 세대의 변화, 남성에서 여성으로의 기회 확대 등 사회적 변화까지 스타트업이 이끌고 있다고 해도 과언이 아니다. 심지어 그 변화를 이끄는 속도가 매우 빠르다. 가히 스타트업이 일으킨 기업혁명이라고 할 만한 것이다.

이렇듯 기업형태도 거대한 트렌드이다. 그래서 스타트업을 이해한다는 것은 시대의 흐름을 이해하는 것이다. 즉, 기업 관련 패러다임이 대기업에서 스타트업으로 이동하고 있고, 앞으로의 변화에 대응하기 위해서는 스타트업에 대한 이해가 필수적이다. 하지만 스타트업이 주목받고 주요 옵션으로 떠오른 것에 비해 스타트업에

| 기업 1.0 | 기업 2.0 | 기업 3.0 | 기업 4.0 |
|---|---|---|---|
| 마이스터 | 길드 | 엔터프라이즈 | 스타트업 |
| 16~17세기 | 18~19세기 | 20세기 | 21세기~ |
| 중세 유럽 중심 | 근대 유럽 중심 | 미국 중심 | 아시아로의 기회 확대 |
| 종교혁명 | 1차 산업혁명 | 2차 산업혁명 | 3차, 4차 산업혁명 |
| 제도 혁명 | 기계화 혁명 | 대량생산과 물류혁명 | 지식정보, 초연결, 테크 혁명 |
| 장인 정신(meistership) | 동업자 정신(partnership) | 기업가 정신 (entrepreneurship) | 파괴적 혁신 정신(innovationship) |
| 기술이 기업명 | 길드가 기업명 | 창업자 & Company가 기업명 | 가치와 서비스가 기업명 |
| 도제식 | 규모를 바탕으로 이익집단화 | 부동산 기반의 제조 · 유통업 전개 | 네트워크와 사용자 기반의 |
| 비상장 명품기업으로 발전 | 조합으로 발전 | | 플랫폼 비즈니스 전개 |

기업 1.0에서 4.0으로[14)]

대한 제대로 된 정보는 많이 알려져 있지 않다. 아주 파편화된 정보들이 검증되지 않거나 왜곡되어 잘못 전달되는 경우도 많다. 그러면서 소위 스타트업에 대한 환상이 생기기도 했다.

그래서 스타트업에 도전하거나 취업하고 싶지만 정보가 부족해서 선택을 하지 못하는 경우가 많다. 예를 들어, 한 취업 준비생은 스타트업이 실제로 어떻게 돌아가는지, 연봉은 제대로 받을 수 있는지, 일할 때 자유롭다고 하는데 그게 맞는지 궁금해한다. 반대로 스타트업에서는 사람이 필요한데 채용이 어렵다는 얘기도 많이 나온다. 심지어 스타트업에 잘 적응하지 못하고 금세 이직하거나 퇴사하는 경우도 많다고 한다. 더불어 어떤 중간 관리자는 회사에서 스타트업 DNA를 이식하라는데, 어디서 뭘 어떻게 해야 하는지 모르겠다는 고민을 털어놓기도 한다. 실제로 스타트업의 겉모습만 보고 피상적으로 이해하거나 보이는 그대로 따라하는 것은 실패할 확률이 높다. 근본적으로 대기업과 스타트업은 태생부터 차이가 있기 때문이다.

결국 제대로 알고 이해하고 대비해야 한다. 그리고 대기업이 그저 시대의 뒤안길로 뒤처지는 게 아니다. 반대로 스타트업이 시대의 변화를 이끌고 있지만 스타트업의 모든 것이 정답이라고 할 수 없다. 요컨대 대기업에 대한 편견과 스타트업에 대한 환상을 동시에 깨야 한다. 이 책은 그에 대한 초기 가이드가 될 수 있다.

# 02

# 그래서, 스타트업이 도대체 뭔데?

세상이 변하긴 많이 변했다. 주변을 둘러보면 스타트업에 들어갔다, 스타트업에 투자해서 돈을 벌었다는 얘기가 심심치 않게 들린다. 꼭 스타트업이라는 표현을 안 해도 창업을 했다, 음식점이나 카페를 열었다, 온라인 쇼핑몰을 열었거나 작은 소품 브랜드를 만들었다는 등 여러 의미에서 뭔가 시작했다는 말을 많이 한다. 그런데 이 모든 것을 스타트업이라고 할 수 있을까? 사실 스타트업에 대한 명확한 기준은 없고, 통상 기술 기반 창업 기업을 뜻한다는 말만 있을 뿐이다. 그리고 정부도 기술 기반 기업 중 업력 7년 미만의 창업 기업을 스타트업이라고 할 뿐이다.[15] 게다가 사람들마다 스타트업을 정의하는 것도 다 다르다. 그래서 여기서는 스타트업 관계자들의 여러 의견을 모아 실제 스타트업 업계에서 작동하는 스타트업에 대한 정의와 개념들을 알아보려고 한다.

## 벤처, 중소기업과 헷갈리면 족보가 꼬인다

### 창업했다고 다 스타트업이 아니다

뭔가 시작한다고 했을 때 스타트업과 관련해 가장 혼동되는 개념이 창업과 벤처이다. 스타트업을 한다는 것 자체가 창업이기도 하고, 또 스타트업이 과거 많이 썼던 용어인 '벤처'의 속성도 갖고 있기 때문이다. 우선 창업이란 새로 시작하는 모든 것을 의미하고, 새로 시작함에 있어서 가장 큰, 넓은 단위이다. 즉, 창업이란 자영업을 포함해 규모와 상관없이 기업의 형태를 갖춘 모든 것을 새로 시작했을 때의 의미이다. 그래서 누군가 특정 영역에서 사업을 개시하면 창업했다고 할 수 있다.

한편, 벤처란 스타트업과 개념적으로는 큰 차이가 없지만 지향하는 가치에 있어서는 차이가 있다. 벤처는 1950년대 미국에서 처음 사용되기 시작했고, 미국은 벤처를 '실패할 위험이 크지만 성공할 경우 높은 수익을 얻을 수 있는 사업을 하는 것'이라고 정의했다. 유럽 나라들도 벤처를 '신기술, 첨단기술을 이용해 돈을 버는 기업'으로 정의하고 있다. 한국도 크게 다르지 않다. 중소벤처기업부는 벤처를 '다른 사람이 시도한 적 없는 새로운 아이디어와 기술을 가지고, 모험적인 사업에 도전하는 것'으로 정의하고 있다. 요컨대 벤처는 기술, 투자, 수익에 초점이 맞춰져 있는 것이다.

그런데 스타트업은 특정 영역에서 사업을 개시하긴 하지만 단순히 자영업에 머무는 기업형태가 아니다. 그리고 스타트업도 기술, 투자, 수익에 초점을 맞추고 있는 건 사실이지만 스타트업의 성장과 수익화에 따라 새로운 시장과 가치가 만들어지고 그로 인해 세상이 좀 더 나은 방향으로 나아갈 수 있다는 가능성을 안고 있기 때문에 벤처보다는 좀 더 큰 개념이라고 할 수 있다. 즉, 스타트업은 그 개념에 있어서 창업과 벤처 그 사이의 어디쯤에 있다.

## 스타트업이라고 다 작은 건 아니다

규모의 관점으로 보면 스타트업은 우선 '작다'는 이미지가 있다. 그래서 작다는 의미에서 자영업, 스몰 비즈니스나 스몰 브랜드, 중소기업과 종종 비교가 된다. 우선 자영업은 '개인사업자'로 나와 내 가족의 기본적인 생계를 위한 수단이 된다. 그래서 가장 작은, 좁은 단위이다. 예를 들어, 음식점이나 카페를 오픈했다, 옷이나 화장품을 파는 온라인 쇼핑몰을 오픈했다, 소품샵을 오픈했다, 편의점주가 됐다, 부동산 중개업을 시작했다, 병원을 개원했다 등은 모두 자영업에 해당한다.

그리고 스몰 비즈니스는 '개인사업자 또는 법인사업자'가 될 수 있다. 가끔 스몰 비즈니스를 하는 사람들이 스타트업을 한다고 착각하는 경우가 있는데, 스타트업과 스몰 비즈니스는 몇 가지 차이점이 있다. 우선 스타트업이 노리는 시장은 존재 여부가 확인되지 않은 시장이다. 그렇기 때문에 시장을 확인하기 전 단계에 해당하는 아이디어 발견과 가설 검증부터 시작해야 한다. 그래서 시장을 찾는 데에 성공하면 스타트업은 단숨에 사업 확장이 가능하고 단기간에 큰 이익을 낼 수 있다. 즉, 스타트업은 이차함수 그래프로 빠르게 성장한다. 반대로 스몰 비즈니스는 이미 존재하는 시장을 타깃으로 한다. 그래서 시장이 무엇을 원하는지, 그에 대한 솔루션이나 비즈니스 모델도 이미 완성되어 있기 때문에 스몰 비즈니스는 어떻게 효율적으로 잘 경영할지만 고민하면 된다. 그래서 스몰 비즈니스는 상품 수, 직원이나 종업원 수, 점포 수가 늘어나는 만큼 성장하는 일차함수 그래프로 서서히 성장한다. 이 기준에서 보면 음식점, 카페, 미용실, 퀵서비스 등의 프랜차이즈는 스타트업이 아니라고 할 수 있다.[16]

그리고 스타트업은 기업의 자산, 직원 수에 따라 지정되는 중소기업과도 비교가 된다. 이것은 정부 입장에서 기업들을 관리하고

과세하기 위한 기준에 따른다. 즉, 중소벤처기업부의 대표적인 분류 기준에 따르면 대기업은 자산 규모가 10조 원 이상인 기업, 중견기업은 자산 규모가 5천억 원 이상에서 10조 원 미만인 기업, 중소기업은 종업원 5인 이하인 영세기업을 제외하고 자산 규모가 5천억 원 이하 및 3년 평균 매출액이 1,500억 미만인 기업이다. 이 기준에 따르면 스타트업은 중소기업에서 대기업까지 모두 될 수 있다.

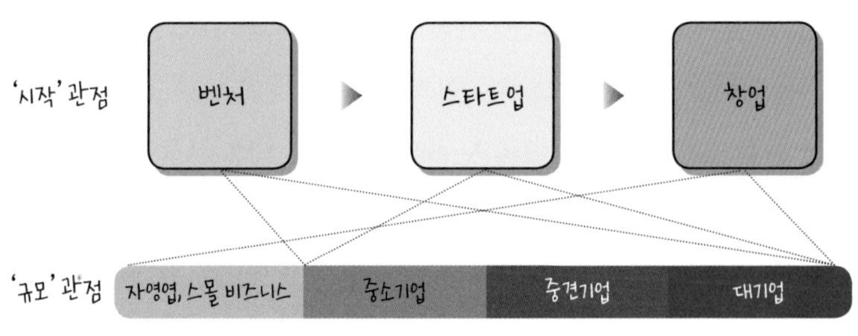


개념과 규모에 따른 스타트업의 위치

## 그럼 네이버와 카카오는 대기업인가요, 스타트업인가요?

이렇게 보면 이미 크게 성장한 구글, 메타, 네이버, 카카오는 대기업인지 스타트업인지 헷갈릴 수 있다. 이건 기준을 무엇에 두느냐에 따라 다르다. 우선 법제화된 자산, 직원 수 규모로 따지면 이들은 모두 대기업에 해당한다. 하지만 이들의 태생적 DNA와 지향하고 있는 가치 등을 고려하면 여전히 스타트업에 가깝다. 특히, 기업형태의 변화로 보면 스타트업이라고 할 수 있다. 실제로 구글은 큰 기업임에도 상향식 의사결정(bottom-up)이 주를 이루고 있고, 여전히 전체 일의 20% 정도가 개별 프로젝트로 진행될 만큼 유연함을 유지하고 있다.

메타 역시 스타트업의 기민한 정신을 그대로 이어가고 있다. 일례로 메타 코리아 사무실에는 '메타의 정신 6가지'가 붙어있는데, '빠르게 움직여라(move fast)' '장기적 영향에 집중하라(focus on long-term impact)' '미래에 살아라(live in the future)' '멋진 것을 만들자(build awesome things)' '메타, 메타메이트, 나(meta, metamates, me)' '솔직하면서도, 동료를 존중하라(be direct and respect your colleagues)'가 그것이다. 이에 대해 메타 코리아 관계자는 "메타는 직원 성장을 위해 피드백을 많이 하면서도 동시에 존중해야 한다는 '스타트업 마인드'가 굉장히 뿌리 깊은 조직"이라고 설명했다. 이를 방증하듯이 메타 코리아 사무실에는 '낙서하는 벽(The Facefook Wall, What'S Your Mind?)'이 있다. 이 낙서하는 벽은 메타가 초기 스타트업이던 시절 마크 저커버그가 회의 중 아이디어가 떠오르는 즉시 벽에다 쓰던 버릇을 그대로 옮겨온 것이다. 이렇듯 메타는 그들의 성장 DNA가 스타트업에 있음을 잊지 않고 있다.[17]

메타 코리아의 낙서하는 벽

그래서 미국에서도 애플, MS, 구글, 아마존, 메타, 엔비디아 등을 엔터프라이즈라는 말보다 '빅테크(Big Tech)'라는 말로 따로 표현한다. 대기업을 의미하는 엔터프라이즈로는 설명이 잘 안 되고 그렇게 분류하기도 어렵기 때문이다. 이건 한국도 마찬가지이다. 정부는 네이버와 카카오를 대기업으로 지정했지만 정작 네이버와 카카오는 대기업 중심의 한국경제인협회에 가입하지 않고, 스타트업 단체인 코리아스타트업포럼의 회원사로 남아 있다. 결국 넓은 의미로 초기 실리콘밸리를 지배한 정신인 자유와 공유, 인류의 번영 등을 가치로 하고 있다면 구글, 메타, 네이버, 카카오 역시 스타트업이라고 할 수 있다. 그래서일까. 구글은 자신들을 '세상에서 가장 큰 스타트업'이라고 한다.

## 번과 패티가 있어야 햄버거이듯이

스타트업을 정의하는 데에 있어서 몇 가지 기준을 살펴보긴 했지만 무엇보다 스타트업이 본질적으로 갖고 있는 5가지 필요조건과 충분조건을 이해한다면 스타트업이 무엇인지 좀 더 선명하게 알 수 있다.

### 나와 내 주변의 문제를 해결한다

우선 스타트업의 시작점과 존재 가치로 가장 많이 언급되는 것이 바로 '문제 해결(problem solving)'이다. 구체적으로 나와 내 주변,

나아가 사회에 대한 불편과 불만을 해결한다는 의미이다. 물론 모든 기업, 특히 대기업도 많은 문제를 해결한다. 그런데 대기업과 스타트업은 문제 해결의 방향과 방식이 다르다. 우선 대기업은 그 기업의 문제를 해결하는 경우가 많다. 현재 기업 수익 파이프라인의 문제, 비즈니스 포트폴리오의 빈 자리에 대한 문제를 해결하는 경향이 있다. 반면, 스타트업은 '세상에 아직 안 풀린 문제를 찾아서 고객에게 놀라운 경험을 주고, 엄청난 가치를 창출하고 싶은 혁신 집단'을 지향한다.[18] 여기서 핵심은 '누구도 발견하지 못했거나 발견했지만 해결되지 못한 문제'를 발견하고 해결하겠다는 '새로운 문제 의식'이다. 이에 대해 안경 이커머스 스타트업 와비파커(Warby Parker)의 공동 창업자인 닐 블루멘탈(Neil Blumenthal)은 다음과 같이 말했다.

"스타트업은 해결책이 아직 명확하지 않은 영역의 문제를 해결하기 위해 노력하는 기업이다
(A startup is a company working to solve a problem where the solution is not obvious and success is not guaranteed)."

다만 문제의 크기는 곧 비즈니스의 크기가 된다. 그래서 그 문제들은 필연적으로 큰 문제거나 중요한 문제여야 한다. 큰 문제란 '그 문제를 해결했을 때 영향을 받는 사용자와 시장이 얼마나 큰가, 그래서 정말 많은 사람들에게 우리 제품과 서비스의 가치를 전달할 수 있는가'에 대한 것이다. 그래서 얼마나 빨리 커지고 있는 큰 문제인가에 따라 시장이 폭발적으로 성장할 수 있다는 잠재력을 갖

는다. 그만큼 경쟁이 치열할 수 있다. 하지만 같은 에너지를 소모해야 한다면 작은 문제보다 큰 문제를 해결하는 게 낫다는 것이다. 그리고 중요한 문제란 '현재 시점에서 얼마나 심각한가. 그 문제를 해결하면 사람들에게 큰 임팩트를 주고 큰 변화를 이끌어낼 수 있을까'에 대한 것이다. 만약 그렇게 심각하지 않은 문제이고, 그 문제를 해결했을 때 영향이 제한적이라면 그 문제를 풀어갈 때 동기부여가 잘 되지 않는다.[19]

즉, 스타트업이 해결하고자 하는 문제는 크고 중요한 문제이기 때문에 기본적인 의식주 이상의 뭔가를 해결해 주고, 그것으로 사람들의 일상을 바꾸는 것이다. 일반 식당과 배달의민족이 다르고, 기존 은행과 토스가 다르고, 부동산 중개업과 직방이 다르고, 온라인 쇼핑몰과 지그재그가 다르고, 인테리어 업자와 아파트멘터리가 다르고, 개원의와 똑닥이 다른 것이 모두 '새로운 문제 의식'에 있다. 그래서 스타트업 전문 미디어 플래텀은 '사람들의 일상을 바꾼 스타트업 Top 5'를 뽑기도 했다. 유명 맛집 예약부터 웨이팅까지 손쉽게 해 주는 '캐치테이블', 자고 일어나면 문 앞에 깨끗한 옷을 배송해 주는 비대면 모바일 세탁 '런드리고', 이웃 간 지역 커뮤니티 활성화에 앞장선 '당근마켓', 나만의 공간을 내 손으로 직접 바꿀 수 있도록 한 '오늘의집', 국내외 환자들에게 비대면 진료 서비스를 제공하는 '닥터콜'이 그것이다.[20] 이에 대해 테크 & 경제 미디어 더밀크 손재권 대표는 당연하게 생각했던 문제를 발견해서 세상을 바꾸는 스타트업들을 '파괴자들(disruptors)'이라고 부르기도 했다.

캐치테이블

런드리고

## J커브를 그리며 빠르게 성장한다

남이 보지 못한 문제를 발견하고 그 문제를 해결하기 위한 제품과 서비스에 대해 사람들이 놀라운 경험을 하게 되면 독특한 시장이 개척되고, 그 과정에서 폭발적이고 '빠른 성장(growth)'이 가능하다. 스타트업을 구성하는 단어로 '시작해서(start) 성장한다(up)'는 말도 여기서 나온다. 즉, 스타트업의 가치는 기존에 존재하던 시장을 그냥 나눠 먹느냐 아니면 새로운 문제 의식과 혁신을 통해서 없던 시장을 훨씬 더 크게 성장(scale up)시키느냐에 있다. 따라서 성장 방식에 있어서 스타트업은 J커브라는 성장곡선을 따르고 있다.[21)]

그래서 스타트업에서는 J커브를 그릴 수 있도록 하는 '속도'가 핵심이다. 발견되지 않은 문제를 찾아서 남보다 빠르게 해결해 나가는 것 말이다. 이를 위해 빠른 가설 검증, 빠른 제품 출시, 시장과 사용자의 적합성을 위한 빠른 수정과 보완, 빠른 투자 유치 등이 필요하다. 이를 바탕으로 스타트업은 빠르게 성장하고, 구성원 역시 빠르게 성장할 수 있다. 그 성장 과정에서 다양한 혁신적인 방법들이 시도된다. 그래서 "왕관을 쓰려는 자, 그 속도를 견뎌라"라는 스타트업의 성장 속도와 마찰력에 대한 말도 생겼다. 이에 대해 실리콘밸리를 대표하는 투자사 와이 콤비네이터(Y-combinator)의 폴 그레이엄(Paul Graham)은 다음과 같이 말했다.

"스타트업은 매우 빠르게 성장하도록 디자인된 기업이다
(A startup is a company designed to grow fast)."

그러면서 "성장이 목표가 아닌 기업은 없을 것이다. 그런데 스타트업의 성장은 무엇이 다른가? 그 성장에 대한 지표와 세부 데이터들을 외부에 공개, 공유할 수 있는가에 차이점이 있다. 나아가 그 지표를 바탕으로 다른 투자를 이끌어낼 수 있는가? 그것이 핵심 차이이다."라고 말했다.[22] 즉, 스타트업은 빠르게 성장하는 속성을 갖고 있지만 그것이 지표와 데이터로 증명되어야 하고, 그것을 바탕으로 후속 투자를 이끌어내 그 투자를 바탕으로 더 빠르게 성장한다는 의미이다.

## 새로운 가치를 만들어 낸다

이렇게 새로운 문제를 해결하면서 빠르게 성장하면 '새로운 가치(new value)'가 만들어진다. 앞서 벤처와 스타트업을 비교하기도 했지만 벤처와 가장 큰 차이를 만들어 내는 것이 바로 이 스타트업만의 새로운 가치 창출이다. 여기서 새로운 가치란 기존에 존재하지 않는 새로운 비즈니스 버티컬을 만들어 내거나 아니면 현재 존재하는 비즈니스 버티컬을 기존 기업들보다 훨씬 더 다른 방식으로 개선해 나가는 것이다.[23] 그래서 스타트업은 새로운 비즈니스 생태계와 시스템을 만들고, 새로운 제품과 서비스를 통해 넓은 영역에서 영향을 미치며, '소셜 임팩트(social impact)'를 줄 수 있는 가치를 추구한다. 그럼으로써 이익도 극대화한다. 이에 대해 온라인 지불 시스템 페이팔(PayPal)과 빅데이터 분석 스타트업 팔란티어(Palantir)의 공동 창업자인 피터 틸(Peter Thiel)은 다음과 같이 말했다.

"스타트업은 다른 미래를 만들기 위한 계획을 실현할 수 있는 가장 큰 그룹이다
(A startup is the largest group of people you can convince of a plan to build a different future)."

스타트업이 새로운 가치를 만들어 낸다는 그 자체가 축제로 연결되기도 한다. '네바다 버닝맨 축제'가 대표적이다. 매년 9월 미국 네바다주 블랙록 사막에서 열리는 네바다 버닝맨 축제는 갖가지 창작품을 만든 뒤 부수고 소각하는 축제인데, 이 축제가 혁신과 창조를 지향한다는 점에서 실리콘밸리 정신의 아이콘이 됐고, 매년 5만 명 이상이 동참하고 있다. 이 축제에서 영감을 얻은 개발자들이 실리콘밸리 소프트웨어의 새로운 가치 창출에 앞장섰고, 역시 이 축제로 공감대가 형성되어 에릭 슈미트가 구글 CEO에 합류하게 된 이야기는 유명하다. 구글 공동창업자 래리 페이지와 세르게이 브린이 새로운 가치를 만들어 내는 정신에 공감하는 CEO를 찾고 있었는데, 마침 에릭 슈미트가 네바다 버닝맨 축제의 광팬이라는 사실을 알게 됐고, 서로를 선택하는 데에 있어서 거리낌이 없었

던 것이다.

매년 10월 미국 샌디에이고에서 개최되는 '코믹콘(Comic Con)'도 또 하나의 사례이다. 우선 실리콘밸리는 주류 사회의 문화에 반기를 들 수 있는 분위기가 잘 형성되어 있다. 여기에 엉뚱한 상상력과 개인의 취미를 존중하고 새로운 생각을 장려하는 '기크(geek)' 문화가 결합되기 시작하는데, 그런 문화를 지향하는 사람들이 모여드는 축제가 바로 코믹콘인 것이다. 실제로 실리콘밸리 종사자 중 코믹콘을 즐겨 가는 사람들이 있고, 애플 공동 창업자 스티브 워즈니악은 코믹콘에서 '기크들의 왕초(king of the geeks)'로 불릴 정도였다. 스티브 워즈니악은 초기 애플 컴퓨터를 개발할 때 코믹콘에서 많은 영감을 얻었다고 밝히기도 했다.

상공에서 바라본 네바다 버닝맨 축제 현장

## 성장의 전 과정에서 혁신이 시도된다

스타트업은 어떤 문제에 대해 전통적 방식과는 다른 혁신적인 방식으로 해결에 접근한다. 그리고 스타트업은 이를 바탕으로 새로운 가치를 만드는 집단이다. 기존에 없던 가치를 만드는 과정에서 전통적 가치와 형식도 파괴되고 이를 위해 '혁신(innovation)'이 도입된다. 기술적 혁신, 조직문화의 혁신, 마케팅의 혁신 등이 이뤄지는 것이다. 그래서 스타트업이 혁신을 리딩하게 된다. 특히, 빠른 성장을 위해서는 혁신이 필요하다.

단, 여기서 인공지능과 같이 혁신을 대표하는 하이테크(high tech)가 적용되어야만 스타트업일까? 또는 플랫폼 비즈니스여야만 스타트업일까? 하는 궁금증이 생길 수 있다. 우선 최근 스타트업 중에 하이테크를 쓰지 않는 스타트업을 찾아 보기 어렵긴 하다. 그리고 주목받고 있는 스타트업은 자신들만의 원천 기술과 하이테크를 보유하고 있으니 그런 점에서는 하이테크가 스타트업의 중요한 조건으로 여겨질 수 있다. 하지만 하이테크는 스타트업이 빠르게 성장하고, 새로운 가치를 현실화시키기 위한 하나의 방법이자 수단이다. 즉, 스타트업은 문제를 빠르게 해결하고 새로운 시장을 만들어 내야 하고, 이를 위해서 빠르고 폭넓게 사용자를 늘려야 하는데, 이를 위한 가장 좋은 수단이 하이테크인 것이다. 그래서 하이테크를 도입하는 것은 선택적이다. 요컨대 빠른 성장과 혁신을 위해서 하이테크를 쓰는 것이지, 하이테크를 쓴다고 해서 모든 것이 혁신적이 되는 것은 아니다. 초기의 프라이탁과 스타벅스, 한국의 시니어 패션 콘텐츠 스타트업 '더 뉴 그레이'는 특별한 하이테크 없이 빠르게 성장하고, 새로운 가치를 창출해 내기도 했다.

### 빠른 성장과 혁신을 촉진시키는 투자를 받는다

스타트업이 빠르게 성장하고 혁신을 추구하기 위해서 중요한 재료로 쓰이는 것이 바로 '투자(investment)'이다. 우선 투자가 이루어지면 당연히 스타트업에 돈이 들어오기 때문에 성장이 촉진되긴 하지만 더 중요한 것은 투자를 통해 기업 가치 평가가 이루어진다는 점이다. 초기 스타트업은 상장을 할 수 없기 때문에 기업 가치 역시 투자금으로 평가받는다. 그리고 투자를 받는 시점에서 앞으로 언제까지 얼마나 성장해야 하는지에 대한 목표와 지표가 보다 도전적으로 세워진다. 여기에 투자자가 갖고 있는 여러 네트워크와 노하우가 더해지면서 성장이 가속화되기도 한다.

즉, 스타트업은 투자를 받을 수 있기 때문에 어떤 아이디어든 현실화시킬 수 있고 빠르게 성장할 수 있다. 반대로 투자를 받기 때문에 그만큼 신속하게 아이디어의 사업성을 증명하고 성장해야 하는 입장에 놓인다. 그래서 투자를 받으면서 성장하는 것은 스타트업의 숙명이기도 하다. 물론 투자를 받지 않고 창업자 자본으로 스타트업을 시작해서 성장하는 경우도 있다. 유아 교육 플랫폼 '트니트니'와 앞서 소개한 '더 뉴 그레이' 역시 투자를 받지 않았다. 그래서 투자 역시 하이테크와 마찬가지로 선택적이긴 하다. 하지만 대부분의 스타트업은 초기 아이디어 단계부터 투자를 받는다. 문제 해결에 대한 아이디어가 스타트업의 '뇌'라면 투자는 스타트업을 돌리는 '피'와 같기 때문이다. 특히, 최근 재무적 관점에서 투자를 통

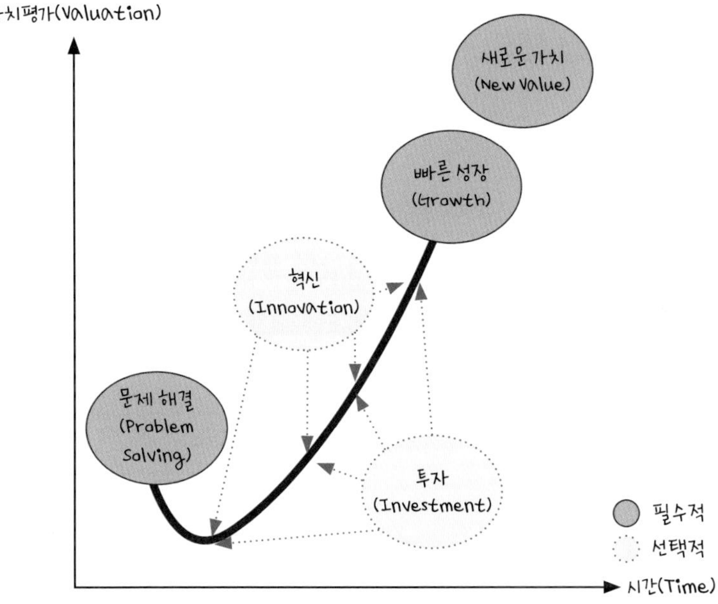


스타트업의 5가지 필요조건과 충분조건

한 자금 조달이 더 중요해지기 시작했다.

지금까지 설명한 스타트업의 필요조건과 충분조건을 종합해 보면 스타트업이란 '다른 사람이 해결하지 못한 문제를 혁신과 투자를 통해 빠르게 해결하고, 이를 바탕으로 폭발적이고 빠르게 성장하여 새로운 가치를 만들어 내는 기업'을 의미한다. 물론 이것이 절대적인 정답이라고 할 수는 없겠지만 이 정도로 스타트업의 정의에 대해 포괄적으로 정리한 내용은 거의 없었기 때문에 이 자체를 기준점으로 여러 개념을 더하거나 뺄 수 있다는 의미가 있다.

## 스타트업 생태계는 푸르구나 스타트업은 자란다

스타트업만이 가진 독특한 핵심 가치들이 있는 만큼 스타트업들은 이 핵심 가치를 보존하고 공유하면서 상호 공존하기 위해 기존 생태계에 의존하지 않고 스타트업만의 생태계를 만들어 왔다. 그 생태계는 스타트업들을 비롯한 다양한 주체들로 이뤄진 외부 생태계와 스타트업 내부의 여러 이해관계자들로 이뤄진 내부 생태계로 구성된다.

### 보육과 혁신을 추구하는 빅 보울(big bowl)

스타트업 그 자체를 중심에 둔 외부 생태계이다. 스타트업 외부 생태계에서 가장 중요한 것은 당연히 스타트업들이다. 하지만 스타트업 업계는 상호 공유하고 교류하고 협력하면서 성장하게 된다. 각종 정보를 공유하고 인재도 교류하며 각 영역이 원활하게 돌아가야 스타트업 생태계가 유지되고 성장하는 것이다. 그래서 스타트업 외에 각 분야에서 스타트업 성장을 도와주고 촉진시켜 주는 분야도 매우 중요하다. 그것을 그림으로 표현하면 다음과 같다. 하나씩 간단히 살펴 보자.

- 빅테크: 애플, 구글, 아마존, 메타, 네이버, 카카오 등 이미 크게 성장한 빅테크들이 여러 프로그램을 통해 신생 스타트업을 뒷받침하기도 한다. 예를 들어, 구글 포 스타트업 엑셀레이터

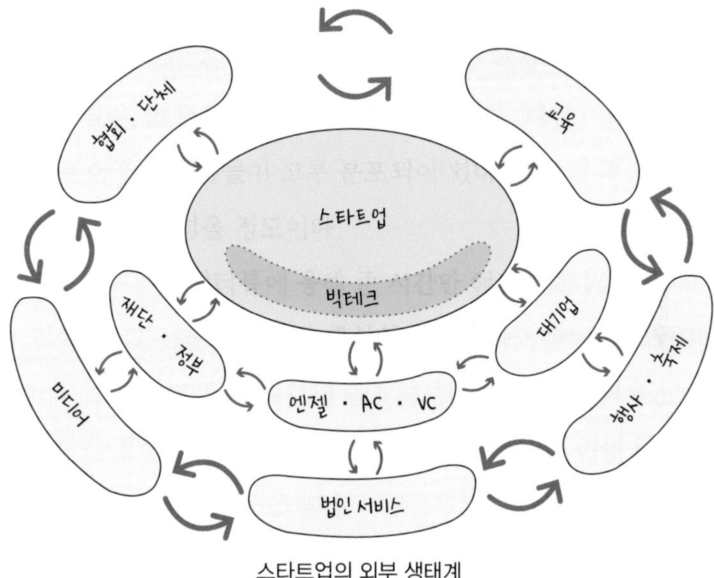


스타트업의 외부 생태계

(Google for Startups Accelerator), 네이버 D2 스타트업 팩토리(Naver D2 Startup Factory) 등이 있다.

- 엔젤 · AC · VC: 스타트업에 투자를 담당하는 영역이다. 엔젤투자자, 엑셀러레이터, 벤처 캐피털 등으로 구성된다. 보통 이들은 스타트업 전반에 투자하지만 주로 ESG에 초점을 맞춘 한국사회투자, 제조 스타트업에 특별히 투자하는 페이퍼 프로그램처럼 특정 영역에 투자를 집중하고 있는 곳도 있다. 그리고 특이하게 크라우드 펀딩으로 스타트업에 투자할 수 있게 하는 플랫폼인 크라우디도 있다.
- 재단 · 정부: 스타트업의 성장을 돕고 지원하는 재단이 여럿 있다. 이 재단은 주로 정부 주도로 만들어지기도 하지만 대기업이 주도하기도 한다. 예를 들어, 은행권청년창업재단인 디

캠프와 범 현대그룹의 아산나눔재단이 대표적이고, 스타트업들의 네트워킹을 지원하는 비영리 헤이스타트업재단도 있다.

- 대기업: 대기업은 이제 스타트업 생태계에서 많은 부분에 영향을 미치기 시작했다. 과거에는 사내 벤처의 스핀오프 정도가 다였지만 이제는 액셀러레이터, 오픈 이노베이션, 직접 투자, M&A 등 활발한 스타트업 사업을 진행하고 있다.
- 협회 · 단체: 스타트업의 어려운 점에 대해 한 목소리를 낼 수 있는 역할을 한다. 정부를 상대하기도 하고, 스타트업의 네트워킹 장을 만들어 주기도 한다. 코리아 스타트업 포럼, 스타트업 얼라이언스, 한국엔젤투자협회 등이 대표적이다.
- 교육: 스타트업은 각자의 퍼포먼스, 맨파워가 중요하다. 그런데 초기 스타트업은 사수가 거의 없기 때문에 랜선 사수의 역할을 하는 교육 플랫폼이 매우 중요하다. 대학과 연구소도 이 부분을 담당한다. 이들은 교육과 함께 네트워킹의 장을 열어주기도 한다. 대표적으로 그로우앤베터, 러닝스푼즈, EO, 커리어리, 하이퍼그로스, 언더독스가 있고, 멘토를 매칭해 주는 비긴스, 여성 커리어를 도와주는 헤이조이스도 있다.
- 미디어: 스타트업만 전문적으로 다루는 매체가 존재하고, 기성 매체 중에서 스타트업에 특화된 레이블이 등장하고 있다. 여기에 스타트업의 정보를 쉽고 빠르게 제공하는 곳들도 포함된다. 대표적으로 더밀크, 플래텀, 아웃스탠딩, 스타트업레시피, 벤처스퀘어, 스타트업투데이, K 스타트업 밸리, 센서블과 같은 스타트업 전문 매체, 그리고 한경 긱스, 인베스트조선과 같이 스타트업 특화 레이블도 있다, 이 외에 더브이씨는 스타

트업 투자 데이터베이스를 제공하고, 혁신의숲은 스타트업의 성장분석 정보를 제공한다.

- 법인 서비스: 스타트업이 기획, 인사, 총무, 법무, 재무, 회계 등 경영지원 업무에서 별도 팀원을 배치할 수 없거나 업무 효율을 추구하는 경우 아웃소싱으로 대체할 수밖에 없다. 그래서 등장한 것이 스타트업의 경영지원 업무를 돕는 법인 서비스(Business To Startup: B2S)이다. 흥미로운 것은 전통적인 경영지원 업무 외에 제품과 서비스 테스트, 대관, 마케팅, 홍보 등 다양한 분야에서의 법인 서비스가 생겨나고 있다는 점이다. 특히, 이들은 한번에 많은 비용을 지불하게 하는 것이 아니라 월정액으로 경영지원 업무팀을 구독하는 개념을 도입하기도 한다. 그리고 이 법인 서비스를 제공하는 곳 역시 스타트업이다. 예를 들어, 등기맨(법인등기), 모두싸인(전자계약), 플렉스(HR), 팀빌더(채용), 누틸드(조직문화), 패스트매치(공유오피스), 포켓컴퍼니(빌드업), 코딧(법무 · 대관), 렉시냅틱스(법률), 핀비즈(재무), ZUZU(주주 관리), 썸잇(제조), 어썸8(웹 · 앱제작), 비쥬얼메이커(브랜딩), Studio BX(브랜딩), 스탠다다(마케팅), 마케팅서울(마케팅 구독), 팀쿠키(PR), 이벤터스(행사) 등이 있다.
- 행사 · 축제: 스타트업 자체를 널리 알리고, 스타트업이 네트워킹을 할 수 있게 하며, 스타트업의 미래 비전을 제시하는 역할을 한다. 국내 기준으로 글로벌 스타트업 페스티벌인 컴업, 스타트업:콘, 바운스 등이 대표적이고, 투자사나 재단, 협회나 단체, 교육 플랫폼 등에서도 자체적인 행사와 축제를 다수 열고 있다.

이런 생태계에 대해 그로우앤베터 천세희 대표는 '보육 생태계'라는 표현을 했고, 벤처스퀘어 오픈업 세미나에서 SAP 김형섭 상무는 "'혁신 생태계'라는 말로 좀 더 참여의 폭을 넓힐 필요가 있다"고 주장했다.[24)]

## 스타트업을 구성하는 5가지 재료

이제 시선을 스타트업 내부로 돌리면 스타트업 내부에 다양한 이해관계자 또는 조직들이 있다는 것을 알 수 있다. 그들을 모아 내부 생태계라고 한다. 이 내부 생태계를 구성하는 다양한 이해관계자란 제품과 서비스 개발, 내부 팀원, 투자자, 정부, 소비자 등이다. 대기업이든 스타트업이든 이 이해관계자 집단은 거의 동일하다. 하지만 대기업과 스타트업에서 그 부서가 하는 업무를 대하는 관점과 일을 하는 방식에 차이가 있다. 그 차이로 인해 내부적으로 소통하는 용어도 달라지고 실행방식도 달라진다. 특히, 초기 스타트업의 경우 한 명의 팀원이 여러 이해관계자를 상대해야 하는 경우도 많고, 스타트업의 성장에 따라 핵심 이해관계자가 달라지기도 한다. 따라서 이 이해관계자들을 잘 이해하면 스타트업에 대해 좀 더 익숙해질 수 있다. 이 이해관계자들을 중심으로 기존 기업과 스타트업이 어떤 점에서 차이가 있는지 하나씩 알아보자.

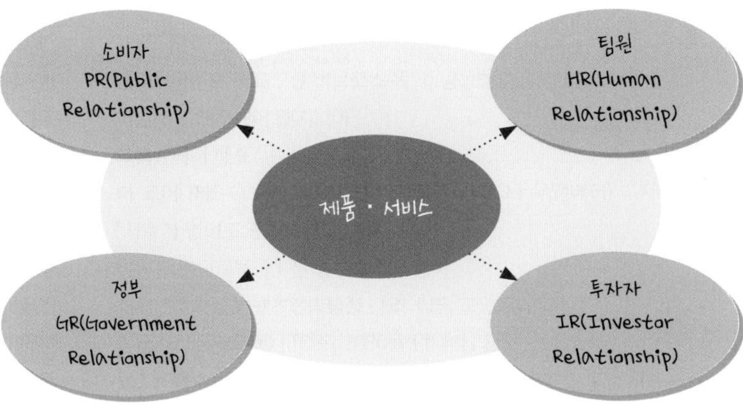
소비자
PR(Public
Relationship)
팀원
HR(Human
Relationship)
제품 · 서비스
정부
GR(Government
Relationship)
투자자
IR(Investor
Relationship)

스타트업의 내부 생태계

# 03

# 제품이 아니라 왜(why)를 만드는 스타트업

모든 기업이 다 그렇듯 기업이 시작하려면 먼저 사업 아이디어가 있어야 한다. 사업 아이디어는 제품과 서비스가 되고, 그것이 곧 스타트업이 된다.[25] 사업 아이디어 구상은 스타트업의 '문제 해결'과 관련이 있다. 문제를 해결하기 위한 것이 사업 아이디어이기 때문이다. 그렇다면 이 사업 아이디어는 어디서 나올까? 그것은 골든 서클(golden circle)의 '왜(why)'에서 시작된다. 골든 서클은 『나는 왜 이 일을 하는가(Start with Why)』의 작가 사이먼 시넥(Simon Sinek)이 만든 비즈니스 개발 이론이다. 이 골든 서클 중심에 왜(why)가 있고 어떻게(how)를 거쳐 무엇(what)으로 나아간다. 즉, 무엇이 문제인지를 발견하고, 다른 무엇보다 왜 이것을 해야 하는가(why)를 찾는다. 그리고 어떻게 행동하고 해결할 것인지(how)를 찾는다. 마지막으로 무엇을 솔루션으로 할 것인지, 제품 또는 서비스로 표현한다(what).[26]

사이먼 시넥에 따르면 이 세상에 존재하는 모든 회사는 자신이 무엇(what)을 하는지는 알고 있다. 또한 어떻게(how) 그 가치를 전달할지, 차별화할지도 잘 안다. 하지만 그것을 왜(why) 해야 하는지를 아는 회사는 극히 드물다. 예를 들어, 대다수 기업은 '우리는 훌륭한 컴퓨터를 만든다(what). 사용이 편리하고 디자인이 세련되다(how). 구매하시겠습니까?'로 제품을 소비자에게 전달한다. 하지만 애플은 달랐다. 애플은 '우리가 하는 모든 일은 현실에 도전하는 것이다. 왜(why)? 우리는 다르게 생각하는 것(think different)의 가치를 믿기 때문이다. 우리가 현실에 도전하는 방식은 모든 제품을 편리하고 세련되게 고객 맞춤형으로 만드는 것이다(how). 그 결과가 바로 이 매킨토시이다(what).'와 같이 왜(why)라는 질문에 답하는 것을 시작으로 문제 해결의 가치를 소비자에게 설명했다. 토스도 마찬가지이다. 토스는 '사람들은 공인인증서로 이체를 불편해 한다'라는 문제를 발견했다(why). 그래서 '공인인증서 없이 비밀번호로 이체 가능 서비스를 개발하겠다'는 솔루션을 찾았다(how). 그리고 '간편 이체 앱을 만들겠다'로 나아갔다(what). 이렇게 무엇(what)–어떻게(how)–왜(why)의 순서가 아니라 왜(why)–어떻게(how)–무엇(what)의 순서로 사고하여 사업 아이디어를 생각해 내고, 그것을 바탕으로 제품과 서비스를 만드는 것이 스타트업이다.

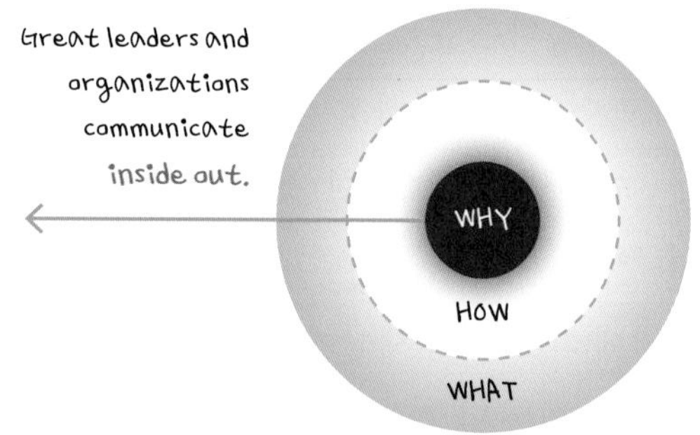


사이먼 시넥의 골든 서클

이 왜(why)가 중요한 이유는 또 있다. 이제 물질적으로 풍요로운 시대에서 사람들은 제품과 서비스의 단순한 기능 그 자체보다 제품과 서비스가 갖고 있는 왜(why)를 궁금해한다. 그래서 이제 제품을 만들고 파는 것이 아니라 왜(why)를 만들고 팔아야 하는 것이다. 예를 들어, 에어비앤비는 여행을 할 때 왜 현지 호스트에 대한 경험을 해 봐야 하는지를 판다. 노션은 일반적인 이력서가 아니라 왜 홈

페이지로 나를 표현해야 하는지를 판다. 파타고니아는 왜 지구를 사랑해야 하는지를 판다. 결국 왜(why)가 있는 제품과 서비스는 사람들의 삶을 변화시킨다. 사람들이 그 제품과 서비스의 철학이 담긴 왜(why)를 이해하고, 그에 따라 구매를 하며, 그 제품과 서비스가 나의 일상과 삶에 좋은 영향을 미친다는 것을 경험하기 때문이다. 예를 들어, 나이키는 생각하지 말고 바로 시작하는 것(just do it)이 왜 중요한지를 판다. 사람들은 그에 동의하여 나이키 운동화와 운동복을 구매해서 러닝을 시작한다. 그러다 보면 운동을 즐기는 새로운 라이프스타일이 생기고 삶의 활력을 얻는다.[27]

이와 관련해서 최근 흥미로운 소식을 들었다. 성악가 조수미가 오랫동안 준비한 '조수미 콩쿠르'를 열면서 한 질문을 하게 될 것이라고 밝힌 것이다. 그 질문은 "왜 노래하나요? 노래해서 바꾸고 싶은 세상은 어떤 모습인가요?"라고 한다. 조수미는 이 질문의 의미에 대해 "왜 노래해야 하는지에 대한 큰 그림이 있는 사람과 없는 사람은 비전이 다르다"면서 "그 다름이 매일 쌓이면 무대에서 감동이 다르고, 관객의 반응까지 다르다"고 말했다.[28] 온전히 다른 영역이지만 왜(why)가 중요한 건 마찬가지이다.

결국 스타트업은 왜(why)에 대한 질문을 끊임없이 하면서 새로운 사업 아이디어를 구상한다. 그렇기 때문에 스타트업이 찾아내는 문제는 항상 새롭고, 그에 대한 사업 아이디어도 신선할 수밖에 없다. 중요한 건 문제에 대한 올바른 정의이다. 문제만 올바로 정의할 수 있다면 솔루션을 찾는 건 어렵지 않다. 그것을 수많은 스타트업들이 잘 보여 주었다. 그렇다면 어떻게 스타트업이 문제를 정의하고 솔루션을 찾는지, 어떻게 새로운 사업 아이디어로 제품과 서비스를 만들어서 시장에 내놓는지 살펴보자.

## 좋은 질문이 좋은 세상을 만든다

### 질문을 던지는 주체와 방향이 다르다

보통 기존 기업, 대기업은 기업과 조직 입장에서 기업 포트폴리오를 위해 사업 아이디어를 구상한다. 때로는 현재 매우 불편하거나 꼭 해결해야 할 문제는 아니지만 소비자의 스노비즘(snobbism), 즉 소비자의 과시욕과 허영심을 자극하는 사업 아이디어를 구상하기도 한다. 예를 들어, 사물 인터넷 제품들이나 가전을 커스텀할 수 있게 만드는 삼성전자 비스포크 등이 그렇다. 최근에는 LG전자에서 그림, 사진, 영상을 띄울 수 있는 액자형 에어컨이 출시되었는데, 이 에어컨이 소비자의 어떤 핵심적인 문제를 해결해 주는지 알기 어렵다.

반면, 스타트업은 사업 아이디어 발견의 시작점이 다르다. 스타트업은 기본적으로 '나'의 경험을 바탕으로 한 사업 아이디어가 많다. 즉, '스타트업은 나와 내 주변, 나아가 사회에 대한 불편과 불만을 해결한다'는 명제가 여기서도 작동한다. 그래서 스타트업의 사업 아이디어는 당장 해결했으면 하는 문제, 현재 적당한 솔루션이 없어 방치되고 있는 문제, 그리고 어떤 불편이 해결됐을 때 많은 사람들이 공감할 수 있는 문제에 대한 것이 많다. 그것이 새로운 가치와 패러다임을 창출하고, 새로운 시장을 만들기도 한다. 그래서 창업가의 문제 제기에 공감하는 사람들이 초기 팀원이 되고, 뒤이어 합류하는 팀원들 역시 그 문제와 솔루션에 동의하는 사람들이 대부분이다. 그리고 이렇게 문제를 찾고 해결해 본 사람들은 연속해서 문제를 발견하고 해결한다. 그런 사람들을 '연쇄 창업가'라고 부르기도 한다.

즉, 사업 아이디어의 시작점을 회사로 두느냐 또는 나와 내 주변에 두느냐에 큰 차이가 있다. 예를 들어, 매일 '오늘 뭐 입지?'라는 고민을 해결하기 위한 나만의 스마트 옷장 'Acloset', 집밥은 먹고 싶은데 귀찮아서 요리할 엄두가 안날 때 집밥 배송을 연결해 주는 '셰프', 안성우 대표가 회계사 시험을 준비하던 때 어렵게 자취방을 구하던 경험으로 설립한 '직방', 소파 구매의 불편함을 해소해 보겠다는 아이디어로 시작된 'Burrow', 빌라나 원룸에서는 쓰레기 분리 배출이 어렵다는 문제를 해결하기 위해 만든 '오늘수거', 김영진 대표가 운동을 하다가 운동 기록 관리에 부족함을 느껴 직접 개발한 인공지능 바디코칭 '스포투', 여행자와 장거리 이동자의 짐을 효율적으로 맡아 주고 호텔과 상점에 수익을 주는 'Nannybag', 물건을 장기간 온전히 보관할 수 있게 해 주는 박물관급 개인창고인 '편안창고', 놀고 있는 벽을 활용하여 그림을 통해 아티스트와 건물주에게 모두 수익을 안겨 주는 '월디' 등이 그렇다. 이 모든 스타트업들이 창업가 본인 또는 주변에서 겪은 문제를 해결하겠다는 시작점에서 출발해 사업 아이디어를 구체화시킨 것이다.

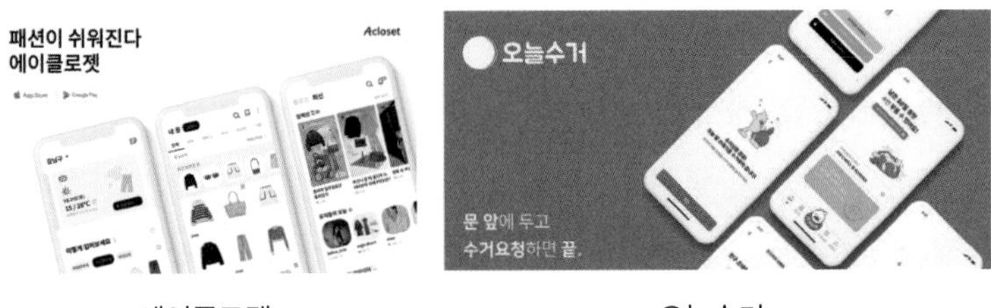


에이클로젯 오늘수거

## 해결 포인트와 목표가 다르다

결국 스타트업은 문제의 시작점이 나와 내 주변의 문제를 해결하는 것이기 때문에 이를 바탕으로 새로운 가치를 창출하는 것이 목표가 된다. 물론 대기업도 신사업이라는 것을 한다. 그리고 대기업도 변화에 대응하고 새로운 가치를 창출하기 위해 노력한다. 하지만 안타깝게도 대기업의 신사업은 진정성 있게 새로운 가치를 만들어 가고자 하는 사명감을 갖기 어렵다. 조직 자체가 크기 때문에 무작정 새로운 가치를 만들기엔 리스크가 크기 때문이다. 게다가 다 그런 것은 아니지만 대기업에서 신사업을 추진하기 위해 꾸려지는 태스크포스팀(Task Force Team: TFT)을 보면 기본적인 신시장에 대한 이해나 경험 없이 팀원들이 꾸려지고, 조직 안에서 위계를 갖는 경우가 많다. 그렇기 때문에 한 대기업의 신사업 추진 케이스를 보면 신사업 태스크포스팀 업무의 대부분이 보고서 작성에 몰려 있다는 것을 알 수 있다. 그래서 대기업은 소셜 임팩트를 사회공헌이나 기업의 사회적 책임(CSR) 영역이라고 생각하기도 한다.

반면, 스타트업은 기존 업계의 규칙을 재정의하고 완전히 새로운 시장을 창출하는 것을 목표로 한다. 즉, 스타트업은 '새로운 가치를 만들어 내고, 소셜 임팩트를 주는 것'을 목표로 하는 것이다. 이것을 '파괴적 혁신 정신'이라고 하고, '반역적 사명'이라고도 하는 것이다. 물론 스타트업의 이런 목표가 항상 달성되는 것은 아니다. 하지만 앞으로 살펴볼 사업 아이디어의 구체화 과정을 보면 그 과정 속에서 스타트업이 어떻게 제품과 서비스를 피봇하고 시장을 테스트하는지, 그래서 결국 어떻게 목표를 달성해 가는지 알 수 있다.

## 사업 아이디어 도출 방법이 다르다

사실 세상에 완전히 최초이고 유일한 사업 아이디어는 없다. 만약 어떤 문제가 해결되고 있지 않다면 그것은 절대 풀 수 없는 문제이거나 그 문제에 공감하는 사람들이 많지 않다는 뜻일 수도 있다. 그리고 완전히 새로운 사업 아이디어라고 하더라도 금방 카피가 일어날 수 있다. 게다가 후발주자일수록 선도자의 오류를 검증하고 제품과 서비스를 개선할 수 있기 때문에 업계 리더가 바뀌는 일도 많다. 그래서 스타트업은 세상에 없는 사업 아이디어를 찾기보다 정말 해결하고 싶은 문제에 집중하고, 경쟁사와 비교했을 때 어떤 뾰족한 불편을 해결할지에 더 초점을 맞추게 된다.

예를 들어, 성형 정보 공유 플랫폼 '바비톡'은 다른 기능보다 성형 부작용 후기에 병원명을 공개할 수 있는 기능인 '부작용톡'을 업계 최초로 도입했다. 남몰래 성형 부작용으로 어려움을 겪고 있던 수많은 사람들이 본인의 수술 후기를 실제 병원명과 함께 리얼하게 올릴 수 있는 통로를 마련한 것이다. 이를 통해 바비톡은 성형수술 부작용이 두려워 수술을 꺼리는 사용자들에게 좀 더 정확한 정보를 전달할 수 있었고, 그저 성형정보를 공유하는 플랫폼을 넘어 좀 더 건전한 성형 시장을 만들어 가는 가치를 창출해 낼 수 있었다. 이런 바비톡의 부작용톡 기능을 접한 사용자들은 "부작용톡을 통해 추가 피해를 막을 수 있었다" "부작용까지 공유하는 바비톡이기에 바비톡에서의 정보를 더 신뢰할 수 있었다"는 반응을 보였다.[29] 사실 바비톡은 성형 정보 공유 플랫폼 중에서는 후발주자에 속했다. 이 시장의 선도자는 강남언니, 여신티켓 등이었다. 하지만 바비톡은 부작용 정보 공유라는 뾰족한 불편 해결 기능 하나로 성형 정보 공유 플랫폼에서 1위를 차지하게 된다.

바비톡 가상성형 시뮬레이션

그렇다면 좀 더 구체적으로 스타트업이 사업 아이디어를 찾는 방법은 무엇인지 살펴보자. 여기에 스타트업 업계에서 회자되고 있는 사업 아이디어 찾는 방법 5가지가 있다.[30] 이 방법들을 참고하면 스타트업뿐만 아니라 여러 업계에서도 활용할 수 있을 것이다.

- 기술의 변곡점을 살펴보기: 제품 시장 적합성(Product Market

Fit: PMF)이라는 용어를 처음 정의한 앤디 라클레프(Andy Rachleff)는 빠르게 성장하는 사업 아이디어를 찾기 위해서 기술의 변곡점을 살펴보라고 권한다. 그동안 사업 아이디어가 가장 많이 쏟아져 나온 시기는 PC의 보급, 인터넷의 도입, 모바일의 등장, 애플리케이션 시장의 등장과 맞물렸다는 것이다. 단, 모든 기술의 변곡점이 사업 아이디어에 긍정적인 영향을 미치는 것은 아니다. 예를 들어, 메타버스는 등장 초기에 큰 관심을 끌었지만 메타버스를 소재로 비즈니스를 시작한 기업의 90%가 성과를 거두지 못했다. 지금은 생성형 인공지능과 애플의 비전 프로(Vision Pro) 발표에 따른 확장 현실(Mixed Reality: MR)이 시험대에 올랐다. 그 외에 사회적 변화 속에서도 이전에 없던 새로운 니즈가 발생하고, 이를 잘 파악하면 좋은 사업 아이디어를 찾을 수 있다. 예를 들어, 최근 기업들이 채용을 할 때 학력을 중요하게 보기 시작하지 않는 것에서 HR 테크 플랫폼이 등장할 수 있고, 귀농하는 사람들이 늘어가는 것에서 스마트 농장과 애그테크(Agriculture Technology: AgTech) 관련 사업 아이디어가 생길 수 있다. 뿐만 아니라 출생률이 낮아지고 외국인 근로자가 증가하는 것 등에서도 색다른 사업 아이디어가 도출될 수 있다.

- 당연한 것들에 대해 질문하기: 와이 콤비네이터의 폴 그레이엄은 당연하게 보이는 것보다 더 나은 방법이 없는지 다시 물어보는 것 자체가 사업 아이디어를 떠오르게 한다고 한다. 우리가 일상에서 당연히 하고 있는 행동, 구매해서 쓰는 제품에 대해서 '과연 이게 최선일까?'라고 질문을 던져 보면 사업 아이디

어를 찾을 수 있다는 것이다. 예를 들어, 디지털 마케팅이 주류를 이루고 있는 지금, 디지털 마케팅 효율이 갈수록 떨어지고 오히려 우편 마케팅이 도달률과 효과 측면에서 더 낫다는 점을 발견한 우편 마케팅 스타트업 '스프레드잇'이 대표적이다.

- 시장의 끝자락을 살펴보기: 어떤 시장이든지 그 시장에 참여하지 않고 있는 사람과 집단이 있다. 가격이나 기술적 진입장벽이 높아서이기도 하고, 아예 시장 진입 자체를 포기한 경우도 있다. 그래서 왜 그런 시장에 참여하지 않고 있을까에 대한 문제를 해결하려고 하면 사업 아이디어를 떠올릴 수 있다. 예를 들어, 대형 프랜차이즈 음식점이나 카페들이 자체 멤버십 포인트 시스템을 속속 도입하고 있을 때, 개인 음식점이나 카페들은 그런 시스템을 도입하고 있지 않았다. 어차피 매장이 하나일 뿐인 데다가 굳이 멤버십 포인트로 고객 관리를 할 필요성을 느끼지 못했기 때문이다. 이에 대해 스포카는 자영업자들이 멤버십 포인트를 도입하고 있지 않은 시장의 끝자락에서 개인 매장들끼리 멤버십 포인트를 적립하고 상호 교환하여 사용할 수 있는 '도도포인트'를 개발했다. 그리고 각 개인 매장들에 태블릿 PC를 설치해 주고 멤버십 포인트 적립을 쉽고 빠르게 할 수 있도록 도와주었다. 이를 토대로 수많은 개인 매장들이 도도포인트로 연동되었고, 이렇게 쌓인 누적 사용자 2,500만 명의 고객 데이터를 바탕으로 도도포인트는 야놀자에 성공적으로 인수된다.
- 아웃라이어에 주목하기: 내가 이해하기 힘든 사람들의 행동이나 이전에 사람들이 하지 않았는데 하게 된 행동을 살펴보는

것도 좋은 방법이다. 사람들이 이해하기 힘든 행동을 하거나 이전과 다른 행동의 변화가 있다면, 그들에게 새로운 문제가 생겼고 그걸 스스로 해결하고 있다는 것이다. 그것을 사업 아이디어로 풀면 새로운 비즈니스를 할 수 있다. 예를 들어, 최근 개인 수집품을 사고 파는 수집경제가 활발해졌는데, 그중에서도 유독 스니커즈 매니아들의 거래 욕구가 폭팔적으로 증가했다. 하지만 스니커즈 매니아들이 실제 스니커즈 거래를 하려고 해도 적당한 플랫폼이 없었다. 그런 아웃라이어에 주목해 등장한 것이 스니커즈 리셀 플랫폼 '크림'이었고, 네이버가 그 크림을 인수하게 된다.

• 소비자에게서 아이디어 추출하기: 성공적인 연쇄 창업자 데인 맥스웰(Dane Maxwell)은 소비자를 찾아다니며 집요하게 물어보면 사업 아이디어를 뽑아낼 수 있다고 말한다. 즉, 소비자에게 어떤 어려움이 있는지, 그 어려움 때문에 얼마나 많은 시간을 쓰는지 등을 직접 물어보며 사업 아이디어를 찾고, 이를 해결할 제품과 서비스를 구상할 수 있다는 것이다. 의외로 불편함을 겪는 소비자들이 솔루션을 갖고 있는 경우도 많기 때문이다. 예를 들어, 여행을 계획할 때 여행상품을 예약할 수 있는 플랫폼은 많지만 여행 짐을 쌀 수 있는 체크리스트를 제대로 만들 수 있는 앱은 없었다. 그 불편함을 소비자를 통해 발견한 스타트업이 '트리플'이다. 트리플은 소비자들이 여행을 계획하고 여행 짐을 싸면서 재미를 느낌과 동시에 불편을 겪는다는 점을 추출하여 그에 특화된 앱을 만든 것이다. 그런 사업 아이디어로 트리플 역시 인터파크에 성공적으로 인수된다.

이 외에도 글로벌 비즈니스 뉴스레터 1위인 레니스 뉴스레터(Lenny's Newsletter)에서 제안한 방법도 참고할만하다. 레니스 뉴스레터는 유니콘으로 성장한 스타트업들이 어떻게 사업 아이디어를 얻었는지 조사하였다. 그에 따르면 창업가 스스로 일상에서 겪고 있는 문제를 해결하다가, 특정 주제에 호기심을 갖다가, 시도했던 것들 중 반응이 있는 내용을 파고들어 피봇팅하다가, 패러다임 변화에 관심을 갖다가, 친구들과 브레인스토밍을 하면서 등 5가지 방법을 통해 많은 스타트업들의 사업 아이디어가 도출됐다고 한다.[31]

| Strategy | Companies |
| --- | --- |
| 스스로가 겪고 있는 문제를 해결하다가 창업 | airbnb, Etsy, cameo, Dropbox, Calm, GOAT, fiverr., Uber, substack, HIPCAMP, WARBY PARKER |
| 특정 주제에 호기심을 갖다가 창업 | Google, TikTok, OpenSea, coinbase, headspace, tinder, duolingo, TheRealReal |
| 반응이 있는 것에 파고들어 피봇팅 | lyft, PayPal, YouTube, Glossier., wish |
| 패러다임 변화에 관심을 갖고 창업 | Spotify, 23andMe, TESLA, amazon, Snackpass, instacart, REC ROOM, STITCH FIX |
| 친구와 브레인스토밍을 하다가 창업 | DOORDASH, NETFLIX, Thumbtack, yelp, reddit, bumble, eventbrite, nextdoor |

스타트업의 사업 아이디어가 탄생된 배경

이렇게 보면 좋은 사업 아이디어란 공통적인 특징이 있다. 우선 사업 아이디어가 창업가 가까이에서 발견된다는 것이다. 그리고 창업가는 자신의 경험과 남다른 통찰력으로 주변에 널려 있던 사업 아이디어를 잘 선별했다. 그래서 누구든 그 사업 아이디어를 접했을 때 이해하기 쉽다는 장점이 있다. 이런 장점은 창업가가 사업 아이디어를 떠올린지 얼마 되지 않아도 바로 제품이든 앱이든 프로토타입을 제작할 수 있는 기반이 된다. 그리고 그들은 실제로 그것을 실행에 옮겼다. 이렇게 내 주변에서 발견할 수 있는 사업 아이디어를 바로 시장에 테스트하고, 시장의 반응이 생겼을 때 본격적으로 제품화하는 과정이 스타트업에서 주로 적용된다. 이것이 대기업과 스타트업에서 사업 아이디어를 제품화할 때의 가장 큰 차이점이다.

## 완벽주의가 아닌 신속주의를 추구하라

### 다재다능한 것보다 하나만 잘하자

스타트업은 사업 아이디어가 도출되면 바로 제품화 단계로 넘어간다. 그런데 여기서 『원씽(The One Thing)』의 저자 게리 켈러(Gary Keller)와 제이 파파산(Jay Papasan)은 사업 아이디어를 성공시키기 위해서는 "가장 중요한 한 가지에 집중하라"고 조언한다. 성공은 '모든 일'을 다 잘했을 때가 아니라 '가장 핵심적'인 일을 '가장 적합한' 순간에 해냈을 때 찾아온다는 것이다. 스타트업에도 이 말이 잘 적용된다. 스타트업이 대기업에 비해 그나마 경쟁력을 갖출 수 있는 이유는 '하나만 잘 하면 되기 때문'이다. 거꾸로 스타트업이 자주 하는 실수를 살펴보면 너무 많은 것을 하려고 하거나 하나도 제대로 못하는 경우에서 발생된다. 결국 성공적인 스타트업은 자신이 잘 싸울 수 있는 전선을 최대한 작게 설정해서 경쟁의 우위를 점한다.

그래서 스타트업이 빠르게 성장하려면 선택과 집중이 필요하다. 제품과 서비스를 개발할 때 가장 중요한 것은 처음부터 기능이 다양하지 않아도 된다는 점이다. 즉, 하나의 핵심 기능에 집중해서 잘하고 그 후에 기능을 확장하는 것이 중요하다. 한편, 일부 스타트업의 경우 기능이 하나뿐이어서 시장의 선택을 받지 못할 것이라고 두려워하는 경우가 있다. 하지만 실제 스타트업은 하나의 기능에 집중해서 성공시키는 것도 쉽지 않다. 그래서 성공적인 마일스톤(milestone) 하나를 제대로 쌓는 것이 중요하다. 그 마일스톤 하나가 더 높은 계단을 만들 수 있다.

예를 들어, 토스의 시작은 공인인증서와 수수료 없이 간편 이체가 가능한 기능 하나였다. 업무 협업툴 플로우 이학준 대표는 플로우 기능을 확장해 달라는 고객사의 요청을 다 들어 주지 않는다고 말했다. 고객사가 원하는 대로 기능을 확장하면 그 모든 기능을 다 잘할 수 없다고 생각했고, 고객사들이 원하는 기능이 제각각이기 때문에 모든 것을 다 대처하다간 기존 고객도 잃을 수 있다고 생각했기 때문이다.[32] 공간 중개 플랫폼 스위트스팟 김정수 대표 역시 기존 팝업 스토어 연결 기능에 여행자와 장거리 이동자의 짐을 맡아 주는 서비스 도입을 검토했지만 스위트스팟은 리테일에 초점을 맞추고 있었기 때문에 짐 보관 서비스는 도입하지 않았다.

이렇게 하나의 기능에 집중하면 그 기능에 맞는 명확한 타깃으로 비즈니스를 시작할 수 있다. 즉, 성공하는 스타트업에는 누가 봐도 명확한 타깃이 존재한다. 현재 기업 가치 3조가 넘는 당근마켓도 처음에는 판교 주민이 메인 타깃이었다. 그 후에 경기, 서울 등

수도권으로, 그리고 시간이 한참 지난 후에야 지방 대도시로 서비스를 확장했다. 이렇게 한 가지 기능, 명확한 타깃에 집중한 뒤 기능과 시장을 확장하는 방식은 스타트업의 초기 마케팅에서도 매우 중요한 요소로 작용한다.

## 스타트업은 오히려 완벽주의로 성공할 수 없다

대기업의 신사업과 신제품은 완성도에 있어서 실수를 용납할 수 없는 완벽주의를 추구한다. 왜냐하면 일반적으로 소비자들이 대기업에게 기대하는 수준은 매우 높고 그만큼 신뢰하기 때문이다. 그리고 소비자는 그만큼의 비용을 지불한다. 제품과 서비스의 품질, 번들 제품 구성, 매뉴얼과 사용 설명서, 카탈로그와 리플릿, 체험관과 어드바이저, 궁금증을 해소시켜 줄 고객센터와 제품 수리까지 모든 것에서 완벽을 추구한다.

하지만 스타트업은 완벽주의보다 신속주의, 완료주의가 더 중요하다. 역설적으로 완벽주의는 성공할 수 없다. 고객의 문제를 빠르게 해결하기 위해서는 제품과 서비스를 시장에 '던져 봐야' 알기 때문이다. 그래서 스타트업은 70~80%, 때로는 50%의 완성도만 갖춰도 제품과 서비스를 출시한다. 그렇게 실제 시장에서 고객의 반응을 보고 개선하고, 이런 과정을 빠르게 반복 진행하고 대응하는 스타트업이 성공해 왔다. 지금 적극적으로 실행되는 괜찮은 계획이 완벽한 계획보다 낫다는 것이다. 그리고 소비자들은 스타트업에게 완벽함을 기대하기보다 신선함, 새로운 솔루션 등 하나의 소구점만 찾고, 뾰족한 문제 하나만 해결해 줘도 선택한다. 이는 이제 소비자들이 완벽한 제품이 아니라 왜(why)를 구매하는 경향과 맞물려 있다. 이에 대해 『프로세스 이코노미』의 저자 오바라 가즈히로(Obara Kazuhiro)는 "이제 소비자는 더이상 완벽한 기능에 완벽히 내게 필요한 제품을 원하지 않는다"며, 소비자들은 "필요한 제품이 아닌 의미가 있는 제품을 찾기 때문이다"라고 주장했다. 아마 대부분의 스타트업은 이에 동의할 것이다.

스타트업은 이렇게 시장 테스트를 위한 제품을 따로 지칭하는데, 그것이 바로 '최소기능제품(Minimum Viable Product: MVP)'이다. 스타트업은 최대한 빠른 시간 내에 최소기능제품을 만들고 시장에 던져 본 다음 꼭 확인하고 싶은 부분에 대해 AB 테스트, 또는 ABC 테스트[33]를 거친다. 예를 들어, 배달의민족이 최초 배달 앱을 만들었을 때 최소기능제품으로는 사용자가 앱으로 주문을 해도 그 주문이 음식점에 전송되지 않았다. 배달의민족은 우선 사람들이 앱으로 주문을 하는지 안 하는지만 확인하고자 했기 때문에 실제 주문 전송과 결재 등의 시스템은 아직 개발하지 않았던 것이다. 그래서 배달의민족 앱으로 주문이 들어오면 배달의민족 팀원들이 음식점에 직접 전화를 걸어 대신 주문을 하고 배달시켰다. 명함 관리 플랫폼 리멤버 역시 최소기능제품을 출시했을 때에는 명함 사진을 찍어도 그 명함 정보가 제대로 입력되지 않았다. 그래서 리멤버 팀원들이 명함 사진과 입력된 명함 정보를 하나 하나 대조하기도 했다. 이렇게 최소기능제품으로 소비자의 반응을 체크하고, 오류를 바로 잡으면서 자체적인 문제를 빠르게 해결해 나간 것이다. 이에 대해 리멤버 최재호 대표는 결국 속도가 완벽함을 이긴다고 말했다. 실행이 빠른 팀은 안 되는 이유보다 되는 이유에 집중하고, 한 방향으로 주도적으로 실행한다는 것이다.

최소기능제품이라는 것이 스타트업만의 매우 독특한 제품 개발 방식이듯이 세계적인 스타트업들 역시 최소기능제품으로 시작하여 큰 성공을 거두었다. 그 사례들을 살펴보자. 우선 에어비앤비는 초기에 숙소 공유 서비스의 기본 기능인 숙소 사진, 위치, 가격, 그리고 호스트 연락 방법에만 중점을 뒀다. 그래서 초기 웹사이트는 전혀 세련되지 않았고, 호스트가 공유하는 거실이나 방 사진 2~3개만 노출될 뿐이었다. 이 최소기능제품으로 어느 정도 시장의 반응이 확인되자 에어비앤비는 호스트와의 대화, 게스트 리뷰, 슈퍼 호스트 체계, 보안 결제, 체험과 어드벤처 옵션 등의 기능을 더한다.

또한 우버는 모바일 앱을 이용해 리무진 서비스를 해 보자는 아이디어로 우버캡(UberCab) 프로토타입을 만들었다. 그리고 3대의 자동차로 샌프란시스코에서 테스트를 시작했다. 최소기능제품에서는 앱을 통해 예약을 받고, GPS를 통해 경로 안내를 하고, 신용카드로 결제할 뿐이었다. 이 초기 모델은 모바일 앱에서 매우 간단하게 몇 번의 터치만으로 리무진 택시 예약이 가능하다는 점에서 처음부터 엄청난 인기를 끌었다. 이후 우버는 우버엑스(Uber-X)를 새롭게 런칭하면서 예약하기 전 본인의 위치 주위에 우버 드라이버들을 보여 주고, 승차요금을 예상하고, 요금을 나누어 낼 수 있게 하면서 모바일 지갑과 연동하고, 드라이버들을 러시아워에 맞게 배치하는 등의 기능을 확장한다.

마지막으로 스포티파이는 음악을 온라인 스트리밍으로 듣되 음악을 듣기까지 기다리는 대기 시간만 최소화하자는 기능에 집중했다. 많은 사람이 음악을 선택하고 들을 때 즉흥적인 경향이 강하다는 사실을 파악했기 때문이었다. 스포티파이는 그렇게 대기 시간 없는 음원 스트리밍 서비스를 안정적으로 제공하게 된 이후에 재생 목록, 음악 공유, 오프라인 모드, 프리미엄 버전 등을 도입한다.

Airbnb 초기 MVP

에어비앤비 초기 MVP

Uber의 초기 MVP

우버 초기 MVP

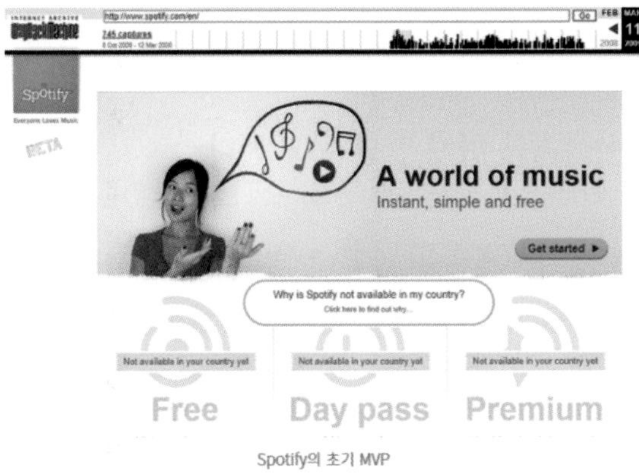


스포티파이 초기 MVP

이렇게 세계적인 스타트업들의 최소기능제품을 보면 공통점이 있다. 혁신적인 사업 아이디어가 있을 때, 모든 것이 완벽하게 갖춰진 제품과 서비스를 만들어서 배포해야 한다는 생각은 하지 않는다는 것이다. 즉, 기능은 최소한으로만 제공했다. 그리고 그 사실을 정확하게 잘 구별하는 초기 타깃에게 접근했다. 초기 타깃에게 최소기능제품을 제공하면서 사용자 피드백을 얻었고, 그것을 최우선으로 추가 기능에 반영한 것이다. 이후 이 과정을 반복하면서 많은 사용자가 원하는 기능을 채워 갔고 완성도를 높였다.[34]

한편, 최근 다양한 법인 서비스가 등장하듯이 이 최소기능제품을 대신 만들어서 시장 테스트를 대행해 주는 플랫폼도 등장했다. 예를 들어, '모디파인'은 특정 스타트업의 제품과 서비스에 적합한 리서치 방식을 통해 사용자의 니즈를 파악하고 시장의 수요에 맞는 서비스 개선점을 도출해 준다. 이 외에 오프라인 공간에서 소비자의 제품 반응을 살펴볼 수 있도록 한 베타(b8ta)와 공간 와디즈

등도 있다.

## 효율적인 실패를 위해 일단 뛰고 본다

이렇게 최소기능제품을 만들고 테스트하기 위한 스타트업만의 실행법도 있다. 구글 벤처스의 디자인 파트너인 제이크 냅(Jake Knapp)이 '디자인 스프린트(design sprint)'라는 실행법을 고안한 것이다. 디자인 스프린트는 단기간 내에 프로토타입을 제작하고 테스트하여 중요한 문제들에 대한 답을 찾아가는 과정으로 단 5일 안에 이뤄진다. 그렇게 첫 번째 스프린트를 진행하면 초기 단계로 다시 돌아가서 필요한 부분을 반복적으로 실행한다. 이 실행법은 짧은 기간 안에 중요한 비즈니스 질문에 대한 통찰력을 확보하는 데 초점을 둔다. 그래서 디자인 스프린트의 구성원은 개발자, 디자이너, 마케터 등 다양한 분야의 사람들로 구성되고 애자일(agile)을 추구한다. 디자인 스프린트는 구체적으로 5단계로 나뉘는데 다음과 같다.[35]

구글 벤처스의 디자인 스프린트 실행법

- 이해(understnad): 비즈니스의 문제점, 우리의 기술 능력, 사용자 요구를 공유하는 단계이다. 이 단계에서 경쟁 상품 비교, 기술적인 문제점, 사용자 리서치 등을 모두 다룬다. 이 단계의 목표는 프로젝트, 제품, 서비스에 대한 이해를 최대한 넓히는 것이다. 그래서 이 단계의 이해도를 넓히기 위해 전문가를 초청해 10~15분 정도 전문 지식을 듣는 경우도 있다. 이해 단계에서는 모든 팀원이 같은 이해 단계(same page)에 있는 것이 중요하다.
- 발산(divege 또는 sketch): 모든 팀원이 같은 이해 단계에 있는 것이 확인된 후 팀 안에서 세부 팀 또는 개인별로 나눠서 해결책을 모색하고, 가능한 많은 아이디어들을 모으는 단계이다. 그래서 팀원 각자의 노력이 중요하다. 특별히 복잡한 프로젝트일 경우에는 다루기 쉬운 덩어리로 분해해서 전체가 아닌 부분적으로 문제를 해결하게 된다.
- 결정(decide): 아이디어를 검토하고 최상의 아이디어를 선별하는 단계이다. 이 단계에서는 팀원 간 아이디어들이 충돌하고 갈등하는 과정을 통해 최상의 아이디어가 선별된다. 아이디어가 선별되는 기준은 비즈니스 상황, 기술적 가능성, 사용자 선호도, 예산 등이 고려된다.
- 시험 제작(prototype): 선별된 아이디어들은 바로 시험 제작에 들어간다. 단, 여기서 가장 중요한 것은 효율이다. 시험 제작에 너무 많은 시간, 비용, 에너지를 투입하지 않아야 한다. 그래서 팀원 각자에게 가장 편리한 툴을 사용하고, 새로운 툴을 시도하지 않는다.

- 평가(validate): 시험 제작된 결과물에 대한 평가를 받는 단계이다. 대상은 실제 소비자, 전문가, 다른 팀원들이 될 수 있다. 그들이 시험 제작 결과물을 사용하는 모습을 관찰하면서 기록하고, 새로운 문제를 도출한다.

이렇게 보면 보통의 회사들에서도 시도하고 있는 아이디에이션 과정과도 크게 다르지 않다. 하지만 디자인 스프린트 실행법의 핵심은 팀원 각자의 능력과 노력이 중요하고, 빠르게 시험 제작을 거쳐 평가를 받는다는 것이다. 그래서 디자인 스프린트를 통해 얻을 수 있는 3가지 장점은 효율적인 실패, 결함이 있는 성공, 과정에서의 승리이다.

## 작명소를 차려도 될 스타트업 네이밍

### 있어 보이는 것보다 유치한 게 낫다

이렇게 제품과 서비스가 어느 정도 갖춰졌다면 네이밍도 신경써야 한다. 이 네이밍도 스타트업만의 관점이 있다. 보통 대기업이 신제품 네이밍을 하면 주로 모기업의 아이덴티티나 이미지를 중시하게 된다. 그리고 제품과 브랜드 라인도 프리미엄 브랜드, 세컨 브랜드, 대중 브랜드 등 다양하게 런칭되기 때문에 브랜드 이미지나 제품 라인을 고려하여 포괄적인 의미의 네이밍을 추구하게 된다. 이때 활용되는 언어도 영어, 로마·라틴어, 남미어 등 다양한 외국어나 외래어를 사용하기 때문에 직관적이지 않고 추상적일 수 있다. 예를 들어, 갤럭시, 제네시스, 클라쎄 등이 그렇다.

반면, 스타트업은 소비자들이 제품과 서비스명만 보고도 그 제품과 서비스가 무엇인지 바로 알아차려야 하기 때문에 네이밍에서 직관성이 매우 중요하다. 그래서 스타트업 네이밍은 구체적으로 제품과 서비스가 그대로 드러날 수 있도록 해야 한다. 너무 당연하게도 스타트업의 네이밍은 그 자체가 '광고'이기 때문이다. 그래서 스타트업 업계에서는 스타트업 네이밍이 차라리 '유치하다는 평가가 있어 보인다는 평가보다 낫다'는 얘기를 많이 한다. 예를 들어, 음식을 주문하듯 배달해 주는 플랫폼 '요기요', 숙박 연결 플랫폼 '여기어때', 여러 가지 부탁을 들어 주는 플랫폼 '해주세요', 똑똑하게 닥터를 연결해 준다는 '똑닥' 등이 대표적이다.

## 로컬이냐 글로벌이냐

스타트업의 네이밍은 크게 한글이냐 영어냐로 나뉜다. 우선 한글 네이밍의 장점은 소비자에게 더 쉽고 빠르게 인식시켜서 초기 인지도를 높일 수 있다는 데에 있다. 즉, 소비자 관점에서 소비자 접점을 최대한 빠른 시간에 맞추고, 가장 적은 비용으로 효과적인 커뮤니케이션을 하기 위한 스타트업들의 전략적 결정이다. 제품과 서비스명이 직관적이어야 빨리 이해되고 빨리 접근하고 빨리 사용하기 때문이다.

그래서인지 한글 네이밍을 사용하는 스타트업들은 나의 일상과 생활에 굉장히 깊숙이 들어와 있는 업종이 많다. 배달, 숙박, 부동산, 세탁 등 생활 밀착형 스타트업이 한글 네이밍의 주를 이룬다. 예를 들어, '배달의민족'은 네이밍 자체에 배달이라는 서비스의 성격이 직접적으로 담겨져 있고, 거기에 아이덴티티까지 한글로 표기되면서 소비자들의 접근성을 빠르게 높였다. 당근마켓, 직방, 야놀자, 여기어때, 타다, 오늘의집, 세탁특공대도 마찬가지이다. 심지어 최근에는 영어 네이밍으로 된 스타트업들까지 한글 발음으로 아이덴티티를 변경해 소비자들에게 친숙한 인식을 주려고 노력하고 있다. 예를 들어, 위메프, 맘시터, 탈잉 등이 그렇다. 또한 삼쩜삼, 삼분의일 등과 같이 숫자로 네이밍을 한 스타트업들도 표기할 때와 아이덴티티를 만들 때 한글로 표현하고 있다. 모두 직관성을 극대화하기 위한 것이다.

스타트업 네이밍 사례[36]

반면, 한글 네이밍의 단점은 글로벌 확장성에 제한이 있을 수 있다는 데에 있다. 사실 스타트업의 성장에 있어서 빼놓을 수 없는 것이 '시장'이고, 그렇기 때문에 한국 스타트업은 글로벌을 지향하는 것이 성장을 위해서도 좋다. 그런데 EO 김태용 대표에 따르면 한국 스타트업은 기본적으로 약 5,500만 명이라는 아주 작은 시장을 놓고 싸우는 근본적 한계를 갖고 있다고 한다. 그런 점에서 최근 한국 스타트업에게 있어서 글로벌화는 옵션 아닌 필수로 고려되기 시작했다. 하지만 아직 한국 스타트업은 그 부분에서 미약하다.

실제로 최근 무역협회가 포춘 글로벌 500 기업을 대상으로 설문조사를 진행한 결과 한국 스타트업이 기술력은 있으나 글로벌 진출 역량은 부족한 것으로 나타났다[37] 그리고 한국 생활 18년 차 액셀러레이터 마르타 알리나(Marta Allina)에 따르면 한국 스타트업은 국내에서 성장한 뒤에 글로벌 진출을 고려하겠다는 막연한 계획만 갖고 있어 나중에 글로벌 진출을 할 때 네이밍 등 아주 디테일한 부분에서부터 문제가 생긴다고 안타까움을 전했다.[38]

따라서 글로벌 확장성을 고려하면 영어 네이밍이 갖는 장점이 있다. 여기에 최근 외국인 유학생, 직장인, 여행객들이 증가하는 추세인데, 이들이 한국에서 생활할 때 한국 스타트업들의 앱도 종종 사용한다는 것을 감안하면 인바운드 외국인을 위해서도 영어 네이밍이 활용도에 있어서 좀 더 나을 수 있다. 특히, 이제 유통과 마케팅의 중심이 온라인으로 이동하면서 온라인에서의 표기나 도메인 확보에서도 영어 네이밍이 더 유리하다. 그래서 영어 네이밍을 그대로 표기하고 아이덴티티에서도 한글을 사용하지 않는 스타트업들도 많다. 예를 들어, Cupang(쿠팡), Toss(토스), Upbit(업비트), Musinsa(무신사), ABLY(에이블리), Blind(블라인드) 등이 있다. 그래서 쿠팡이 미국 나스닥에 상장할 때 네이밍에 있어서 큰 걸림돌이 없었고, 블라인드가 미국에 진출할 때도 네이밍의 직관성으로 글로벌 진입장벽을 낮출 수 있었다. 이런 배경에 따라 최근 야놀자는 한글 표기 '야놀자'에서 영문 표기인 'yanolja'로 아이덴티티를 바꾸기도 했다.

## 비바리퍼블리카라고 왜 말을 못하니

보통의 기업들이 법인명과 제품명이 따로 있듯이 스타트업도 법인명과 제품명이 다른 경우가 있고 같은 경우도 있다. 우선 법인명과 제품명을 같게 하거나 유사하게 할 때의 장점은 역시 소비자에게 쉽고 빠르게 인식시킬 수 있다는 것이다. 특히, 여기서 소비자는 일반 소비자이기도 하지만 기업 고객일 수도 있는데, 기업 고객의 경우 계약서 작성이나 전산 처리 등에서 법인명과 제품명이 다르면 업무상 불편함을 겪는 경우가 많다. 그런 점에서 법인명과 제품명이 같다면 그 역시 고객 편의를 증대시켜 줄 수 있다는 장점이 생긴다. 예를 들어, 에어비앤비–에어비앤비, 컬리–마켓컬리 · 뷰티컬리, 에이블리코퍼레이션–에이블리, 에잇퍼센트–팔퍼센트[39], 스위트스팟–스위트스팟 등이 그렇다. 여기에 야놀자, 무신사와 같이 커뮤니티로 시작한 스타트업의 경우 자연스럽게 법인명과 제품명이 일치되기도 한다.

다만 법인명과 제품명을 같게 할 때의 단점은 향후 제품과 서비스의 확장성에 있어서 제한이 있을 수 있다는 것이다. 하지만 스타트업 그 자체가 압도적으로 성장한다면 이는 큰 문제가 아니다. 예를 들어, 아마존과 같이 아마존이라는 메인 네이밍 뒤에 제품명을 무한히 확장할 수 있기 때문이다. 아마존은 이제 아마존 웹 서비스(Amazon Web Services: AWS), 아마존북스(Amazon Books), 아마존

프레시(Amazon Fresh), 아마존고(Amazon Go) 등 아마존이라는 큰 이름 아래에 여러 제품과 서비스를 두고 있고, 각각에 대해 소비자들이 어색하게 생각하지 않는다.

반대로 법인명과 제품명을 다르게 할 때의 장단점도 있다. 우선 법인명과 제품명을 다르게 할 때의 장점은 스타트업이 새로운 기능, 즉, 제품과 서비스를 계속 늘려갈 때 확장성에서 유리하다는 것이다. 이 부분은 영문 네이밍에서와 같이 스타트업의 '성장' 측면에서 매우 큰 장점이다. 단, 확장성을 위해서 법인명과 제품명을 다르게 한다면 둘의 상관성(relevance)이 매우 중요하다. 이에 대한 좋은 사례는 룩코-에이클로젯, 워시스왓-세탁특공대, 래식-쿡섭, 버킷플레이스-오늘의집, 생활연구소-청소연구소, 청세-청춘세탁 · 청춘생활, 어글리랩-오늘수거, 비즈니스캔버스-타입드 등이다.

하지만 법인명과 제품명을 다르게 할 때의 단점은 여러 가지로 일을 두 번 하게 되는 경우가 생긴다는 것이다. 예를 들어, 제품명으로 널리 알려진 스타트업이 언론 홍보를 할 때나 채용을 진행할 때 실제 언론에서 홍보가 되고 채용을 하는 주체는 법인이기 때문에 갖가지 서류 작성이나 문구 작성에 있어서 혼란이 발생할 수 있다. 특히, B2B 전문 스타트업의 경우 법인명과 제품명에 크게 신경 쓰지 않는 경우가 많은데, 이 경우 세일즈를 할 때 고객사에서 초기 인식에 어려움을 겪을 수 있다.

사실 법인명과 제품명을 다르게 할 때의 가장 근본적인 문제는 결국 법인명과 제품명의 상관성이 부족할 때 발생한다. 예를 들어, 우아한형제들-배달의민족, 비바리퍼블리카-토스, 비브로스-똑닥, 브레이브모바일-숨고, 스포카-도도 등이 그렇다. 여기에 메타-페이스북 · 인스타그램처럼 최초 페이스북-페이스북 · 인스타그램에서 나중에 법인명을 바꾸는 경우도 있다. 물론 이들 중 일부는 법인 설립 후 제품과 서비스를 피봇하다가 어쩔 수 없이 네이밍의 상관성이 부족해진 경우도 있다. 하지만 이렇게 크게 성장한 스타트업들도 초기 법인명과 제품명의 상관성 부족으로 인해 소소한 문제를 겪었고, 이 문제를 극복하기 위해 여러 노력을 했다. 예를 들어, 토스로 유명한 비바리퍼블리카는 채용을 할 때 '토스커뮤니티'라는 별도 표현을 쓰기 시작했다. 그리고 아예 거꾸로 법인명을 제품명으로 바꾸는 경우도 생겼다. 채널브리즈-직방에서 직방-직방으로, 위드이노베이션-여기어때에서 여기어때컴퍼니-여기어때로 바꾼 것이 대표적이다.

결론적으로 직관성과 초기 인지도를 위해서는 법인명과 제품명을 일치되도록 하면서 한글 네이밍을 하는 게 좋다. 하지만 글로벌 진출과 확장성을 위해서는 아주 쉽고 누구나 알만한 영어 단어를 활용한 법인명과 제품명을 네이밍하되 그 둘의 상관성을 잘 고려하는 것이 필요하다. 그리고 이 영문 네이밍을 국내에서는 한글 독음 아이덴티티로, 글로벌에서는 영문 아이덴티티로 표기하는 것이 낫다.

이렇게 네이밍에 대해 살펴봤지만 사실 네이밍을 무색하게 만드는 것은 압도적인 제품과 서비스이다. 예를 들어, 인공지능 기계 번역 스타트업 엑스엘에이트(XL8)는 네이밍만 보면 어떻게 발음해야 하는지도 모를 정도이다. 여기에 제품명은 미디어캣(MediaCAT)이다. 어려운 법인명에, 법인명과 제품명의 상관성도 없어 보인다. 하지만 이 스타트업은 미디어에 특화된 기계 번역 기술을 개발하여

B2B 시장에서 높은 평가를 받고 있고, 넷플릭스, 디즈니플러스 등 OTT에 다양한 자막의 초벌 번역을 제공하고 있다.

## 인사이트의 한끗

결국 스타트업은 나와 내 주변, 나아가 사회에 대한 불편과 불만에서 문제를 발견한다. 그래서 '이 문제를 왜(why) 해결해야 하는가'를 생각하는 것에서부터 사업 아이디어가 도출된다. 그 사업 아이디어는 처음에는 하나의 핵심 기능을 통해 구현되는 것이 중요하다. 하나의 기능에 집중하면 그 기능에 맞는 명확한 타깃으로 비즈니스를 시작할 수 있기 때문이다. 그리고 그 기능 역시 빠르게 수정, 보완되기 위해 '최소기능제품(MVP)'으로 시장에서 테스트된다. 이때 구글 벤처스의 디자인 스프린트 실행법이 쓰이기도 한다. 이 모든 과정을 지배하는 정신이 바로 '신속주의'이다. 그리고 스타트업은 제품과 서비스의 네이밍에 있어서도 '직관성'이라는 화두를 던진다. 이렇게 사업 아이디어를 도출하고 제품화하는 과정에서 스타트업만의 방식이 매우 선명하게 드러난다. 그래서 이 과정 자체가 새로운 가치를 담고 있다고 할 수 있다. 특히, 이런 과정들은 비단 스타트업에서만 적용되는 것이 아니다. 왜(why)–어떻게(how)–무엇(what)의 순서로 사고하는 방식, 최소기능제품을 만들어 시장에서 테스트하기, 신속주의로 디자인 스프린트를 실행하기, 직관적으로 네이밍하기 등은 다른 기업에서도 적용 가능하다. 실제로 최근 여러 대기업에서 이런 제품화 프로세스와 방법론들을 학습하고 있고, 벤치마킹하고 있다.

#골든 서클 #신속주의 #완료주의 #최소기능제품 #MVP #디자인 스프린트 #직관적 네이밍

# 04

# 출근하고 싶은 회사, 퇴사하고 싶은 회사

스타트업에서 사업 아이디어도 중요하지만 사실 가장 중요한 것은 '사람'이다. 스타트업이란 사람들의 문제를 이해하고 사람들을 위한 가치 있는 무언가를 만들어 내고, 팀원들과 함께 도전하는 팀이기 때문이다. 그래서 좋은 사람들이 모이면 사업 아이디어와 투자도 해결 가능하다. 메타버스 컨텐츠 스타트업 브레이브 터틀스 케빈 김 대표는 그런 팀원을 모으는 것이 마블 시네마틱 유니버스 인피니티 건틀렛의 인피니티 스톤을 모으는 과정과 같다고 설명했다. 인피니티 스톤을 모두 모으면 세상의 큰 변화를 일으키는 것처럼 말이다.

마이리얼트립 이동건 대표는 이를 대기업과 스타트업으로 비교해 설명하기도 했다. 대기업은 하드웨어적으로 부동산, 공장 설비 중심이고, 소프트웨어적으로는 다수의 경험과 연륜으로 잘 돌아간다. 하지만 스타트업은 대기업과 생존 방식이 다르다. 일당백의 소수정예, 열정과 몰입, 시행착오의 과정으로 돌아간다. 그만큼 사람이 전부라고 해도 과언이 아닌 곳이 스타트업이라는 것이다. 그래서 스타트업은 초과 수익이 날 때마다 중요 인재를 영입하거나 성과에 대해 보상하거나 재교육을 진행하는 등 사람에게 재투자한다고 말했다.

그래서 많은 스타트업 대표나 스타트업 전문가들이 입을 모아 얘기하는 것이 스타트업이 기존 기업과 가장 다른 핵심적인 부분은 바로 이 '사람'에 있다는 것이다. 스타트업이 지향하는 가치에 동의하는 사람들, 그리고 그들이 만들어 가는 조직 문화, 실제로 일을 돌아가게 만드는 여러 시스템과 프로세스들이 기존 기업과 차별화된다는 것이다. 즉, 사람들이 공감하는 스타트업의 강력한 비전은 일하는 방식의 혁신을 가져오고, 그 혁신은 목적에 도달하는 유연성을 증대시켜 준다. 그럼 그 유연성이 성과를 가져오고, 그 성과는 더 큰 비전을 설정하게 해 준다. 이렇게 사람을 중심으로 한 '스타트업의 가치 플라이휠'이 만들어지는 것이다.[40] 그런데 흥미로운 것은 그런 스타트업만의 인사 제도와 시스템, 조직문화 등에 갈수록 많은 젊은 세대가 동조하고 있다는 점이고, 심지어 기존 기업의 시니어 레벨도 반응하고 있다는 점이다. 그래서 최근 많은 대기업, 공기업, 심지어 공무원 조직들이 인재 채용과 리텐션에 대해 많은 고민을 하고 있다. 그에 대한 해법을 스타트업의 인사 관점과 조직문화가 갖고 있는지 모른다.

## 기업에게 사람은 자원일까 자본일까

우선 대기업과 스타트업은 기본적으로 사람을 바라보는 관점에서 차이가 난다. 대기업 인사를 대표하는 고유명사는 'HR(Human Resources)'이다. 즉, 대기업에서 사람은 자원이다. 자원은 있는 그대로를 캐서 쓴다. 대기업은 이미 조직과 시스템이 잘 갖춰져 있기 때문에 자원만 투입하면 성과가 나온다고 믿는다. 특히, 이 관점에는 '관리(management)'가 들어가 있다. 경영학에서 '인적자원관리' '인사관리'라는 과목이 있듯이 대기업 입장에서 사람은 관리의 대상이기도 하다. 그러다 보니 보통의 직원들보다 인사팀 직원들이 지위, 정보 등에 있어서 우위에 있는 경향이 있다. 한편으로 대기업의 인적 자원은 그 편차가 그렇게 크지 않다. 그래서 조직 시스템의 힘에 따라 평균 이상의 자원이라면 평균 이상의 성과가 날 수 있다.

한편 스타트업은 'HC(Human Capital)'라는 말을 쓴다. 즉, 스타트업에서 사람은 자본이다. 회사의 자본은 잘 투자되면 회사의 가치가 성장하고, 또 거기서 증대된 자본은 회사에 재투자될 수 있다. 이렇게 스타트업의 인적 자본은 성장하고 순환된다. 그래서 이 관점에는 '지원(support)'이 들어가 있다. 사람들이 충분히 역량을 발휘할 수 있도록 회사가 지원을 잘하고, 불편함이 없도록 도와준다면 개인과 회사의 성장에 도움을 줄 수 있다는 의미이다. 반대로 스타트업 입장에서 리스크도 있다. 인적 자본에 따라 편차가 크기 때문에 자본이 어떤 결과를 낼 수 있을지 미지수이기 때문이다.

그러다 보니 스타트업의 인사팀은 '인사팀'이나 'HR팀'이 아니다.[41] 스타트업에서 인사팀을 표현하는 가장 대표적인 단어는 '사람들(people)'과 '문화(culture)'이다. 두 단어를 중심으로 여러 조합을 쓰거나 또는 여기서 파생된 스타트업만의 독특한 관점이 녹아든 용어를 주로 쓴다. 우선 직관적인 이름인 '피플팀(people)'을 사용하고 있는 스타트업들이 매우 많다. 구성원들을 인적 자원이 아니라 사람 그 자체로 보고, 구성원 모두가 일에 몰입하고, 일을 좋아할 수 있는 문화를 만들고자 하는 것이다. 대표적으로 우아한형제들, 채널코퍼레이션, 원티드랩, 브랜디, 미리디, 삼쩜삼, 코드스테이츠, 두들린 등이 있다. 이외에 카카오모빌리티는 사람을 중심에 두되 그들의 성장을 촉진시키겠다는 의미로 '피플부스터팀(people booster)'을 쓰고, 펍지는 팀원들의 회사에 대한 경험을 중시하기 위해 'EX팀(employee Experience)'을 쓴다.

그리고 카카오와 맘시터처럼 '피플앤컬처팀(people & culture)'으로 팀원들과 함께 만들어 가는 조직문화를 중시하는 지향점을 가진 이름도 있다. 오늘의집으로 유명한 버킷플레이스의 피플앤컬처팀은 구성원들이 뛰어난 동료와 함께 마음껏 역량을 펼칠 수 있는 기업문화와 인사체계를 갖추는 것을 팀 미션으로 하고 있다. 스파르타코딩클럽으로 유명한 팀스파르타의 피플앤컬처팀은 팀원 모두가 좋아하는 일에 몰입할 수 있도록 팀 문화를 만들고 그것을 뒷받침하는 것에 집중하고 있다. 그 외에 야놀자는 그들의 조직문화와 그것을 바탕으로 성장하는 팀원을 지향하겠다는 뜻으로 '컬처앤그로우실(culture & grow)'을 쓴다.

직방은 '탤런트팀(talent)'을 쓴다. 탤런트팀에는 일당백의 사람을 지향하고, 한 명 한 명의 재능을 중시하는 배경이 담겨져 있다. 패스트파이브의 탤런트팀은 효율적인 인재 영입부터 채용 전략 수립까지 맡고 있는 'Talent Acquisition팀'과 구성원들의 성장과 몰입을 돕는 'Talent Care팀'으로 구성되어 있다. 이 외에 화해 플랫폼으로 유명한 버드뷰는 '성장관리팀'이라는 명칭을 사용하고 있다.

그 외에도 타다를 운영하고 있는 VCNC의 HR팀은 'Human Resource'가 아니라 'Happy Relation'으로 풀이된다. 랜덤다이스로 유명한 111퍼센트는 '인재심리연구실'을 쓴다. 111퍼센트는 게임회사이기 때문에 게임 사용자의 심리를 연구하는 것과 같이 인재의 심리를 연구하자는 의미로 '인재심리연구실'로 정했다고 한다. 특히, 인재심리연구실의 '심리'에는 최근 구성원들이 조직에서 느끼는 심리를 잘 케어해야 조직이 건강할 수 있다는 전제도 깔려 있다. 네오위즈는 HR플래닛팀을 쓴다. 구성원들이 인사적으로 궁금한 사항은 언제든 문의할 수 있도록 늘 가까이에서 지원하겠다는 의미로 '플래닛'이라는 단어를 넣었다고 한다.

이렇게 스타트업이 사람을 바라보는 관점이 다르고, 다양한 이름의 인사팀으로 조직문화를 일구며, 여러 제도를 도입하다 보니 대기업과 스타트업의 극명한 대비가 생기기 시작했다. 그 부분에서 취업 준비생이나 경력자들의 마음이 움직이거나 실제 행동으로 이어지기도 한다. 그래서인지 최근 대기업 인사팀도 이런 시대상에 발맞춰 대응에 나서기 시작했다. 가장 대표적으로 삼성전자는 우아한형제들을 직접 방문해 기업문화를 살펴보는 등 스타트업 조직문화에 관심을 가졌고, 최근 각 사업부 인사팀을 '피플팀'으로 바꿨다. 삼성전자가 인사조직 명칭에서 '인사'라는 단어를 뺀 것은 1969년 창사 이래 처음이다. 이후 삼성디스플레이, 삼성전기도 인사팀 명칭을 '피플팀'으로 변경했다. 대기업이, 그것도 삼성전자가 스타트업의 인사관을 받아들이고 조직명을 바꿨다는 건 일대 사건이다.

비슷한 맥락에서 롯데그룹도 최근 롯데지주 내 '스타팀'을 신설했다. 이에 대해 관련 업계 관계자는 "과거 대기업 인사조직이 인력의 배치와 관리 역할을 주로 맡아 왔다면 이제는 인재와 회사의 연결에 방점을 두는 분위기이다"라며, "회사 중심에서 인재 중심으로 패러다임이 바뀌고 있다"라고 평가했다.[42]

## 왜 결과보다 과정이 중요한가

### 채용 중심에서 이직 중심으로

이렇게 사람에 대한 관점이 다른 만큼 인사 프로세스에서도 스타트업은 기존 기업들과 차별화된 제도나 방식을 갖고 있다. 우선 채용 과정을 보자. 대기업은 채용의 규모도 크고 채용 분야도 매우 세분화되어 있다. 그래서 공개 채용을 할 수밖에 없다. 최근 대기업도 수시 채용을 많이 하면서 정기 공채가 사라지는 추세이긴 하지만 삼성그룹은 대규모 정기 공채를 유지하고 있고, 대기업의 시스템을 움직이기 위해서는 여전히 예상 가능한 채용 시스템이 중요하다. 그래서 대기업은 계약 학과, 산학협력, 채용연계형 인턴십 등을 통해서 인재를 입도선매하기도 한다.

반면, 스타트업은 수시로 공고를 열어 두고 내외부 추천을 받아 필요 인재를 바로바로 수혈한다. 심지어 기존 팀원 추천으로 새로운 팀원이 채용될 경우 기존 팀원에게 보상금을 주는 스타트업도 다수 있다. 그리고 필요 인재가 채워지면 그 슬롯도 바로 닫힌다. 그래서 지원자마다 일정과 프로세스를 다르게 가져가기도 한다. 면접 일정도 지원자와 면접자 상호 간 맞는 일정에 면접을 진행하고, 심지어 지원자가 면접 일정을 선택할 수도 있다. 하지만 이런 스타트업의 수시 채용은 회사의 장기 계획에 대응하기 어렵다는 단점도 있다.

이렇듯 스타트업의 채용 방식에 장단점이 뚜렷하지만 이러한 방식이 사실은 평생직장에 대한 개념이 사라지고 구직과 이직이 자유로워진 현재의 상황에 더 잘 맞는다는 의견도 있다. 2020년대의 구직 활동은 이전 세대와 다를 것이기 때문이다. 심지어 2010년대의 구직 활동과도 매우 다르다는 견해도 있다. 즉, 2020년대는 경기침체, 무기한 고용 동결, 활발한 경력 변경, 직무의 재배치, 1인 기업가 등의 키워드와 함께 구인 · 구직의 형태가 바뀌는 시대라는 것이다. 이런 때에 전통적인 방식의 공채, 구인 게시판, 이력서라는 개념은 시대에 맞지 않는다. 심지어 최근 구직자와 회사를 연결할 뿐만 아니라 교육, 커뮤니티, 경우에 따라 금융 서비스까지 제공하는 'Deep Job Platform'까지 등장하기 시작했다.[43]

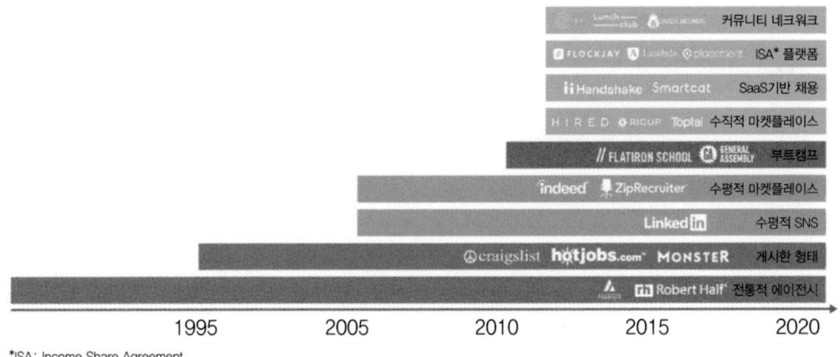


커리어 플랫폼의 진화

## 공동보육을 하는 교육 과정

교육에 있어서도 차이가 난다. 대기업의 인사 관점이 HR이듯이 교육은 HRD(Human Resource Development)를 쓰고, 그런 관점에서 사내 교육을 진행한다. 즉, 대기업은 인적 자원을 회사의 규격에 맞게 잘 쓸 수 있도록 개인별 역량을 표준화시켜 끌어올리는 데에 사내 교육의 초점을 맞춘다. 특히, 대기업에서의 신입사원 교육은 학교 졸업 후 실무에 투입되기까지 필요한 재교육에 가깝다. 그 내용도 매우 디테일하다. 회사에 대한 역사와 비즈니스 포트폴리오, 실전 업무를 수행하기 위한 기초 지식부터 시스템 사용 방법까지, 그리고 비즈니스 매너부터 메일을 주고 받는 양식까지 꼼꼼하게 챙긴다. 그래서 대기업은 신입사원이 회사에 제대로 된 기여를 하는 시점을 대략 입사 1년 6개월 이후로 본다. 그때까지의 신입사원은 '비용'에 가깝다. 그리고 대기업은 개인의 역량이 부족하다면 일정 수준 이상으로 개발시켜 주는 교육 기회를 많이 제공한다. 높은 직급이나 직책으로 올라갈 경우 그에 해당하는 리더십 교육도 하고, 직무에 대한 재교육도 지속적으로 해서 새로운 기술을 습득할 수 있게 한다.

반면, 스타트업은 HC에서 시작했듯이 교육에서는 HCM(Human Capital Management)을 쓴다. 여기서 매니지먼트란 관리가 아니라 '온보딩(on-boarding)' 개념이다. 온보딩이란 회사에 잘 적응할 수 있도록 돕는 전반적인 과정을 뜻한다. 스타트업은 대기업만큼 오랜 시간동안 새로운 팀원을 회사에 적응시킬 수 없기 때문에 교육 담당자만이 나서는 게 아니라 회사 전체가 한 명의 새로운 팀원을 위해 움직이기도 한다. 또한 스타트업은 한 명 한 명의 즉각적인 퍼포먼스가 중요하기 때문에 바로 실무에 활용될 수 있는 짧은 교육 위주로 한다. 그리고 스타트업은 회사 차원에서의 교육도 실시하긴 하지만 그보다 사내 멘토링 프로그램과 다양한 외부 교육 플랫폼, 네트워킹을 통해서 부족한 사수 역할을 채워 준다. 이에 대해 클라썸 이채린 대표는 "스타트업은 한 명의 직원을 온보딩시키고 성장시키기 위해 공동보육을 한다고 생각한다"고 했다.

## 업종이 아닌 사람을 따라가야 하는 성과 관리

채용과 교육에서의 차이를 봤다면 이제 목표 설정과 성과 관리 부분을 살펴보자. 먼저 Forbes가 뽑은 '2023 HR 트렌드'에 따르면 성과 관리 트렌드에 두 가지 큰 특징이 있다. 그것은 수시 · 적기(on-time)와 신뢰 · 자율(positive)이다. 우선 수시 · 적기란 변동성이 높아진 경영환경과 인재 이동에 기민하게 대응하기 위해 수시로, 비정기적으로 구성원들과 소통한다는 뜻이다. Forbes는 이를 위해 CFR이라는 키워드를 제시하기도 했다. CFR은 커뮤니케이션(Communication), 피드백(Feedback), 인정(Recognition)의 약자로 수시 · 적기로 커뮤니케이션 하기 위한 방법이다. 즉, 리더들은 수시로 구성원들과 커뮤니케이션함으로써 구성원들이 심리적 안정감을 갖고 목표에 대한 진행사항과 어려움 등을 편안하게 털어놓을 수 있도록 유도해야 한다. 이후 이 대화를 바탕으로 적극적인 피드백을 제공하면서 인정과 격려도 아끼지 말아야 한다. 그리고 성과에 따른 즉시 보상으로 동기부여를 극대화한다. 구체적으로 상시 목표를 등록하고 관리하기, 업무를 수시로 리뷰하고 멘토링 및 코칭하기, 리더 재량에 의해 고성과자는 스팟 보너스나 리텐션 보너스 부여하기 등이 제안되었다.

그리고 신뢰 · 자율이란 구성원들을 서열화하고 통제하기보다는 신뢰를 기반으로 자율과 책임을 다하게 한다는 뜻이다. 구체적으로 성과에 대한 상대적 기준을 완화하고 평가는 최고 등급만 비율을 할당하면서 절대평가를 지향한다. 때로는 무등급 평가를 진행하고, 보상 차등 권한을 리더에게 위임하기도 한다. 심지어 자기 추천 승진 제도를 시행해서 능력만 있다면 30대에도 임원이 될 수 있도록 한다.[44]

이렇게 보면 하나의 개념이 떠오른다. 바로 OKR이라는 목표 설정과 달성의 프레임워크이다. OKR이 추구하는 것들이 모두 위에 나와 있기 때문이다. 여기서 잠깐! OKR을 조금이라도 들어본 사람들은 또 OKR이야? 하는 생각이 들 수도 있고, 처음 듣는 사람들은 갑작스러운 개념 제시에 뭘 또 배워야 하나 싶을 수도 있다. 그런데 여기서는 OKR에 대해 자세히 이해시키려는 게 아니다. OKR만 설명한 책이 따로 있을 정도인데, 단 몇 페이지로 OKR을 설명하고 이해시키는 건 어렵다. 다만 OKR이라는 게 어떤 배경에서 탄생했고, 지향하는 바는 무엇이고, 어떤 패러다임을 바꿨는지, 그리고 그 지향점이 시대의 흐름과 얼마나 잘 맞는지를 보고자 한다.

OKR은 일찍이 1970년대 인텔의 CEO였던 앤드 그로브(Andry Grove)에 의해서 처음 고안된 개념이지만 세상에 널리 알려진 건 벤처 캐피털리스트 존 도어(John Doerr)와 구글 덕분이었다. 1999년 존 도어가 구글에 OKR을 전파하고, 그 영향으로 구글이 지금의 초우량 기업으로 성장하게 된 것으로 알려지면서 유명해졌다. OKR은 '어떤 방향으로 갈 것인가'라는 목표(Objective)와 '목표를 향해 가고 있다는 것을 어떻게 알 수 있는가'를 판단하는 핵심 결과(Key Result)로 구성된다. 여기서 중요한 건 목표가 구체적일 것, 그리고 목표에 도달하기 위한 주요 결과 역시 구체적으로 예측해 설정할

것이다.[45]

특히, OKR의 핵심 결과는 이루고자 하는 목표에 대한 구체적인 수치를 의미하기 때문에 적으면 1개, 많아도 4개 이상은 넘기지 않는다. 실제 구글의 규모에서도 5개를 넘지 않는다. 하지만 이루고자 하는 핵심 결과는 120%의 목표로 설정되는 것이 좋다. 전력을 기울여서 진행해도 도달하기 어려운 정도의 높은 목표를 잡되, 70% 정도 도달하면 성공적이라고 평가한다. 그리고 OKR에 대해서는 1년 단위로 평가하지 않고 분기나 때로는 더 짧은 주기로 결과와 과정을 점검한다. 이를 통해서 '혁신적인 시도에 대한 동기부여를 강조'하자는 것이 OKR의 핵심이다.

잘 와닿지 않을 수도 있으니 글로벌 빅테크 기업의 사례를 보자. 구글을 예로 들면 구글의 목표는 '잡지를 넘기는 것 같은 빠른 웹을 만들기'이고, 그에 대한 핵심 결과는 자바스크립트 성능 10배 혁신하기, 메모리 자원 사용률 10% 절감하기로 설정한다. 유튜브를 예로 들면 유튜브의 목표는 '2020년까지 유튜브 하루 시청 시간을 20억 시간으로 늘리기'로 하고, 핵심 결과는 추천 영상 시청 시간 30% 증가, 유료 콘텐츠 시청 시간 20% 증가, 게임 사용 시간 10% 증가, VR 서비스 사용 시간 10% 증가로 설정한다. 마지막으로 우버의 경우 우버의 목표는 '우버 운전자의 지역 커버리지 확대'로 잡고, 그에 대한 핵심 결과는 샌프란시스코 커버리지 100% 확보, 모든 지역에서 커버리지 70% 이상 확대, 모든 지역에서 혼잡시간대 픽업 시간 10분 미만으로 줄이기로 설정한다.

이렇게 글로벌 빅테크처럼 큰 목표와 핵심 결과를 설정하지 않더라도 작은 규모에서도 ORK을 통해 목표를 설정할 수 있다. 예를 들어, '제품의 인지도를 향상시킨다'는 목표에 '주요 3대 박람회에서 발표를 한다, 인플루언서 10명에게 리뷰를 작성하게 한다, 주력 일간지 2곳에 제품에 대한 기사를 보도한다'로 핵심 결과를 설정할 수 있다. 또는 '이전에 없었던 새로운 시장을 개척한다'는 목표에 '30~40대 신규 고객 2만 명 확보, 신규 서비스 A 매출 20억 달성, 신규 서비스 A 고객만족도 4.8점 달성'의 핵심 결과를 설정할 수 있다.

Google

Objective

잡지를 넘기는 것처럼
웹을 빠르게 만들기

Key Results

- 자바스크립트 성능 10배 혁신하기
- 메모리 자원 사용률 X% 절감하기
- …

YouTube

Objective

2016년까지 하루 시청 시간을
10억 시간으로 늘리기

Key Results

- 검색+앱 XX% 증가, 거실 TV XX% 증가
- 참여/게임 시청 시간 증가(하루 X시간)
- VR서비스 실시 및 목록 X% 확대

Uber

Objective

우버 운전자의
지역 커버리지 확대

Key Results

- 샌프란시스코 커버리지 100% 확보
- 모든 지역에서 커버리지 90% 이상 확대
- 모든 지역에서 혼잡시간대 픽업 시간 10분 미만으로 줄이기

글로벌 빅테크의 OKR 사례[46]

이렇게 목표에 따른 핵심 결과가 정량적으로 표현되면 매우 시각적으로 보이고, 이를 통해서 구성원들의 의욕을 높여 줄 수 있을 뿐만 아니라 다음 목표를 위한 동기도 부여할 수 있다. 스타트업이 나오는 영화나 드라마를 보면 커다란 모니터에 특정 수치가 올라가고 있고, 그것이 어떤 기준에 도달하는 순간 모두가 환호성을 지르는 장면이 바로 이와 관련이 있다.

특히, OKR은 핵심 결과 설정을 위에서 아래로 하는 것이 아닌 그것을 실제로 수행할 팀이나 개인이 주도한다는 것도 큰 특징이다. 최상단의 조직은 전체 목표만 제시할 뿐이다. 그래서 OKR은 구성원들이 스스로 전체 조직의 목표에 맞춰 구체적인 핵심 결과를 설정하고, 핵심 결과를 전체 목표에 정렬시켜 모든 구성원들이 공유할 수 있도록 한다. 그렇기 때문에 OKR은 구성원 스스로 동기부여가 가능한 방법론이 된다. 이렇게 OKR은 구성원들이 일에 대한 동기부여를 받고 공동의 목표를 향해 핵심 결과를 달성하려고 일에 집중하면서 개인과 조직 모두의 성장이 가능하다는 전제를 하고 있다.

이와 관련해 어도비는 최근 OKR을 활용해 체크인(check-in)이라는 개념을 도입했다. 체크인에 따르면 팀원과 매니저는 목표와 우선순위에 대한 논의를 함께 하고, 조정을 수시로 한다. 그리고 매니저, 동료, 그리고 협업 부서들에게 수시로 피드백을 받는다. 그렇게 분기별로 전반적인 퍼포먼스에 관해 이야기를 나누며 미팅 내용을 공유한다. 이때, 목표 달성 여부를 가지고 팀원을 평가하지 않고, 중간 중간 프로젝트 진행에 대해 피드백을 주고받았던 내용을 바탕으로 성과를 절대평가한다. 어도비 관계자는 "체크인 도입으로 평가에 투입되는 시간이 대폭 절약됐을 뿐만 아니라 퇴사자가

30% 가까이 감소했다"고 전했다.

이 정도로 OKR을 이해했다면 드는 의문이 KPI(Key Performance Indicator)와의 차이점일 것이다. 실제로 OKR은 전통적인 목표 설정 및 평가 방식인 KPI와 비교가 많이 된다.[47] 우선 KPI는 주로 선형적으로 성장하는 제조업에서 정형화된 지표들을 활용해 목표를 설정하고 평가하는 것을 목표로 한다. 그래서 직원들의 일상적인 업무 하나 하나가 지표로 구성되고, 목표는 주간 및 월간 업무 보고에 맞춰 세팅되어 목표 달성에 대한 유연성이 개입될 여지가 거의 없다. 게다가 KPI의 목표는 위에서부터 설정되어 내려오기 때문에 구성원의 동기부여를 저해할 수 있다. 특히, KPI의 목표는 연말에 꼭 달성해야 하고, 그 목표 달성에 따라 고과와 연봉이 결정되다 보니 구성원들이 목표 자체를 가능한 한 축소해서 평가에 유리한 방향으로 맞추기도 하는 부작용도 생긴다.

이와 비교하여 스타트업은 지수적으로 성장할 뿐만 아니라 비즈니스 형태 자체가 제조업과 많이 다르다. 그래서 KPI로는 스타트업의 목표 설정과 달성을 구현해내기 어렵다. 반대로 OKR은 조직이 나아가야 할 최선의 방향성을 목표로 하고, 그것을 달성하는 과정에서의 실패를 두려워하지 않도록 하는 목적이 있다. 그래서 스타트업이 주로 OKR을 활용하는 것이다. 그리고 OKR은 핵심 결과 달성 여부를 보상과 직접 연결시키지 않는다. OKR은 성과 평가 도구가 아니라 목표 설정과 달성의 프레임워크이기 때문이다. 요컨대 OKR은 수시·적기로 목표를 설정하고 이것을 달성하기 위한 핵심 결과를 계속 조정해 나가면서 구성원들의 동기를 부여하는 것에 초점이 맞춰져 있다. 그리고 OKR은 핵심 결과를 달성해 나갈 때 어떤 부분이 잘 안 되고, 어떻게 하면 잘 안 풀리는 문제를 해결할 수 있는지 끊임없는 피드백을 주고받을 수 있는 매개체로 작동한다. 결국 KPI가 결과와 평가 중심의 매니지먼트 도구라면, OKR은 과정과 동기부여 중심의 오퍼레이션 도구이다.

이렇게 OKR은 스타트업이 추구하는 가치와 잘 맞는 프레임워크이기 때문에 구글을 비롯한 애플, 넷플릭스 등이 속속 도입했다. 그리고 이제 OKR은 Fortune이 선정한 '세계 500대 기업' 가운데 약 30%가 도입할 정도로 업계의 목표 수립과 달성 패러다임을 바꾸고 있다. 특히, 코로나19 이후 많은 변수에 대응하고 빠르게 조직을 활성화시키는 능력이 중요해지면서 OKR이 더 큰 주목을 받고 있다. 물론 OKR이 맞지 않는 제조업이나 금융업 등도 있고, 여전히 KPI는 작동하고 있다. 하지만 최근 인재들이 선호하는 목표 수

| | KPI | OKR |
|---|---|---|
| 방향성 | 조직 목표 할당 및 목표 달성 결과에 초점 | 조직 비전 달성 및 목표 달성 과정에 초점 |
| 목적 | 목표 달성에 따른 평가와 구성원 관리 | 목표 달성 및 달성 과정을 통해 개인과 조직 모두의 성장 |
| 목표 설정 | 하향식(top-down) | 상향식(bottom-up) |
| 목표 수준 | 평가를 고려한 보수적 목표 설정 | 미달성을 두려워하지 않는 도전적 목표 설정 |
| 목표 달성 기대 수준 | 100% | 70% |
| 피드백 | 주간, 월간 업무 보고 모니터링 | 연 100회 이상의 수시 · 적기 피드백 |
| 평가 주기 | 연말 평가 | 분기 또는 더 짧은 기간 평가 |

KPI와 OKR의 비교

립과 달성 방식이 OKR의 가치를 따라가고 있다는 점에 초점을 맞춰야 한다. 그래서 관련 업계에서는 "이제 업종에 따라 목표 수립과 달성 방식을 달리할 것이 아니라 사람을 따라가야 한다"는 말이 나오고 있다. 실제로 최근 제조업 중심의 삼성, SK, 한화 등 국내 대기업도 OKR 도입을 시도 중인데, 그 행보가 주목된다.

### 성과주의가 아닌 기여주의로

그렇다면 여기서 의구심이 들 것이다. OKR로 성과를 평가하고 보상에 직접 연결시키지 말라고 했는데, 그럼 평가와 보상은 어떻게 해야 하는가이다. 사실 그동안 우리는 KPI를 기반으로 평가, 보상, 승진 시스템을 돌려왔기 때문에 KPI 속에서 누리던 안정감이 있었다. 경영자 입장에서 KPI로 목표를 설정해 놓으면 그 목표가 직원들의 업무 방향성을 잡아 주고, 관리도 해 주기 때문에 편했고, 구성원들도 마찬가지로 편안함을 느꼈던 것이다. 그런데 OKR을 도입하자니 평가, 보상, 승진을 어떻게 해야 할지, 일은 어떻게 하자는 것인지 막막해질 수밖에 없다.

그런데 우선 여러 스타트업 개념과 문화들이 배경과 맥락 없이 도입됐을 때 문제가 됐듯이 이 OKR을 평가도구로 받아들이면 똑같은 문제가 발생한다. OKR을 도입한다는 것은 단순히 평가 기준을 바꾼다는 걸 뛰어넘어서 일하는 문화를 근본적으로 바꾼다는 측면이 강하기 때문이다. 그래서 OKR을 평가 관점에서 보지 말고 일하는 문화를 바꾼다는 측면에서 봐야 한다. 그 부분에서 OKR이 던지는 화두는 '동기부여'이다. 구성원들을 일하고 싶게 만드는 가장 큰 원동력은 동기부여이고, 그것을 OKR이 뒷받침해 주는 것이다. 넷플릭스의 『규칙 없음』, 에이미 에드먼드슨(Amy C. Edmondson)의 『두려움 없는 조직』, 말콤 글래드웰의 『다윗과 골리앗』 등이 모두 같은 얘기를 하고 있다.

결론적으로 말하자면 OKR과 별개로 평가, 보상, 승진에 대한 기준표를 만들어야 한다. 이때 평가 기준은 크게 '어떤 성과를 냈는지, 어떤 역량을 쌓았는지, 인재 양성에 기여했는지'로 본다. 우선 어떤 성과를 냈는지에 대한 부분은 회사의 핵심 가치와 회사 전체가 가고 있는 방향성에서 구성원이 어떤 퍼포먼스가 있었는가를 보는 것이다. 여기서 OKR이 일부 반영될 수도 있지만 조직에 로열티를 보여 줬다는 비 OKR 항목도 작용하기 때문에 OKR이 절대적인 영향을 주는 것은 아니다. 두 번째, 어떤 역량을 쌓았는지에 대한 부분은 구성원이 어떤 스킬을 쌓았는지, 어떤 노하우를 얻었는지를 보는 것이다. 마지막 인재 양성에 대한 부분은 구성원이 누군가의 멘토링에 적극 참여했는지, 그래서 어떤 것들을 가르쳐 줬는지를 보는 것이다. 그래서 윗사람이 몰랐던 최신 트렌드나 기술을 아랫사람이 가르쳐 주는 리버스 멘토링(reverse mentoring)도 여기에 포함될 수 있다.

그런데 여기서 중요한 것은 평가 방법이 달성률이 아닌 성장률이라는 점이다. 달성률은 서로 합의한 목표 대비 몇 프로를 달성했느냐를 보는 것이기 때문에 항상 100% 이하일 수밖에 없다. 그래서 목표를 낮출수록 달성률이 높아지는 모순이 발생한다. 하지만 성장률은 이전 구성원의 기준 대비 현재 얼마나 발전했느냐를 보는 것이다. 그래서 대개 100%를 초과한다. 오히려 100% 아래로 떨어지면 문제일 정도이다. 이렇게 성장률로 평가하기 위해 생각지도 못한 평가 방식이 활용된다. 바로 에세이와 같은 정성적인 방법이 그것이다. 실제로 구글, 마이크로소프트는 정량적인 평가 방식보다 에세이를 통해 구성원들을 평가한다. 그 대신 정량화에 버금갈 만큼의 구성원 관찰 데이터를 수집한다. 리더나 매니저가 구성원들을 수시로 만나고 피드백을 주고받으면서 관찰한 결과를 지속적으로 기록하는 것이다. 그렇게 기록된 다양한 결과들을 바탕으로 구성원을 평가한다.

그렇다면 그 관찰 데이터는 구체적으로 어떻게 수집될 수 있을까. 그 답은 다양한 커뮤니케이션 채널에 있다. 즉, 리더나 매니저, 동료, 본인 스스로가 평가 주체가 되고 커뮤니케이션을 한다. 먼저 리더나 매니저는 구성원들을 수시로 리뷰하고 피드백을 주면서 그들을 평가하고 기록한다. 예를 들어, 얼마나 끊임없이 도전하고 있고, 새로운 방식을 적용해 봤고, 실패했을 때 빨리 극복하고 피봇했느냐 등을 본다. 때로는 구성원이 거꾸로 리더나 매니저에게 수시로 피드백을 요청하면서 커뮤니케이션 접점을 만들기도 한다. 그래서 이 과정에서 리더와 매니저는 절대 편할 수가 없다. 리더와 매니저는 단순히 관리자의 역할을 하는 것이 아니라 '코칭'을 해 줘야 하기 때문이다. 두 번째로 동료 다수가 상호 피드백을 주면서 평가에 참여한다. 그 구성원의 성과가 회사 전체에 얼마나 도움이 됐는지, 내가 그 구성원에게 어떤 도움을 받았는지 등을 보는 것이다. 마지막으로 구성원 스스로도 셀프 리포트를 쓴다. 본인이 스스로에 대한 '자기 성장 리포트'를 씀으로써 메타인지(metacognition)를 가능하게 하는 것이다. 이 부분이 매우 특이한 점이다. 이렇게 다

방면으로 수집된 피드백들과 리포트를 종합해서 리더들이 모여 회의를 통해 구성원들의 연봉 인상과 승진을 결정한다. 이런 과정의 의미를 담아 스타트업들은 이를 연봉 재계약 미팅이 아니라 '발전 미팅'이라고 한다.[48]

이에 대해 『실리콘밸리 회사들이 직원들을 평가하는 법』의 저자 옥소폴리틱스 유호현 대표는 이를 '성과주의가 아니라 기여주의'에 기반한 평가 방식이라고 말했다.[49] 즉, 성과주의에 따르면 물건을 5개 생산하는 사람보다 10개 생산하는 사람이 2배 더 뛰어나다고 할 수 있다. 성과주의는 생산성이라는 획일화된 기준으로 구성원들을 평가하는 방식이기 때문이다. 반면, 기여주의를 따르면 구성원이 조직과 팀을 위해서 어떤 기여를 했는지 서술형으로 판단한다. 유호현 대표는 이것을 축구선수 박지성 선수를 들어 설명했다. 박지성 선수는 포지션이 공격수지만 골을 많이 넣거나 어시스트를 많이 하는 선수가 아니었다. 대신 박지성 선수는 공격수임에도 불구하고 수비가 뛰어나고 상대 선수를 잘 압박하는 공수 밸런스를 잘 갖춘 선수였다. 만약 박지성 선수를 골과 어시스트 숫자라는 성과주의 기준으로 평가했다면 박지성 선수는 평범한 선수로 기록됐을 것이다. 하지만 박지성 선수가 팀의 승리와 우승을 위해서 어떤 기여를 했는지를 따져 보면 누구보다 많이 뛰고, 공간을 창출하고, 상대 선수를 꽁꽁 묶으면서 다른 팀원들에게 기회를 많이 만들어 준 매우 뛰어난 선수가 된다. 그 결과 박지성 선수는 전 세계 최고 프로축구팀인 맨체스터 유나이티드에서 비유럽권 선수 최초로 앰버서더에 선정된다. 맨체스터 유나이티드에서 7년간 단 27골만 기록한 공격수였음에도 불구하고 말이다.

한편, 성과주의로 평가를 하면 구성원들이 지표로 기록되는 일만 하려는 이기주의가 생길 수 있다. 하지만 기여주의로 평가하면 구성원 스스로 조직과 팀에 도움되는 일을 찾아서 하려고 하는 이타주의가 자리잡게 된다. 결국 그런 것들을 매니저나 동료들이 평가해 주기 때문이다. 그래서 기여주의 체제에서는 설계를 잘 하고, 코드를 잘 만들고, 협업툴을 잘 써서 생산성을 높이는 각자의 독특한 개성과 역량이 모두 평가될 수 있다. 결국 이런 것들이 모여 구성원들은 일을 자발적으로 하게 된다.

## 조용한 퇴사를 막는 데에 대단한 제도는 필요 없다

### 조직문화라는 화두, 판을 뒤집다

사람들이 직장을 선택하는 기준은 여러 개가 있다. 규모, 연봉, 복지, 안정성, 성장성 등이다. 대부분 물질적인 보상과 혜택에 관련된 것들이다. 하지만 최근 이와 다르게 물질적으로 해결이 되지 않는 시대의 화두가 된 조건이 생겼다. 바로 '조직문화'이다. 조직문화는 앞서 언급한 OKR과 기여주의를 현실화시키는 데에 있어서도 중요할 뿐만 아니라 회사 자체를 존속시키고 성장시키는 가장 큰 원동력이 된다. 스타트업의 경우 조직문화 자체가 곧 성장의 원동력이 되는 경쟁력이자, 미래 비전을 내다볼 수 있는 바로미터가 되기도 한다. 그래서 이 조직문화는 어쩌면 기업 4.0을 규정하는 핵심 키워드라고 해도 손색이 없다.

조직문화는 조직의 가치를 창출하는 원동력이자 구성원들의 사고와 행동 양식을 규정한다. 조직문화는 구성원들의 애사심, 일체감, 응집력, 직무 만족도, 몰입 등을 이끌어내며, 조직이 사고하고 움직이는 방식부터 일하는 방식까지 많은 부분에 영향을 미친다. 심지어 조직문화는 이직률에도 상당한 영향을 미친다. 잘 갖춰진 조직문화가 구성원들의 참여를 높이고 이직률을 낮춘다는 연구 결과는 차고 넘친다. 조직문화는 조직 성과에도 긍정적인 효과를 미친다. 글로벌 인사조직 컨설팅 기업 헤이그룹(Hay Group)에 따르면 재무적 성과의 약 30%가 조직문화에 의해 좌우되는 것으로 나타났다. 그리고 조직문화는 기업 경쟁력의 원천인 인재 확보의 무기가 되고 경쟁사가 모방하기 어려운 차별적 경쟁 우위를 가져다준다. 그래서 세계적으로 성공한 스타트업에는 대부분 독특한 조직문화가 공통적으로 있다. 실제로 국내에서도 자율적인 조직문화, 빠른 성장세에 힘입은 네이버, 카카오, 쿠팡, 배달의민족, 토스와 같은 스타트업들은 취업 준비생이 가장 취업하고 싶은 기업이자 직장인이 가장 이직하고 싶은 꿈의 기업으로 부상했다.

## 돈이 아니면 결정권을 달라

그래서 조직문화를 말할 때 가장 많이 나오는 비교가 '수직적이냐 수평적이냐'이다. 하지만 조직문화는 수직적, 수평적이라는 개념으로는 설명이 잘 안 된다. 수직적인 조직이어도 특정 부서나 업무에 있어서는 수평적이기도 하고, 수평적인 조직이라고 해도 일정 규모를 갖추면 수직적이 될 수밖에 없기 때문이다. 그래서 『이기적 직원들이 만드는 최고의 회사』의 저자 옥소폴리틱스 유호현 대표는 이를 '위계조직과 역할조직'으로 구분해서 설명했다.[50)]

우선 위계조직은 제일 위계가 높은 사람이 연차, 연륜에 따라 모든 결정권을 갖는 조직이다. 그럼 위계가 낮은 사람들은 자기만의 생각을 하지 못하고 시키는 대로만 일해야 한다. 그리고 위계조직에서는 위계가 낮을수록 위로 올리는 보고서를 많이 쓰게 되고, 그 보고서를 잘 쓰는 사람이 일을 잘하는 사람이 된다. 반면, 역할조직은 각 역할을 맡은 전문가들이 전문성을 바탕으로 결정권을 갖는 조직이다. 그래서 역할조직에서는 내가 스스로 결정을 내리기 때문에 윗사람의 눈치를 보기보다 내 일에 대해서 책임을 지고 능력껏 커리어를 만들어 나갈 수 있다. 그 능력과 커리어에 따라 CEO라는 '역할'도 맡는 것이다. 즉, 역할조직에서의 CEO는 여러 포지션 중에 CEO 역할을 가장 잘하는 사람이 맡는 포지션일 뿐이다. 여기서 CEO 역할이란 조직 전체의 생산성과 성과를 높여 줄 수 있는 '진짜 실력'을 갖춘 사람이다. 그래서 스타트업의 CEO는 꼭 창업자라고, 초기 멤버라고 해서 되는 것이 아니다. 일례로 구글의 순다르 피차이(Sundar Pichai)는 2004년 구글에 입사한 뒤 2008년 구글 크롬 웹 브라우저를 출시하는 데 결정적 역할을 했고, 그 능력을 인정받아 47세의 나이에 구글 CEO가 된다. 이렇게 역할조직이 바라는 인재는 전문성이 있고 종합적 판단을 잘하는 사람이다.

다소 극단적인 비교일 수도 있지만 위계조직과 역할조직의 차이는 구성원 각자의 능력과 종합적 판단을 이끌어 낼 수 있는 결정권이 있느냐 없느냐에 있다. 이 결정권의 차이가 일에 대한 오너십, 책임감의 차이를 만들고, 그것이 곧 조직문화의 차이를 만든다. 역

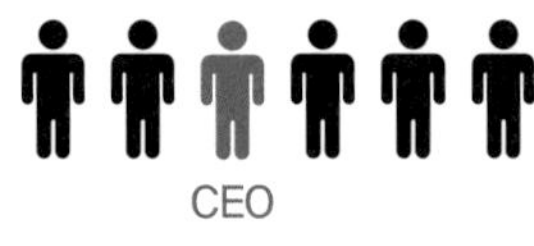


위계조직과 역할조직의 CEO 위치 차이[51)]

할조직으로 조직문화가 만들어지면 어떻게 일을 해야 하는지, 언제 출근해서 언제 퇴근하는지, 휴가는 언제, 얼마나 갈지, 집에서 일할지, 밖에서 일할지에 대한 제도나 규정이 필요 없게 된다. 그저 '역할에 따른 자율'을 주면 알아서 일하게 된다는 것이다.

그렇다고 위계조직은 다 나쁘고 역할조직이 다 좋다는 건 아니다. 위계조직은 제조업과 같은 패스트 팔로워 시장, 즉 똑같은 시간에 누가 더 빨리 많은 걸 만들어 내는가에 어울리는 조직이다. 반면 역할조직은 새로운 것, 혁신적인 것을 만들 때 어울리는 조직이다. 다만 지금은 혁신의 시대이고, 한국은 일부 기업을 제외하고 갈수록 제조업 경쟁력을 상실하고 있다. 이런 새로운 혁신의 시대에 경쟁력을 갖추려면 우리만 할 수 있는 새롭고 독창적인 것을 만들어야 한다. 그러려면 구성원 각자의 개성과 독특한 능력, 그리고 그것들이 조합된 그 조직만의 아이덴티티가 중요하다. 그것을 만들어 줄 수 있는 것이 '결정권 분산, 오너십, 책임감'이다. 결국 그것을 불어넣어 줄 수 있는 조직문화가 있느냐가 기업 경쟁력이 되는 것이다. 산업화 시대 이후 혁신의 시대를 맞이하고 있는 한국, 이제 무엇을 받아들여야 할지 많은 기업들이 고민하고 있다.

그래서 최근 이런 역할조직과 같은 조직문화를 내세우면서 회사가 원하는 인재를 찾으려는 노력이 활발해지고 있다. 예를 들어, 2023년 1월, 롯데온을 운영하는 롯데이커머스 사업부가 직급제를 폐지하고 구성원이 보유한 전문성에 초점을 둔 커리어 레벨제를 시행한다고 밝혔다. 그리고 2023년 3월, SSG닷컴도 유사한 형태인 그레이드제를 도입했다. 관련 업계에서는 대기업 이커머스에서 레벨제를 도입하는 이유가 채용 시장에서 쿠팡, 컬리와 같은 스타트업들과 직접적인 경쟁 관계에 놓여 있기 때문이라고 분석했다.[52)]

## 기업의 법전, 컬처덱의 등장

최근 스타트업 업계에서는 이런 조직문화를 구체적으로 설명하고 명문화하기 위해 회사가 실제로 작동하는 원리와 기업 특색을 담은 '컬처덱(culture deck)' 제작 열풍이 불고 있다. 2009년 넷플릭스가 처음 공개한 조직문화 소개서 컬처덱은 조직문화와 관련된 내용만으로 140페이지를 채우고 있다. 그 수많은 내용 중에서 넷플릭스가 핵심적으로 선언한 것은 바로 이것이었다.

"기업의 진정한 가치관은 누가 고용되고, 인정받고,
떠나는지에서 드러난다."

그리고 넷플릭스는 이 문장 아래에 넷플릭스가 가장 중시하는 행동과 역량을 '판단력, 헌신, 용기, 소통, 포용, 진실성, 열정, 혁신, 호기심' 등 9가지에 따라 구체적으로 정리했다. 몇 가지 내용만 언급하면 판단력에서 '눈앞의 상황 너머에 존재하는 시스템적인 문제를 파악한다', 헌신에서 '본인이나 소속 팀이 아닌 넷플릭스의 이익을 추구한다', 용기에서 '충분한 정보를 파악해 예상된 위험을 감수하고 실패의 가능성을 염두에 둔다', 소통에서 '스트레스가 높은 상황에서 평정을 유지한다', 열정에서 '늘 탁월성을 추구해 주변 사람의 의욕을 고취한다' 등이다. 이 내용들을 보면 컬처덱은 어떤 제도나 규정에 관한 것이 아니라는 것을 알 수 있다. 컬처덱은 구성원들의 마음가짐, 행동 양식을 통해 그들이 만들어 가고자 하는 조직문화에 관한 것이다. 이를 바탕으로 구성원들이 스스로 판단하고 결정하고 행동하게 만들고, 그에 대한 책임을 바탕으로 보상도 충분히 제공하는 것이다. 이를 통해 넷플릭스가 만들고자 한 궁극적인 조직문화는 이것이었다.

"최고의 복지는 탁월한 동료이다."

넷플릭스 컬처덱은 실리콘밸리뿐만 아니라 국내 스타트업 조직문화의 바이블로 지금까지도 회자되고 있다. 그래서 많은 스타트업들이 자신들만의 컬처덱을 만들고 공개하여 스스로를 알리고 인재를 확보하고자 하는 것이 큰 흐름이다. 예를 들어, 글로벌 1위 알람 앱 '알라미' 운영사 딜라이트룸, 실버테크 스타트업 한국시니어연구소, 캐릭터 챗봇 스타트업 띵스플로우 등이 그렇다.[53]

그 외에도 많은 스타트업이 컬처덱을 공개함과 동시에 구성원들이 그 내용을 잘 이해할 수 있도록 다양한 장치를 활용하고 있다. 예를 들어, 당근마켓은 구성원 모두가 조직문화를 주도적으로 만

딜라이트룸 컬쳐덱

들어가는 '메이커'로 임명되어 있다. 그리고 당근마켓은 매월 마지막 주 수요일 일하는 방식부터 조직문화까지 모든 구성원이 함께 고민하고 치열하게 토론하는 '문화 회의'를 진행한다. 토스는 조직문화를 만드는 '컬처 에반젤리스트팀'이 있다. 이들은 새로 입사한 사람들이 토스의 조직문화를 잘 이해할 수 있도록 3개월 동안 컬처덱을 중심으로 교육하고 리더들과 소통할 수 있는 자리를 만든다. 온라인 클래스 플랫폼 클래스101은 '크루'들이 조직문화를 만들어 가고 있다. 또한 클래스101은 자사만의 조직문화를 설명한 온보딩 가이드북과 온보딩 키트를 제공한다. 그리고 클래스101은 매월 모든 구성원들이 참여하는 '온보딩 세션'을 진행해 구성원들의 아이디어를 컬처덱에 반영하고 있다. 인공지능 스타트업 스켈터랩스는 직원들의 자발적인 참여로 이루어진 운영 위원회 '커미티(committee)'를 운영하고 있다. 대표적으로 신규 입사자의 온보딩을 돕는 웰컴커미티와 조직문화를 함께 만들어 가는 컬처커미티가 있다.[54]

흥미로운 것은 이 컬처덱 내용이 고정된 것이 아니라 일대일 미팅이나 타운홀 미팅 등을 통해 팀원들이 함께 지속적으로 업데이트를 한다는 점이다. 이렇게 팀원들이 함께 만들어 가는 조직문화, 컬처덱이기 때문에 리더부터 신규 구성원까지 가치와 생각이 일치될 수 있고, 그만큼 이견이나 부작용도 적다. 이에 대해 조직문화 전문가 그로플 백종화 대표는 "컬처덱은 CEO, 리더, 신규 구성원 등 모든 구성원들이 같은 관점에서 같은 의사결정과 행동을 하게 만들어 준다"고 말했다.

**건강한 조직문화 요소의 예시 ☑**

- ☐ 1. 솔직하고 친절한 의사 소통
- ☐ 2. 합리성에 기반(데이터 및 실험 기반)한 의사 결정
- ☐ 3. 업무 시간(야근, 주말 근무 여부)이 아닌 성과 기반의 평가 방식
- ☐ 4. 조직 구조 내 역할과 책임의 적절한 분배
- ☐ 5. 조직문화가 잘 정의되었고 구성원들에게 잘 공유됨
- ☐ 6. 피드백을 수용하고 개선하려는 노력을 취하는 경영진
- ☐ 7. 조직 구성원 간 다양성을 배려해 주는 문화
- ☐ 8. 구성원들의 성장을 돕고 친목을 도모할 수 있는 복리 후생 제도 존재

건강한 조직문화 체크리스트

**건강하지 않은 조직문화 요소의 예시 ☑**

- ☐ 1. 사내 정치 및 소문 만연
- ☐ 2. 지나치게 경영진에만 집중된 의사 결정 구조
- ☐ 3. 업무의 효율성보다 업무 소요 시간(야근, 주말 근무 여부) 기준의 평가 방식
- ☐ 4. 팀 간 R&R이 불명확하고 서로 업무를 떠넘김
- ☐ 5. 모럴 해저드 발생(배임, 횡령 등)
- ☐ 6. 경영진이 실무진에게 책임 전가
- ☐ 7. 조직 내의 다양성이 존중받지 못함
- ☐ 8. 구성원들의 성장을 돕는 복리 후생 제도가 부재

건강하지 않은 조직문화 체크리스트

우아한형제들

**송파구에서 일을 더 잘하는 11가지 방법** 몽촌토성역 편

1 ~~9시 1분은 9시가 아니다.~~ 12시 1분은 12시가 아니다.
2 실행은 수직적! 문화는 수평적~
3 잡담을 많이 나누는 것이 경쟁력이다.
4 쓰레기는 먼저 본 사람이 줍는다.
5 휴가나 퇴근 시 눈치 주는 농담을 하지 않는다.
6 보고는 팩트에 기반한다.
7 일의 목적, 기간, 결과, 공유자를 고민하며 일한다.
8 책임은 실행한 사람이 아닌 결정한 사람이 진다.
9 가족에게 부끄러운 일은 하지 않는다.
10 모든 일의 궁극적인 목적은 '고객창출'과 '고객만족'이다.
11 이끌거나, 따르거나, 떠나거나!

배달의민족의 '송파구에서 일을 더 잘하는 11가지 방법'[55]

## 어디서 일하든, 뭐라고 부르든, 뭘 입든

사실 이런 조직문화가 있으면 나머지 제도와 규정은 크게 의미가 없다. 대표적인 것이 근무방식과 휴가와 관련된 부분이다. 건강한 조직문화가 뒷받침되면 재택근무 여부나 휴가를 가는 횟수나 이유가 중요하지 않다. 구성원 스스로 회사를 이롭게 하는 선택을 하면 되고, 그 선택에 따른 책임을 지면 된다. 호칭과 복장도 마찬가지이다. 조직문화에 대한 합의가 있고, 자율적인 결정권에 따라 일이 효율적으로 굴러가는 것이 중요하다면 호칭은 짧을수록 좋다. 복장 역시 규정할 필요가 없게 된다. 대부분의 스타트업은 복장에 있어서 자유롭고 편안함을 추구한다. 이에 대해 한 스타트업 관계자는 "일할 때 옷에 신경쓰지 않아도 되기 때문에 옷에 투자하는 돈과 시간을 아낄 수 있다"고 하면서 "자율성과 개성은 옷으로 표현되는 것

이 아니라 조직문화로 보장받는다고 믿는다"고 말했다.

이런 배경에서 기존 기업의 규율과 규범이 요즘과 잘 맞지 않는다는 말이 나온다. 대기업의 조직문화는 주로 '사내규정'으로 표현되고, 매우 엄격하기 때문이다. 특히, 사내규정은 줄여서 '내규'라고도 하는데, '무엇을 할 수 있다'보다는 '이렇게 해서는 안 된다'는 기준이 강하다. 내규는 주로 인사팀 등 본사 스태프 조직에서 만들고, 구성원들의 근무태도, 보안과 관련된 내용도 다수 담고 있다. 복장을 예로 들면 삼성을 비롯한 대부분의 대기업은 몇 년 전부터 '비즈니스 캐주얼'을 도입했다. 여기에 최근 삼성전자는 그동안 정장을 고수하던 임원들을 대상으로 매주 금요일 '캐주얼데이'를 운영한다고 밝혔다. 그러면서 구체적으로 캐주얼데이 때는 재킷을 벗고 목깃이 달린 피케 티셔츠나 라운드티, 청바지 혹은 면바지, 로퍼, 운동화 등 캐주얼한 옷차림을 하도록 권고했다. 동시에 경영진에 보고할 때도 캐주얼 차림을 원칙으로 했다. 비즈니스 캐주얼과 캐주얼데이 모두 복장의 자율화를 지향하지만 규제가 있는 것이다. 여기에 최근 삼성전자 DX 부문은 '보행 중 스마트폰 사용 금지' 조치를 내렸다. 보행 중 스마트폰을 사용하다 적발되면 1차는 본인에게 메일을 통해 알리고, 2차는 부서장 통보, 3차 때에는 인사징계를 한다고 밝혔다. 이를 두고 직장인 익명 게시판 '블라인드'에서는 "전 세계에서 스마트폰을 가장 많이 파는 회사가 스마트폰에 가장 가혹한 회사가 됐다"는 등의 평가가 이어졌다.

사실 회사에서 호칭, 복장, 스마트폰 사용 등에 대한 어떤 지침, 데이, 규정이 있는 게 더 어색하다. 게다가 이런 걸 정해 놓고 마치 자율을 부여하는 것처럼 흉내 내기에 급급한 윗사람들은 아랫사람들에게 '꼰대'라는 말을 듣기 십상이다. '자율 없이 책임'만 지운다는 핀잔도 듣는다. 그리고 윗사람들은 아랫사람들이 이런 것조차 지키지도 않으면서 회사에 바라는 것만 많다고 불만을 토로하면서 아랫사람들을 '역꼰대'라고 부른다. '책임 없는 자율'만 찾는다고 비난하기도 한다. 이렇게 서로 곱지 않은 시선으로 보면서 소통까지 부족하게 되니 심리적 번아웃이 오고 '조용한 퇴사'가 시작된다. 실제로 최근 인크루트가 직장인 1,000명을 대상으로 진행한 설문조사에 따르면, 번아웃은 대체로 스타트업보다 비스타트업 직장인 사이에서 취약한 것으로 나타났다. 번아웃이 주로 과도한 업무로 인해 유발된다고 인식되지만, 실제로는 업무 지시가 명확하지 않거나, 역할과 책임이 불분명할 때, 원하지 않는 업무를 해야 할 때 높아지는 것으로 나타났기 때문이다. 이에 대해 전문가들은 기업이 직원들의 번아웃을 막기 위해서는 월급 인상과 같은 일회성 조치보다는 사내 리더십 점검, 자율과 소통의 조직문화 구축 등의 노력이 필요하다고 조언했다.[56]

더불어 갤럽의 '2023 세계 직장 현황' 보고서에 따르면 직장 생활과 업무에 얼마나 열심히 임하고 있는지를 나타내는 '직원 몰입도(employee engagement)'에서 한국 직장인은 '몰입하고 있다'는 응답이 12%로 최하위 수준을 보였다. 몰입도가 낮다는 건 맡은 업무를 의미 없다고 느낄 뿐만 아니라 다른 직원들과도 유대감을 형성하고 있지 못하다는 뜻으로, 생산성과도 직결된다. 실제로 직장인들의 스트레스에 '직원 몰입도'가 '근무 장소'보다 약 3.8배 더 많은 영향을 미치는 것으로 나타났기 때문이다. 그래서 전 세계 직장인의 51%는 새로운 조직문화를 구현하고 있는 직장이 생기기를 기다리고 있거나 적극적으로 찾아 나서고 있는 것으로 조사됐다. 그렇다면 그 대안이 되는 곳은 어떤 곳일까? 그 답은 지금까지 설명한 부분에 있다.[57]

꼰대와 역꼰대의 갈등

## 업무를 구분하면 팀이 흔들리기 시작한다

결국 혁신 기업들은 조직문화를 통해 성장을 가속화하면서 기존 기업들과의 격차를 확대해 나가고 있다. 그리고 그것은 자연스럽게 조직구조에도 영향을 미쳤다. 조직구조를 만들고 조직문화를 만드는 게 아니라 조직문화에 따라 조직구조가 만들어지는 것이다. 대기업 조직구조는 위계를 철저히 따르고, 체계적으로 분류되어 있다. 군대로 비교하면 대기업은 잘 조직화되고 각 병과별로 잘 세분화된 대규모 군대에 가깝다. 즉, 시스템이 잘 갖춰져 있다. 그리고 파레토의 법칙에 따라 상위 20%가 조직을 잘 이끌어갈 수 있다.

반면, 스타트업은 기본적으로 '팀'으로 표현된다. 상대적으로 규모가 작기 때문이기도 하지만 팀원이 100명 이상이 되어도 팀이라고 표현한다. 그만큼 각각의 팀원들로 구성된 소조직의 역량이 중요하고 역할과 책임도 크다. 그리고 유기적으로 돌아가야 한다. 그래서 스타트업에서 팀은 특수 임무를 부여받은 특공대에 가깝다. 그래서 역파레토의 법칙에 따라 전체의 80%가 제 역할, 또는 그 이상을 해내야 조직이 성장할 수 있다.

예를 들어, 토스의 조직구조를 보면 각 프로젝트(Silo)가 프로덕트 오너(Product Owner: PO)를 중심으로 운영되고, 각 프로젝트별로 개발자, 디자이너, 마케터 등 전문가가 배치되는 방식으로 구성되어 있다는 것을 알 수 있다. 그리고 프로젝트의 특성에 따라 필요한 전문가들이 재조합되기도 한다. 이런 방식을 '매트릭스형 조직구조'라고 한다. 매트릭스형 조직구조에서는 프로젝트별로 구성원들의 이합집산이 자주 일어나다 보니 구성원들이 한 팀에 오래 머물러 발생하는 문제들이 해소되고 다양한 자극과 도전을 통한 개인의 성장을 극대화할 수 있다. 그리고 개인의 성장은 곧 팀의 성장으로 이어진다. 물론 이렇게 매트릭스형 조직구조가 잘 돌아가고 프

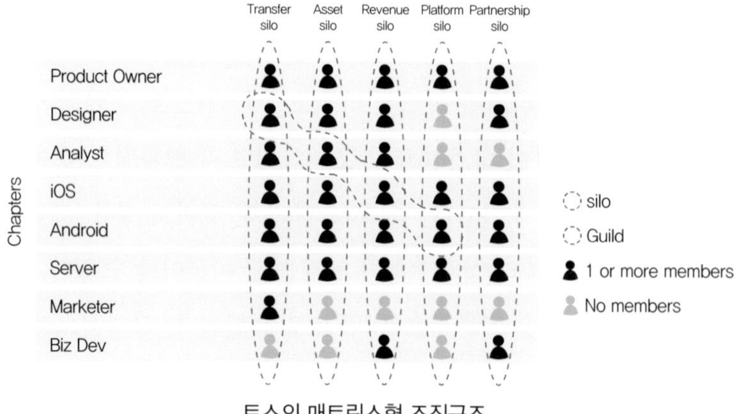


토스의 매트릭스형 조직구조

로젝트별로 독립적인 의사결정이 이루어지기 위해서는 조직문화가 잘 갖춰져야 한다는 전제가 필요하다. 더불어 각 구성원들도 이를 정확하게 이해하고 있어야 한다.[58)]

## 지나칠 정도로 커뮤니케이션을 많이 하라

앞서 언급한 OKR, 기여주의, 역할조직, 컬처덱 등에는 한 가지 공통점이 있다. 그것은 바로 소통과 공유를 중심으로 한 '커뮤니케이션'이다. 어느 조직이나 커뮤니케이션은 중요하지만 스타트업에 있어서는 그 역할이 더욱 중요하다. 우선 OKR의 성공을 위해서는 리더의 커뮤니케이션 스킬이 무엇보다 중요하다. OKR에 따라 원대한 목표가 세워지고, 그 목표를 달성할 핵심 결과를 설정하는 과정에서 많은 구성원들은 혼란스러워한다. 그럴 때 리더가 회사의 미션과 전략을 잘 이해하고 구성원들에게 자주 피드백을 주는 것이 중요하다. 그리고 스타트업이 성장해 가면서 조직문화와 조직구조에서 위계가 생기더라도 최초 스타트업의 DNA를 잃지 않게 유지시켜 주는 것 역시 커뮤니케이션이다. 그래서 실리콘밸리에서는 "정보의 공유가 과할 정도로 오버 커뮤니케이션 하라"는 말이 있을 정도이다. 실리콘밸리 스타트업들의 대표적인 성공 요인으로 꼽혔던 요소가 과감한 투명성과 개방성이기 때문이다.

이와 관련된 일화가 있다. 실리콘밸리 스타트업은 어디서든 질문을 과감하게 던지고, 가열차게 토론한다. 예를 들어, 한 타운홀 미팅에서는 이런 질문들이 나왔다. "대표님이 얼마 전에 결정한 것이 우리의 가치와 정말 맞다고 생각하시나요?" "지금 런칭한 서비스가 실패하면 대안은 뭔가요?" "우리의 투자 자금으로 언제까지 달려갈 수 있나요?" 등이다. 심지어 질문을 통해 자신을 어필하고 능력을 인정받으려는 듯한 분위기까지 풍긴다. 이렇게 치열한 질문과 토론이 오고 간 후 어떤 결정이 나면 그때부터는 뒤도 돌아보지 않고 바로 한 방향으로 나아간다. 그래서 실리콘밸리 스타트업은 '수평적인 토론 뒤에 수직적인 행동'의 특징을 보인다. 반면, 한국은 다 그렇지는 않지만 상대적으로 질문이 적고, 논쟁적인 토론은 다소 자제하는 분위기가 있다. 그래서 어떤 결정이 나면 그때 질문 또는 의문이 생기고, 때로는 그 결정에 대한 불만도 생긴다. 그래서 뒤늦게 설득과정을 거친다. 이렇게 '수직적인 결정 뒤에 수평을 찾기' 때문에 시간을 허비하게 되는 경우도 생긴다. 결국 실리콘밸리 스타트업과 한국의 여러 기업의 가장 큰 차이가 '소통과 질문'에 있는 것이다.

이에 대해 글로벌 브랜드 에이전시 BAT 권예은 HR 리드는 다양한 소통 프로그램을 만들고 잘 운영하는 것이 핵심 과제라고 한다. 예를 들어, BAT는 정기적으로 피자와 치킨을 함께 먹으며 각 팀이 담당하는 프로젝트를 공유하는 '피치피치 데이'를 갖는다. 여기서 각 팀은 각자의 프로젝트를 15분 정도 소개하고, 문제를 해결하고 있는 노하우를 공유한다. 심지어 어떤 문제가 풀리지 않고 있을 경우 공개적으로 도움을 요청한다. 또한 매 분기 밖으로 나가서 팀 전체의 비전을 공유하고 조정할 수 있는 '노마드 데이'를 갖기도 한다. 뿐만 아니라 프로젝트, 이슈, 팀원 정보 등을 협업툴에 공유하는 '사내 위키'도 운영한다.

이런 소통과 공유에 관한 커뮤니케이션은 메타의 가장 큰 강점이기도 하다. 메타의 커뮤니케이션 방식을 살펴보면 '자율과 책임'이라는 하나의 큰 원칙 속에서 수많은 커뮤니케이션 접점들이 일어난다는 것을 알 수 있다. 우선 메타는 각 직무와 레벨에 따른 문서화된 기대치가 있다. 각 구성원들은 그 기대치를 얼마나 충족시키고 있는지, 팀에 얼마나 큰 임팩트를 주고 있는지만 신경 쓴다. 그 외의 것들은 일정한 바운더리 안에서 마음껏 할 수 있기 때문에 출근을 하든 안 하든, 휴가를 가든 안 가든 상관이 없다. 중요한 것은 이 자율과 책임을 구체적인 행동으로 연결시키는 커뮤니케이션, 그중에서도 '피드백 문화'에 있다. 메타에는 피드백을 주고 받을 수 있는 채널이 많고, 빈도도 잦다.

우선 매니저, 동료, 협업 팀, 스태프 조직, 리더 심지어 CEO까지 거의 모든 대상이 피드백 채널이 된다. 그리고 그 빈도도 수시, 주간, 격주간, 월간, 분기, 반기 등 거의 매일 피드백을 주고받을 정도이다. 피드백을 주고받아야 자신이 기대치를 달성하고 있는지, 그 과정에서 어려움은 없는지, 혹은 기대치를 낮춰야 되는지 등에 대한 조정과 개선이 이뤄지기 때문이다. 그래서 메타에서는 팀장을 '불을 끄고 다니는 사람'이라고 표현한다. 구성원들의 피드백 요청에 수시로 응하고, 업무에 대한 조정과 개선을 위해 끊임없이 피드백을 줘야하기 때문이다.

이런 피드백을 위한 정례화된 프로그램들이 있는데, 가장 대표적인 것은 '원온원(1 on 1)'이라고 불리는 일대일 미팅이다. 원온원에서 팀원은 기대치 달성을 위해 필요한 것들을 팀장에게 요구할 수 있다. 그리고 팀장은 기대치에 미치지 못한 결과물에 대해 개선을 도와줘야 할 책임이 있다. 만약 어떤 팀원이 기대치에 도달하지 못했는데, 그것이 팀장의 피드백 부족때문이라면 그것은 팀장 책임이다. 즉, 원온원은 팀원이 원하는 시기에 본인이 해결하지 못한 이슈가 발생했을 때 팀장에게 이를 공유하고 팀장과 함께 대안을 찾아가는 수평적인 대화이다. 그리고 원온원은 매주 30분씩 정기적으로 하게 되어 있다. 그래서 원온원은 일반적으로 리더 중심으로 비정기적으로 이뤄지는 '면담'과 다르다. 또한 메타는 각 팀원이나 그 팀원의 결과물에 대해 매월 또는 격월로 동료들이 평가하는 '컨스트럭티브 피드백(constructive feedback)' 시간도 갖는다. 이때는 다소 무거운 피드백도 오고 가는데, 무거운 피드백이 오고가는 만큼 팀원이 집에 돌아가서 생각을 정리할 수 있도록 퇴근하기 전인 오후 4시나 목요일에 진행하는 등의 디테일도 챙긴다.

그리고 메타의 전반적인 가치와 나아가고 있는 방향에 대한 '설

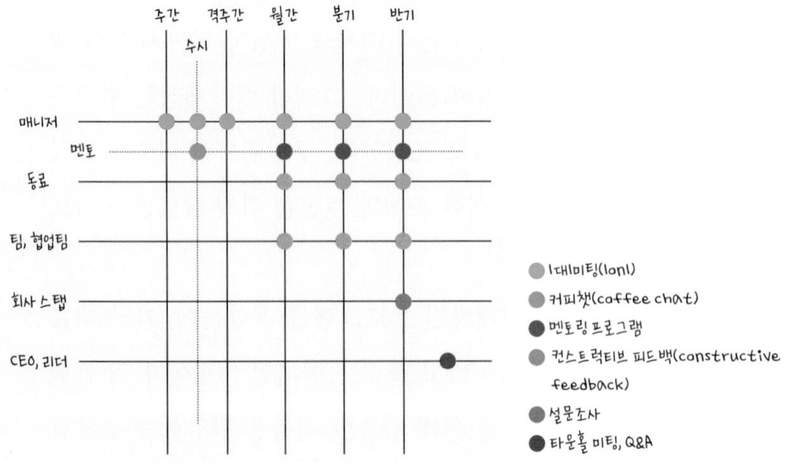


메타의 커뮤니케이션 방식

문조사'도 1년에 1~2회 이뤄진다. 여기서 '회사 생활은 어떤지' '리더와 팀장은 메타의 비전을 잘 지켜가고 있는지', 심지어 'CEO인 마크 저커버그(Mark Zuckerberg)를 신뢰하고 있는지' 등을 물어보기도 한다. 필요할 때는 설문조사와 상관없이 리더나 CEO에게 메일을 통해 직접 질문할 수도 있다. 소위 아래에서 위로 상향 피드백(upward feedback)을 줄 수 있는 길도 열려 있는 것이다. 이 외에도 선배가 후배를 위해 기꺼이 시간을 내주고, 경험을 나누는 멘토링 프로그램과 가볍게 커피를 마시며 캐주얼한 대화를 나누는 커피챗(coffee chat) 등도 잘 작동하고 있다.

이렇듯 메타를 비롯한 성장한 스타트업들은 대부분 솔직하게 소통하고 공유하는 '피드백 문화'가 잘 자리 잡고 있다. 결국 피드백이 잘 오고 가야 각 구성원들의 능력이 최대치로 발휘될 수 있고, 같은 목표를 향해 나아갈 수 있으며, 그것이 곧 회사의 생존으로 직결된다는 것을 잘 알기 때문이다. 심지어 아무리 좋은 인재가 모여도 피드백이 없으면 망할 수 있다는 위기의식까지 있다. 그래서 성장한 스타트업들은 피드백을 위한 시간과 노력에 투자를 많이 한다. 메타의 '워크플레이스'처럼 자체 협업툴을 만들거나 때로는 슬랙, 노션, 아사나, 지라, 플로우 등 외부 협업툴을 적극 활용하는 것 역시 피드백 문화를 활성화시키기 위해서이다.

## 인사이트의 한끗

시대가 아무리 바뀌어도 기업에서 가장 중요한 것은 '사람'이다. 그런데 그 사람들이 회사에 원하는 가치는 변하고 있다. 과거에는 연봉, 소속감, 안정성 등이 중요했다면 최근에는 오너십, 자율, 동기부여를 중요한 가치로 여기고 있다. 그런데 이렇게 가치가 변하고 있다고 해서 이런 저런 제도들을 피상적으로 도입하고 작동시키는 것은 오히려 부작용을 발생시킨다. 결국 오너십, 자율, 동기부여가 잘 태동하고 자리 잡을 수 있게 해 주는 '조직문화'가 갖춰져야 한다. 그리고 그 조직문화가 더 잘 구현될 수 있도록 활발한 커뮤니케이션을 해야 한다.

즉, 좋은 조직문화는 구성원들에게 오너십과 자율을 주게 되고, 그것이 구성원들의 동기부여로 이어진다. 그렇게 되면 성과에 대해서는 보상이, 부족한 부분에 대해서는 책임을 지는 문화도 자리 잡는다. 그 가운데에 번아웃이 관리되고, 또 조용한 퇴사도 예방할 수 있다.

이제 회사가 인적 자원을 그대로 회사에 투입한다고 해서 성과가 나는 시대가 아니다. 각자의 강점과 전문성을 지닌 인적 자본이 회사의 잘 갖춰진 조직문화 속에서 부가가치를 만들어 내는 시대이다. 일찍이 스타트업들은 그런 조직문화를 지향해 왔고, 조직문화라는 큰 틀 속에서 OKR, 기여주의, 역할조직, 컬처덱, 피드백 문화와 같은 다양한 시도를 해 왔다. 인재의 이탈이 심해지고 있는 상황에서 스타트업이 사람을 바라보는 관점과 스타트업이 만들어 가고 있는 문화에 주목해야 하는 이유가 바로 여기에 있다.

#HC #피플앤컬처팀 #HCM #온보딩 #OKR #동기부여 #기여주의 #코칭 #발전미팅 #조직문화 #역할조직 #결정권 #컬처덱 #매트릭스형 조직구조 #오버 커뮤니케이션 #자율과 책임 #피드백 문화 #멘토링 프로그램 #커피챗

# 05

# 돈이 가는 곳이 혁신이다

삼성전자에 다닐 때 한 선배가 "사람이랑 돈만 있으면 어떤 비즈니스든 할 수 있다"고 말한 적이 있다. 그때는 이 말이 잘 와닿지 않았는데, 스타트업 업계를 보니 맞는 말이라는 생각이 들었다. 왜 그런지 이제 사람과 돈 중에서 돈에 대한 이야기, 즉, 투자에 대한 설명을 해 보려고 한다. 이와 관련해서 최근 블라인드에 삼성전자를 퇴직한 한 임원이 한 말이 이슈가 됐다. 그 퇴직 임원은 혁신에 대한 여러 의견을 내놓았는데, 그중 "혁신에 돈이 가는 것이 아니라, 돈이 가는 곳이 혁신이다"라는 말이 화제가 된 것이다. 이 말에 대해 사람들의 의견이 분분했다. 하지만 스타트업에 있어서 스타트업이 아무리 혁신을 추구해도 결국 돈이 있어야 그것을 빠르게, 제대로 실행시킬 수 있다는 점에서는 맞는 말이라고 생각한다. 결국 스타트업은 성장해야 하고, 그 성장을 촉진시켜 주는 것이 돈, 즉 투자이기 때문이다.

이에 대해 『하버드 창업가 바이블』의 저자 다니엘 아이젠버그(Daniel Isenberg) 교수는 "아기를 낳는 것(start-up)보다 더 중요한 과정은 아이의 성장(scale-up)이다"라면서, "스케일업을 뒷받침하는 결정적인 요소는 사람, 자금, 기술과 시장인데, 투입 요소인 사람, 자금, 기술 중 핵심은 자금이다"라고 말했다. 여기서 자금이란 투자를 받는 것이다.[59]

사실 지금까지 산업화, 제조업 중심에서는 투자를 받아서 성장한다는 개념은 거의 없었다. 그보다는 우선 원재료를 싼 값에 확보해서 바로 물건을 만들어 판다는 개념이 주를 이뤘다. 그래서 제조 후 판매 즉시 수익이 발생했다. 심지어 당장 돈이 없더라도 어차피 현물을 재료로 현물을 만들어 파는 개념이었기 때문에 '외상'으로도 거래가 가능했다. 그래서 현대 정주영 회장이 아무것도 없는 상황에서 그리스 선 엔터프라이즈(Sun Enterprises)의 조지 리바노스(George Livanos) 회장에게 유조선 2척을 먼저 수주하고, 영국 바클레이 은행에서 차관을 도입해 지금의 현대미포조선을 만든 신화가 가능했던 것이다.

하지만 혁신을 추구하는, 특히나 플랫폼 비즈니스를 중심으로 한 스타트업은 이런 외상과 차용 개념이 잘 적용되지 않는다. 스타트업이 투자를 받는다는 건 단순히 돈이 오고 가는 수준이 아니기 때문이다. 우선 스타트업에게 있어서 투자는 기업가치를 평가받는 아주 중요한 기준이 된다. 또한 투자는 스타트업이 새로운 가치를 만들기 위한 가장 효과적이고 빠른 수단이 될 수 있다. 그리고 투자 유치는 스타트업의 성장을 함께 이뤄줄 파트너를 찾는 능동적인 과정이기도 하다.[60] 그래서 스타트업이 투자자를 설득하는 과정과 방식, 그리고 디테일한 내용들을 보면 기존 기업과 매우 다르다는 것을 알 수 있다. 특히, 시간이 지나면서 스타트업이 투자를 받기 위한 설득 전략도 지속적으로 진화하고 있다.

한편, 스타트업의 설득 전략은 꼭 스타트업에서만 활용되는 것이 아니다. 크게는 우리가 기존 기업 안에서 신사업, 신제품에 대한 기획서를 쓰고 의사결정을 받고자 할 때, 작게는 학교나 일상에서 나의 의견을 관철시키고 주도적으로 뭔가를 하고자 할 때 모두 설득이 필요하고, 그때 스타트업의 설득 전략이 활용될 수 있다. 그만큼 스타트업의 설득 전략이 심플하고 논리적이고 디테일하기 때문이다. 따라서 스타트업만의 설득 전략을 잘 이해하면 무엇보다 스타트업에 대한 이해도 높일 수 있지만 설득을 위한 강력한 도구를 얻을 수 있다.

## 투자를 받는 자 성장을 얻는다

### 투자만 해 본 사람, 투자도 받을 줄 아는 사람

스타트업이 투자를 받을 수 있는 방법으로 3F가 있다. 가족(family), 친구(friend), 펀드(fund)가 그것이다. 여기에 'F'를 하나 더 붙여 4F라고도 하는데, 마지막 F는 바보(fool)를 뜻한다. 즉, 바보가 아닌 이상 스타트업에 투자하지 않는다는 자조적인 농담이다. 그만큼 스타트업이 투자받는 게 어렵다는 현실을 보여 준다.[61] 특히, 스타트업 업계에서 가장 투자 검토를 많이 하고 투자하는 벤처 캐피털리스트의 1년 사이클을 보면 투자를 받기 위한 경쟁이 얼마나 치열한지 알 수 있다. 벤처 캐피털리스트는 보통 1년에 사업계획서를 500건 정도 받는다고 한다. 이 중 미팅으로 이어지는 건 약 30건, 그리고 실제 투자로 이어지는 5건에 불과하다. 결국 사업계획서에서 투자까지 대략 1%의 경쟁률을 뚫어야 하는 것이다. 그만큼 스타트업은 거절에 익숙해진다.

하지만 여기 있는 3가지만 명쾌하게 설명할 수 있다면 투자를 받을 수 있는 확률이 높아질 수 있다. 그것은 문제가 무엇인지(problem), 그 문제를 해결하기 위한 솔루션은 무엇인지(solution), 그리고 그 문제를 해결할 제품이 도달할 시장이 있는지(market)이다. 구체적으로 문제는 투자자, 시장 이해관계자, 소비자에게 공감이 될 만큼 크고 중요한가를 설명할 수 있어야 한다. 또한 솔루션은 그 스타트업만의 기술이 있는지, 부가가치를 창출할 수 있을 정도로 차별화되는지를 보여 줄 수 있어야 한다. 이 두 가지가 잘 연결된다면 문제를 해결하는 좋은 제품이 만들어질 수 있다. 마지막으로 시장은 앞으로 연령대나 버티컬 확장, 또는 글로벌 시장 공략 등 성장 가능성이 있는지를 확인시켜 줘야 한다. 만약 앞선 제품과 이 시장이 잘 맞아떨어지면 제품 시장 적합성(PMF)이 생긴다는 간단한 논리이다. 그리고 이 사이클을 반복적으로 돌려보면서 데이터를 쌓고 설득력을 높여간다. 이렇게 문제-솔루션-시장에 대한 명확한 관점과 논리가 있다면 투자를 받기 위한 기초가 다져진다. 그리고 이것은 기존 기업이나 여러 설득 커뮤니케이션 상황에서도 유용하게 쓸 수 있는 도구이다.

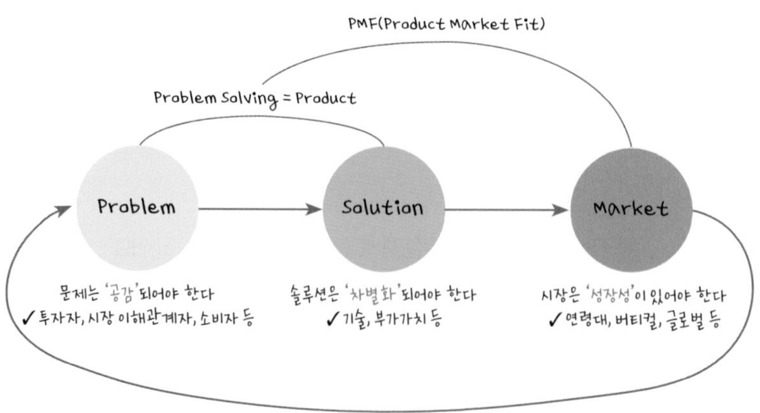


투자 유치의 핵심 요소와 내러티브

한편, 문제–솔루션–시장이 아닌 시장–솔루션–문제로 접근하는 경우도 있다. 즉, 기존 기업의 경우 어느 정도 니즈가 있을 것으로 예상되는 시장을 찾은 뒤 그에 대한 제품을 만들고, 사실은 이게 문제였다고 알리는 순서로 설득을 하기도 한다. 예를 들어, 얼마 전 LG전자에서 캠핑족을 겨냥한 포터블 스크린 '스탠바이미고'를 출시했다. LG전자는 캠핑족들이 캠핑을 갔을 때, TV를 보고 싶어 하는 사람들이 있을 것이라는 시장을 본 것이다. 그래서 그런 사람들을 겨냥해 제품을 만들고, 이 제품이 캠핑장에서의 지루함이라는 문제를 해결해 줄 것이라고 설득했다. 하지만 사실 캠핑장에서의 지루함이라는 문제가 캠퍼족들에게 그렇게 본질적이지 않은 문제라는 점이 한계로 작용했다. 시장만 보고 제품을 만들겠다고 했을 때 설득력이 떨어지는 이유이다.

## 엘레베이터 안에서 던지고 받는 게임

문제–솔루션–시장이 파악되면 실제 투자를 받기 위해 사업 아이디어를 던지는 '피칭(pitching)'이 가능하다. 여기서 피칭이란 야구에서 투수가 타자를 향해 힘껏 공을 던지듯 스타트업이 투자자에게 사업 아이디어를 힘껏 전달하는 것이다. 그래서 피칭을 잘 한다는 것은 상대방이 쉽게 '캐칭(catching)'할 수 있게 한다는 것과 같다. 스타트업 업계에서 프레젠테이션(presentation)이나 스피치(speech)를 쓰지 않고, 피칭이라는 개념을 쓰는 이유는 피칭이 군더더기 없는 직설적인 전달을 의미하기 때문이다. 그래서 피칭 내러티브는 초반부터 강력하고 간결하게 구성되어야 한다.

그리고 이 피칭을 보다 임팩트 있고 짧게 요약해서 설명하는 것을 '엘리베이터 피치(elevator pitch)'라고 한다. 엘리베이터 피치는 바쁜 투자자가 엘리베이터를 탔을 때, 간단명료하고 빠르게 제품과 서비스의 가치를 전달하고자 했던 실리콘밸리 문화에서 유래된 개념이다. 그래서 로켓 피치라고도 불리는 엘리베이터 피치는 엘리베이터에서 중요한 사람을 만났을 때 자신의 생각을 요약하여 30초에서 1분이라는 짧은 시간에 빠르게 전달할 수 있어야 한다는 의미를 담고 있다. 이 엘리베이터 피치가 이제는 투자 유치뿐만 아니라 회사의 영업활동, 회사 내에서의 보고, 정치인의 법안 검토 결정, 자기 소개 등 장소를 불문하고 많이 쓰이고 있다. 심지어 홍콩에서는 엘리베이터 피치로 투자 경연을 하는 'HKSTP's Annual Elevator Pitch Competition'을 열기도 한다.

HKSTP's Annual Elevator Pitch Competition[62]

사실 스타트업 업계에서 피칭과 엘리베이터 피치를 강조하는 이유는 투자 설득 대상자들의 집중력 때문이다. 마이크로소프트에서 실시한 연구에 따르면 사람의 집중력이 지속되는 평균 시간은 약 8초에 불과하다. 평균 8초이기 때문에 아무리 길게 집중하는 사람이라도 30초 이상 집중력을 유지하는 것은 쉬운 일이 아니다. 그래서 이 집중력이 유지되는 시간 동안 최대한 빠르게 요약된 내용을 던져야 하는 것이다.[63]

그래서 엘리베이터 피치에 대한 기본적인 내러티브와 템플릿도 등장했다. 우선 엘리베이터 피치 내러티브는 다음과 같은 순서로 기술된다. 먼저 문제와 솔루션에 있어서 '제가 겪은 문제는 이것입니다. 당신도 충분히 느꼈을 법한 문제죠. 이 문제 해결을 위해 저희 팀은 이런 솔루션을 제공합니다. 그 솔루션의 핵심 기술은 이것이고 경쟁사에 비해 이런 강점을 갖고 있습니다.'와 같이 설명한다. 이어서 시장에 대해 '지금 이 문제는 작지만 시장은 이렇게 큽니다. 만약 이 제품이 상용화된다면 저희 팀은 이 정도의 연간 수익과 성장률을 달성할 수 있습니다.'로 보충한다. 마지막으로 '이를 위한 저희 팀은 이렇게 구성되어 있고 현재 여기까지 진행 중입니다.'와 같이 들어도 그만, 안 들어도 그만인 얘기로 마무리한다. 이걸 보면 보통의 프레젠테이션과 순서가 다르다는 것을 알 수 있다. 우리는 보통 '발표'를 한다고 하면 자기소개부터 하기 마련이다. 그런데 사실 투자 관점에서 팀에 대한 소개는 부차적인 부분이다. 엘리베이터 피치 템플릿은 그런 부분까지 감안해서 다음과 같이 작성된다.[64]

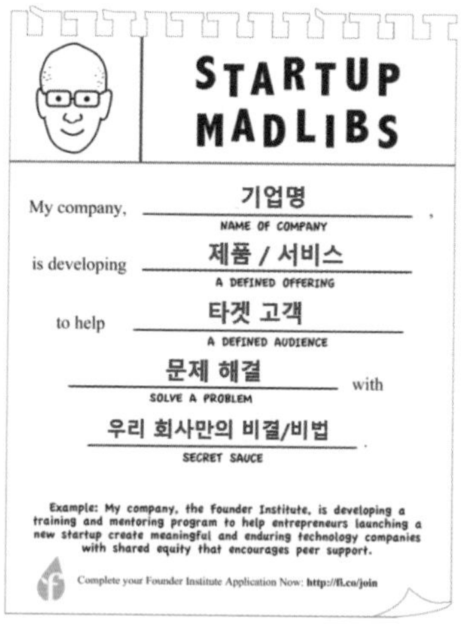


30초 엘리베이터 피치 템플릿

ONE MINUTE PITCH

① My company, 기업명 (NAME OF COMPANY), is developing 제품 / 서비스 (A DEFINED OFFERING) to help 타겟 고객 (A DEFINED AUDIENCE) 문제 해결 (SOLVE A PROBLEM) with 우리 회사만의 비결/비법 (SECRET SAUCE).

② We compete in the growing 우리 회사가 속한 시장 (DEFINED MARKET) market, which last year was a 시장 가치 ($) (DEFINED VALUE) value market.

③ We are similar to 경쟁사 1 (COMPETITOR 1) and 경쟁사 2 (COMPETITOR 2), but we 우리 회사만의 차별화 포인트 (ONE KEY DIFFERENTIATOR).

④ Currently we have 현재 제품 개발단계, 팀, 회사 현황 (CURRENT STATE OF PRODUCT, TEAM, OR COMPANY).

⑤ We are looking for 우리 회사가 현재 필요한 사항 (THE ASK) to help us 당신이 우리 회사에게 해줄 수 있는 것 (WHAT YOU WOULD DO WITH THE ASK).

Get more pitching tips at: http://fi.co/madlibs

1분 엘리베이터 피치 템플릿

## 스타트업의 브랜드가 되는 투자사

피칭이 성공하면 투자사를 얻을 수 있고, 투자사는 스타트업이 성장할 수 있도록 돕는 조력자이자 '브랜드'가 되어 주기도 한다. 스타트업에게 있어서 이 부분이 매우 중요하게 작용한다. 스타트업이 좋은 투자사를 만나면 자금 외에도 인적 네트워크를 얻을 수 있기 때문이다. 여기서 인적 네트워크란 우선 투자사가 확보하고 있는 멘토링 집단을 뜻한다. 이 멘토링 집단을 통해서 사람, 기술, 노하우 등의 도움을 받을 수 있다. 또한 투자사가 투자한 다른 스타트업들도 중요한 인적 네트워크가 될 수 있다. 보통 투자사는 각각 전문화된 투자 영역을 갖고 있기 때문에 비슷한 사업 아이디어나 비즈니스 모델을 갖춘 곳들에 공통적으로 투자를 한다. 그래서 투자사의 포트폴리오에 있는 스타트업끼리 교류를 하게 되면 스타트업을 성장시키는 데에 있어서 많은 도움을 받을 수 있다. 뿐만 아니라 투자사가 브랜드가 되면 후속 투자를 받을 때에도 유리하다. 앞선 단계에서 이미 검증됐다는 레퍼런스를 보여 줄 수 있기 때문이다. 그래서 스타트업 업계는 투자사를 이렇게 표현하기도 한다.

"투자사는 아이가 처음 밖에 나갈 때 입혀 주는 옷과 같다."

이렇게 브랜드로 작용하는 투자사들이 많은데, 미국의 와이 콤비네이터, 일본의 소프트뱅크벤처스, 한국의 매쉬업엔젤스와 본엔젤스 등이 대표적이다. 그중에서도 가장 유명한 투자사는 '알토스벤처스'이다. 알토스벤처스는 크래프톤, 배달의민족, 당근마켓, 토스, 직방, 타다, 지그재그 등에 투자한 투자사로 이들이 함께 모여 찍은 사진이 '알토스 사단'으로 불리며 투자사 네트워크의 힘을 실

알토스 사단

감하게 했다. 이들은 상호 간 네트워킹도 하고, 정보도 공유할 뿐만 아니라 투자도 하곤 한다. 토스가 어려웠을 때 같은 알토스 사단이었던 배달의민족이 적기에 투자함으로써 토스를 버틸 수 있게 해줬던 일화는 유명하다.

## 내 돈과 남의 돈, 모든 차이는 여기서 시작된다

### 파워포인트로 시작해서 엑셀로 끝난다

이제 본격적으로 스타트업이 투자를 받는 과정에 있어서 알아야 하는 개념들을 간단히 살펴보자. 그 전에 스타트업에게 있어서 투자는 어떤 의미일까. 그 의미를 알기 위해서는 우선 비즈니스를 할 때 '누구의 돈으로 시작하는가'에 대한 관점을 비교해 봐야 한다. 보통 대기업이 신사업을 추진할 때 기본적으로 자기 자본, 사내 유보금 등 자체적으로 조달할 수 있는 돈을 활용한다. 물론 일부 정부 지원, 금융, 주주 모집 등 외부를 통한 투자금을 유치하기도 하지만 이는 돈이 없어서가 아니라 그렇게 조달하는 자금의 비용과 이자율이 낮기 때문에 유치하는 것이다. 결국 대기업은 '내 돈'으로 신사업을 할 수 있다.

반면, 스타트업에게 있어서 투자를 받으면서 성장하는 것은 숙명이고, 투자를 받기 때문에 스타트업은 빠른 성장을 할 수 있다. 그래서 성장을 위해 투자를 받는 것이 스타트업의 본질이다. 결국 스타트업은 '남의 돈'으로 시작하고 성장한다. 이렇게 내 돈과 남의 돈으로 비즈니스를 시작하는 것, 이것이 대기업과 스타트업의 가장 큰 차이이고 대기업과 스타트업의 모든 생리와 생태계의 차이를 만들어 낸다고 해도 과언이 아니다.

그렇다면 대기업과 스타트업은 비즈니스를 할 때 누구와 교감을 많이 하게 될까. 먼저 대기업이 비즈니스를 추진하기 위해 가장 많이 고려하는 대상은 오너와 경영진 등 최고위 의사결정권자이다. 사업적 전망에 따른 기획안이 뛰어나다면 반려될 일은 없겠지만 비즈니스 추진 시점에서 기획안의 방향과 최고위 의사결정권자의 생각이 일치하지 않는다면 그 비즈니스는 추진되기 어렵다. 그리고 대기업은 기본적으로 주식회사이자 상장사이기 때문에 비즈니스 추진에 있어서 주주의 입장과 의견도 중요하게 생각한다. 그래서 주주를 상대하는 주식담당자가 별도로 있고, IR팀과 홍보팀이 주주관리 업무를 담당하기도 한다. 더불어 대기업은 주주에게 회사와 관련된 여러 정보를 각종 공시 의무를 따라 제공하고, 그에 따라 주식시장에서 해당 기업의 주식을 거래하는 데에 문제가 없도록 한다.

반면, 스타트업은 비즈니스의 시작과 확장에 있어서 누구보다 투자자와 소통하는 것이 매우 중요하다. 왜냐하면 스타트업은 기본적으로 비상장사이고, 투자자는 스타트업이 주는 정보에 의존할 수밖에 없기 때문이다. 그래서 스타트업은 솔직하게 모든 정보와 데이터를 투자자에게 공개하고 공유해서 상호 간 신뢰를 계속 쌓아가야 한다. 심지어 스타트업 구성원의 건강이나 심리 상태, 구성원 간 관계 등 사소하고 소소한 정보까지도 공유한다. 그렇게 사적인 대화를 나누면서 자연스럽게 멘토와 멘티의 관계로 나아가기도 한다. 그만큼 스타트업은 초기부터 엑시트를 할 때까지 투자자와 가장 밀접한 관계를 형성한다.

대기업과 스타트업은 주주나 투자자 커뮤니케이션을 하는 방식에서도 차이가 난다. 우선 대기업은 정기 감사보고서 등에 기재된 재무제표나 기업 공시, 그리고 주주총회를 통해 커뮤니케이션을 한다. 여기에 애널리스트 리포트도 있다. 이 중 주주총회가 매우 중요한 커뮤니케이션의 장인데, 주주총회는 정보 전달과 함께 이미지 관리의 목적도 갖고 있기 때문에 주주총회의 홍보 영상을 제작하는 데에 많은 공이 들어간다. 그리고 회사 관련 정보 역시 잘 정리된 파워포인트 자료로 구성되고, 전달 역시 전문 아나운서가 하는 경우가 많다.

하지만 스타트업의 투자자 커뮤니케이션은 '파워포인트로 시작하되 엑셀로 끝난다'는 말이 있다. 투자자들은 엑셀의 셀 하나하나를 살펴보고, 엑셀 수식도 확인한다. 그 안에서 사업 아이디어 빌딩 과정, 언제 얼마의 투자를 받았고, 앞으로 어떻게 성장할지에 대한 계획이 다 드러나기 때문이다. 그래서 파워포인트는 잘 되어 있는데 엑셀 관리가 안 되어 있다면 투자자 커뮤니케이션에서 성과를 거두기 어렵다. 결국 스타트업의 투자자 커뮤니케이션은 '데이터 커뮤니케이션'이라고 할 수 있다.

### BMW의 그 시리즈가 아니에요

지금까지 투자와 관련해서 비즈니스의 시작점, 교감 대상, 커뮤니케이션 방식 등에 대해 대기업과 스타트업을 비교해 보았다. 이제는 스타트업 업계에서만 볼 수 있는 '투자 라운드'에 대해 알아보자. 이것을 설명하는 이유는 요즘 미디어에서 스타트업 투자와 관련된 기사를 많이 다루기 때문이다. 예를 들어, '어떤 스타트업이 50억 원 규모의 시리즈 B 투자를 유치했다'고 하는데, 여기서 시리즈란 뭔지, 50억 원 정도의 투자 유치면 어느 정도 수준인지, 그래서 향후 전망은 어떤지에 대해 알아야 그 기사를 제대로 이해할 수 있기 때문이다. 그리고 이런 스타트업의 투자 유치 기사를 이해한다는 것은 경제 시사를 아는 중요한 단초가 되기도 한다.

우선 투자 라운드는 스타트업이 필요로 하는 투자를 성장 단계, 투자 회차, 규모에 따라 구분해 놓은 것을 말한다. 일반적으로 시드, 시리즈 A, 시리즈 B, 시리즈 C 등으로 구분된다. 대부분의 스타트업은 사업 아이디어를 제품과 서비스로 발전시키고, 이를 시장에 출시하는 것을 반복하면서 성장한다. 그런데 자체적인 수익만으로 제품과 서비스 개발을 꾸준히 반복하면서 큰 기업으로 성장시키는 것은 대부분의 스타트업에서 거의 불가능한 일이다. 그래서 더 큰 성장의 타이밍을 앞둔 스타트업들은 이를 뒷받침할 투자를 유치시키기 위해 노력한다. 이제 그 노력이 필요한 각 라운드에 대해 살펴보자.

- 시드 또는 Pre-A: 시드는 말 그대로 '씨앗(seed)' 단계로, 성장 단계로는 사업 아이디어를 프로토타입이나 베타 서비스로 구축하는 단계이다. 시드 이후 기업가치가 상승했으나, 아직 일관된 수익이나 성과 지표가 없다면 시드와 시리즈 A 사이인 Pre-A 단계로 볼 수 있다. 극히 초기 단계의 투자이다 보니 위

험도가 높아서 투자 금액이 1~2억, 때로는 그보다 적은 편이다. 시드 단계의 투자는 일반적으로 본인, 지인이 하기도 하고 극 초기 투자사에서 받기도 한다.

- 시리즈 A: 성장 단계로는 출시한 시제품이나 베타 서비스로 일관된 수익이나 성과 지표를 얻은 스타트업이 장기적인 비즈니스 모델을 구축하는 단계이다. 이 시점에서 스타트업은 본격적인 시장 진출을 준비한다. 초기 사용자와 성과를 분석해 장기적인 이익 창출 전략을 짜는 것이다. 그래서 시리즈 A 유치는 일반적으로 시제품이나 베타 서비스의 정식 런칭 전후에 이뤄진다. 분야에 따라 조금씩 다르지만 시리즈 A에서는 보통 20억 원에서 50억 원 정도의 자금이 투자된다.
- 시리즈 B: 성장 단계로는 상당 수준의 사용자를 확보한 스타트업이 사업 확장을 시도하는 단계이다. 시장 점유율을 확대해 본격적인 성장에 돌입하기 때문에 이 단계에서 스타트업은 좋은 인재를 확보해서 양질의 제품과 서비스를 제공하고, 기술 개발과 광고에도 적극적으로 자금을 투입하게 된다. 이 단계에서는 스타트업의 성공 가능성이 어느 정도 확보된 상황이기 때문에, 보통 50억 원부터 500억 원 이상으로도 투자가 진행된다.
- 시리즈 C: 성장 단계로는 생존을 위한 성장이 어느 정도 끝난 단계이다. 그래서 손익분기점을 넘은 상태이거나 당분간 적자라도 거대 플랫폼을 선점하고 있어서 소비자가 계속 늘어날 수 있는 상황이다. 그래서 글로벌 진출, 새로운 제품 개발, 다른 스타트업 인수 등을 계획할 수도 있다. 이 이후부터는 안정

적인 수익을 확보할 수 있어서 투자 유치를 하지 않을 수도 있다. 다만 더 큰 성장을 위해 시리즈 D, E, F까지 투자를 유치하는 회사도 있다.

이렇게 각 라운드에 따른 스타트업의 성장 단계와 투자 유치 규모 등을 살펴봤는데, 그렇다면 각 라운드에서 어떤 투자사들이 참여하는지 볼 필요가 있다. 왜냐하면 각 라운드에 따라 참여하는 투자사가 다르고, 그 투자사들에 따라 투자를 위한 커뮤니케이션 방식이 크게 달라지기 때문이다.

- 엔젤 투자자(angel investor): 엔젤 투자자는 기술력은 있으나 자금이 부족한 초기 스타트업에게 자금 지원과 경영 지도를 해 주는 개인 투자자 또는 소수 투자자이다. 스타트업 입장에서는 초반에 보여 줄 것이 거의 없음에도 불구하고 투자자가 돈을 투자해 주기 때문에 천사(angel)라는 이름이 붙었다. 투자 라운드로는 주로 시드부터 시리즈 A 단계에 집중한다.
- 컴퍼니 빌더(company builder): 최근 존재감이 높아지면서 제너레이터, 인큐베이터, 비즈니스 디벨롭퍼로도 불리는 컴퍼니 빌더는 1996년 연쇄 창업가로 유명한 빌 그로스(Bill Gross)가 '아이디어랩(Idealab)'을 설립한 것이 시초이다. 컴퍼니 빌더는 팀을 갖춘 스타트업이 아닌 아이디어, 기술, 전문성 등 각자의 강점을 갖춘 사람들을 모집하여 팀 빌딩부터 아이디어 디벨롭, 멘토링, 법인 설립, 시드 투자까지 해 준다. 이렇게 시드 투자된 팀들을 대상으로 데모 데이를 펼치고, 그곳에서 액셀러레이터나 벤처 캐피털에게 지분을 넘기는 방식으로 수익화한다. 때로는 컴퍼니 빌더가 후속 투자까지 이어가는 경우도 있

다. 투자 라운드로는 시드부터 시리즈 A 단계에 집중한다.

- 액셀러레이터(AC, accelerator): 액셀러레이터는 초기 스타트업에 투자해 경영과 사업 확장 등 실질적인 도움을 줘서 성장을 가속화시키는 '창업기획자'이다. 그래서 액셀러레이터는 투자뿐만 아니라 멘토링, 컨설팅, 네트워킹, 판로 개척, 후속 투자 등 성장 요소 전반을 지원하는 것을 목적으로 한다. 액셀러레이터는 정량적 지표보다 성장성·혁신성에 중점을 둔 정성적 지표를 바탕으로 투자를 진행한다. 그렇게 유망한 초기 스타트업에 우선 투자함으로써 투자 수익을 극대화하기도 한다. 투자 라운드로는 시드부터 시리즈 A 단계에 집중하지만 때로는 시리즈 B까지 투자하기도 한다.
- 벤처 캐피털(VC, venture capital): 벤처 캐피털의 법제상 명칭은 중소기업창업투자회사 혹은 신기술사업금융전문회사이다. 벤처 캐피털은 기반이 잡힌 중후기 스타트업이 가치를 더 올릴 수 있도록 대규모 자금을 조달하는 역할을 한다. 그래서 여러 성과를 바탕으로 핵심 지표가 잘 나오고 있는 스타트업에 투자한다. 특히, 벤처 캐피털은 '벤처'에 방점이 찍혀져 있는 만큼 투자해서 수익을 거두는 투자 목적이 강하다. 투자 라운드로는 주로 시리즈 B~C에 집중한다.

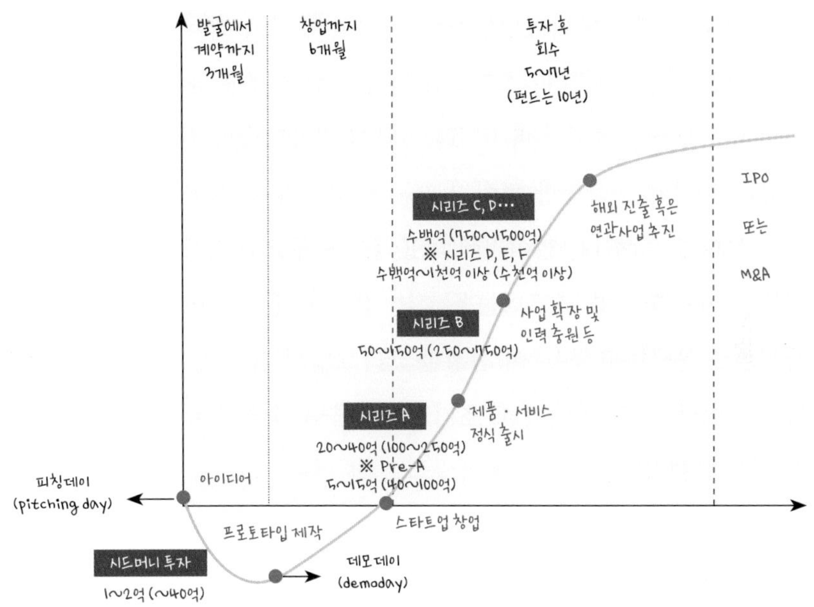


스타트업 성장 곡선에 따른 투자 라운드

## 얼리 스테이지로 앞당겨지는 투자사 흐름

그동안 컴퍼니 빌더, 액셀러레이터, 벤처 캐피털 등 주요 투자사들은 각자 집중하는 단계와 영역이 명확했다. 하지만 최근 역량을 잘 갖춘 초기 스타트업들이 많이 등장하고 있고, 중후기 스타트업들의 밸류가 지나치게 높아지면서 각 투자사들이 초기 투자로 시선을 돌리고 있다. 즉, 액셀러레이터는 컴퍼니 빌더로, 벤처 캐피털은 액셀러레이터로 영역을 확장해 나가고 있는 것이다. 이는 될성부른 초기 스타트업에 일찍이 투자해서 투자 선점효과를 노리고 투자 수익도 극대화하겠다는 의도이다.

이와 관련해 한 벤처 캐피털 임원은 "과거에는 인재들이 대기업에 입사하는 경우가 많았다면 최근엔 스타트업에 적극적인 만큼 민간 자금과 정책 자금이 스타트업 투자 시장에 계속 몰릴 것"이라며, "밸류에 거품이 끼고 빠지더라도 초기 스타트업의 경우 궁극적으로는 가치가 우상향할 것이기 때문에 초기 투자 기반을 깔아두려고 한다"고 말했다.[65] 여기에 대표적인 액셀러레이터인 매쉬업엔젤스 이택경 대표 파트너는 글로벌 경기 침체와 얼어붙은 투자 심리에도 불구하고 "지금이 진정한 스타트업의 옥석을 가릴 수 있는 시기이다. 그리고 이럴 때 초기 투자일수록 수익을 극대화할 수 있다"고 말했다.

이는 이미 글로벌 시장에서 확산되고 있는 추세이다. 실리콘밸리 벤처 캐피털인 앤드리슨 호로위츠(Andreessen Horowitz)는 그동안 액셀러레이터들이 했던 역할인 초기 스타트업의 멘토링과 컨설팅을 담당하는 인력을 50% 이상 늘렸다.[66] 국내의 경우 액셀러레이터인 블루포인트파트너스가 '디프런트도어즈'라는 컴퍼니 빌딩 프로그램을 시작했다. 벤처 캐피털인 패스트벤처스도 'START'라는 엑셀러레이팅 프로그램을 런칭했다. 결국 이런 추세도 스타트업 업계 전체가 성장하고 있고 성과도 내고 있기 때문에 나타난 경향이라고 할 수 있다.

## 스타트업 투자에 전면으로 나서기 시작한 대기업

주요 투자사들이 투자 단계를 앞당기고 있는 것처럼 대기업들도 스타트업 투자 시장 전면에 나서기 시작했다. 우선 직접적인 투자는 아니지만 대기업 광고회사들이 스타트업의 전략 컨설팅과 브랜딩 등

인큐베이딩 역할을 하기 시작했다. 대표적으로 글로벌 광고회사 레드앤틀러(Red Antler)는 매트리스 스타트업 '캐스퍼(Casper)'의 브랜드 네이밍부터 브랜드 전략, 광고와 마케팅까지 매출을 위한 과정 전반에 관여하면서 캐스퍼 성장에 결정적인 기여를 했다. 제일기획은 요기요, 컬리와 HS애드는 배달의민족과 협업해 광고회사와 스타트업이 파트너십을 갖고 함께 성장한 좋은 사례로 꼽힌다. 대홍기획은 아예 스타트업의 브랜딩 및 마케팅 활동을 지원하는 '스타트업 브랜드 인큐베이션' 사업을 펼치고 있다. 이를 통해 세탁특공대와 함께 다양한 캠페인을 선보이기도 했다.[67]

나아가 스타트업을 협업의 대상으로 생각해 '오픈 이노베이션'을 도입하기 시작한 대기업도 있다. 오픈 이노베이션(open innovation)은 버클리 대학의 헨리 체스브로(Henry Chesbrough) 교수가 제시한 개념으로 기업의 혁신을 위해 필요한 아이디어와 기술 개발에 외부 자원을 활용하는 것이다. 그래서 최근 현대백화점, LG전자, KB국민카드, KB캐피털, DB손해보험, 풀무원, LG사이언스파크, 현대코퍼레이션 등 많은 대기업들이 서울창조경제혁신센터와 함께 다양한 오픈 이노베이션을 진행하고 있다.

대기업의 엑셀러레이팅 프로그램도 활성화되고 있다. 삼성, SK, 현대자동차, LG 등 4대 대기업 모두 엑셀러레이팅 프로그램을 운영하고 있고 많은 대기업들이 이에 동참하고 있다. 예를 들어, 삼성전자는 'C랩 아웃사이드', SK텔레콤은 '트루 이노베이션'과 'ESG 코리아', 현대자동차는 'H-온드림 스타트업 그라운드', LG는 '슈퍼스타트'를 시작했다. 특히, 현대자동차는 2023년부터 1,000억 원을 투자해 250개 스타트업 육성에 나선다고 밝혔고, LG 역시 2022년부터 500억 원을 투자해 300개 스타트업을 육성하겠다고 밝히는 등 구체적인 투자 규모와 목표를 언급하기도 했다.

마지막으로 대기업들은 벤처 캐피털을 설립하거나 벤처 캐피털에 지분 참여를 하는 방식으로 스타트업에 직접 투자하기 시작했다. 신세계는 벤처 캐피털 시그나이트파트너스를 설립했고, TV조선은 케이씨벤처스에 출자한 것이다. 이제 대기업들도 본업을 강화하거나 신사업을 모색하기 위해서는 외부에 대한 투자가 필요하다는 공감대가 확산되고 있기 때문이다. 이는 세계적인 흐름이기도 하다. 글로벌 시장조사기관 CB인사이트에 따르면 2021년 한 해에만 전 세계에서 221개의 기업형 벤처 캐피털(Corporate Venture Capital: CVC)이 신규 설립돼 약 219조 원을 투자했다고 한다. 뿐만 아니라 아시아의 기업형 벤처 캐피털도 64조 원을 투자해 투자 성장세가 뚜렷하다. 대표적으로 GS리테일은 메쉬코리아, 요기요, 쿠캣, 카카오모빌리티, 로보아르테 등 13개 스타트업에 약 5,500억 원을 투자했다.[68] 특히, 국내의 경우 40년 만에 공정거래법이 개정되어 대기업의 기업형 벤처 캐피털 설립이 본격 허용되었다. 그래서 투자 업계는 앞으로 더 많은 대기업들이 스타트업 투자에 나설 것으로 전망하고 있다.

이에 대해 현대자동차 CVC팀 신성우 상무는 "이제 현대자동차는 구글, 애플, 테슬라와 같은 완전히 다른 플레이어들과 경쟁하게 됐다"면서 "기업형 벤처 캐피털을 통해 투자뿐만 아니라 어떻게 체질을 바꾸고 경쟁력을 확보할 수 있을지 방향을 찾겠다"고 말했다.

이런 대기업들의 행보는 스타트업을 중심으로 한 투자 시장의 변화 때문이기도 하지만 한편으로는 대기업 오너의 세대교체 흐름과도 관련이 있다. 최근 경영 일선에 속속 등장하고 있는 30~40대 오너 세대가 전과 다른 글로벌 네트워크를 갖고 있고, 그 네트워크 대부분이 스타트업과 직간접적으로 관련이 있기 때문이다. 그래서 젊은 대기업 오너 세대는 한 번쯤 스타트업에 직접 투자해 봤거나 주변에 가까운 스타트업 대표들이 많다. 한마디로 스타트업에 익숙한 대기업 오너 세대가 수면 위로 올라오고 있는 것이다. 이런 영향에 따라 대기업들이 스타트업 투자에 거리낌이 없어졌다는 관련 업계 평가도 나온다. 그러나 무엇보다 이 점이 앞으로 스타트업 업계와 대기업의 관계를 긴밀하게 만드는 데에 중요한 역할을 할 것으로 전망되고, 그렇기 때문에 스타트업 투자 유치에 있어서 대기업이 중요한 대상이 될 수 있다는 점에 주목해야 한다.

## 투자 유치에도 적용되는 설득의 심리학

이제 스타트업이 투자 유치를 할 때 투자사들이 어떤 것들에 관심을 갖고 어떤 질문을 던지는지 살펴보자. 이 질문들을 보면 스타트업의 투자 유치가 단순히 돈을 투자받는 과정이 아니라 고도화된 설득 커뮤니케이션 과정임을 알 수 있다. 그리고 그 안에 설득의 심리학이 자리 잡고 있는 것도 느낄 수 있다. 여기서는 크게 액셀러레이터와 벤처 캐피털을 중심으로 알아보자.

## 초기 투자 유치에 킬러 문항은 없다

우선 액셀러레이터는 스타트업이 뚜렷한 비즈니스 모델을 갖추고 있지 않더라도 팀원들의 강점, 멘탈, 유연성, 신속함, 재도전 의지, 성장 잠재력 등 정성적인 면을 보고 투자를 결정한다. 즉, 액셀러레이터는 초기 사업 아이디어와 비즈니스 모델이 잘 돌아가지 않을 때, 얼마나 유연하게 피봇할 수 있는가, 피봇한 후 다시 프로토타입을 통해 검증하는 시간을 얼마나 짧게 가져가는가, 그 과정에서 무엇을 배웠고, 또 그 교훈을 바탕으로 다시 도전하기까지 얼마나 걸리는가 등에 대해 큰 관심을 가진다.

특히, 최근 액셀러레이터는 실패와 극복 과정, 즉 버티는 힘과 회복탄력성을 매우 중요하게 생각한다. 왜냐하면 글로벌 경기 침체에 따라 투자를 유치하는 것도 매우 어렵고, 또 시장에 진출했을 때 위기를 관리하고 버티는 힘이 매우 중요해졌기 때문이다. 그래서 액셀러레이터 미팅 때 자주 던져지는 화두는 '실패해 보았는가? 어떻게 버텼는가? 그것을 어떻게 극복했는가?'이다. 이를 파악하기 위해서 액셀러레이터는 팀원 전부를 인터뷰하기도 한다. 이런 능력을 제대로 검증받았을 때 액셀러레이터는 투자 라운드를 거듭하면서도 지속적인 투자 관계를 유지한다.

이와 관련해서 미국 전역의 대학교를 누비며 대학생 창업자를 찾아 첫 투자를 하는 컨트래리 캐피털(Contrary Capital)의 파트너 투자자인 제이슨 첸(Jason Chen)이 정리한 질문과 답변을 보자. 이 질문과 답변은 투자자들이 투자 검토 시 반드시 묻는 10가지 질문과 꼭 준비해야 하는 답변으로 구성되어 있다. 이를 잘 활용하면 투

자 유치뿐만 아니라 여러 설득 과정에서의 확률을 높일 수 있다.[69]

- "당신이 풀고자 하는 핵심적인 문제는 무엇인가요?"에 대한 답변은 최근 이슈가 됐거나 기사화된 사회적 이슈를 언급하면서 시작해도 좋다. 하지만 궁극적으로는 구체적이고 뾰족한 문제를 한 문장으로 제시할 수 있어야 한다.
- "어떻게 이 문제를 해결할 것인가요?"에 대해서 특별한 솔루션을 제시하면 좋겠지만 아직 솔루션을 구체화하지 못했다면 문제를 해결해 가는 방향성이라도 제시하는 것이 좋다. 또는 문제해결을 위해 현재 고민하고 진행 중인 것들을 답변해도 좋다.
- "시장의 규모는 어느 정도 인가요?" 시장의 규모를 예상하는 것은 매우 주관적일 수 있기 때문에 근거와 논리가 중요하다. 그리고 그 시장의 규모가 앞으로 성장할 수 있다는 가능성도 잘 설명해야 한다.
- "초기 사용자는 누구입니까?" 스타트업에게 가장 중요한 것은 초기 사용자 설정이다. 그들의 연령, 성별, 지역, 가능하다면 직업군까지 구체화하면 할수록 좋다. 그래서 그들의 페르소나까지 제시할 수 있다면 투자자의 이해를 높일 수 있다.
- "고객을 어떻게 획득하고, 제품을 유통하나요? 다른 서비스와 차별화된 지속 가능한 고객 획득 방식은 무엇인가요?"에 대한 답변은 아주 독특하기보다는 단계별로 실천 가능한 계획으로 설명해야 한다. 이 부분은 비전과 이상이라기보다는 비즈니스 실전에 대한 부분이기 때문이다.
- "어떻게 매출을 10억, 100억, 1,000억으로 높일 건가요?" 또는

"사용자를 1만 명, 10만 명, 100만 명으로 늘릴 건가요?"에 대한 답변은 연령대를 늘려갈 것인지, 새로운 기능을 추가해 나갈 것인지, 글로벌 시장으로 나아갈 것인지 등으로 해야 한다. 그리고 그에 대한 구체적인 방법도 제시하는 것이 좋다. 예를 들어, 타깃 연령대를 20대에서 40대로 늘려간다면 어떤 채널을 통할 것인지, 새로운 기능을 추가한다면 기술적인 문제는 어떻게 해결할 것인지 등이다.

- "비전 달성을 위해 그 단계를 우선적으로 거쳐야 하는 이유는 무엇인가요?" 이것은 당신이 그 접근법을 선택한 의도가 무엇인지, 그 접근법이 최선인지, 기존의 접근법과 비교해 어떤 차이가 있는지를 파악하기 위한 질문이다. 그렇기 때문에 여기서는 기존의 다른 스타트업들에 대한 스터디가 얼마나 됐는가를 보여 줘야 한다.
- "왜 지금인가요?" 이 질문은 많은 의미를 담고 있다. 우선 문제 해결을 위한 기술이 상용화됐는지, 정부의 법이나 규제의 문제는 해결된 것인지, 기존 시장의 이해관계자들과의 갈등은 없을지 등에 대해 솔직하게 답변해야 한다. 이 부분이 파악되지 않았다면 마냥 이상적으로만 스타트업을 하는 것으로 보일 수 있다.
- "앞으로 성장한다면, 3~5년 뒤에는 어떤 모습일까요?"에 대한 답변은 의욕적이고 이상적이어도 좋다. 단순히 스타트업의 기대치를 보는 것이 아니라 초기 팀원들의 배포와 포부를 보겠다는 뜻이기 때문이다.
- "당신의 팀은 무엇이 특별한가요?" 이 질문은 팀원들의 유연

성, 버티는 힘, 회복탄력성 등을 확인하고 싶은 의도를 담고 있다. 궁극적으로 팀에 위기가 닥쳤을 때 스스로의 동기로 이겨낼 수 있는가를 답변해야 한다.

## 벤처 캐피털리스트는 당신에게 반하지 않았다

액셀러레이터와 벤처 캐피털은 투자 단계와 투자 목적이 다르듯 스타트업에 대해 중요하게 생각하는 지표도 다르다. 벤처 캐피털이 중요하게 생각하는 핵심 지표는 크게 '사람, 제품, 트래픽, 데이터'이다. 우선 성장하는 스타트업에는 사람이 몰린다. 좋은 사람들이 몰리면 더 좋은 제품과 서비스를 만들 수 있다. 그렇다면 더 많은 사용자들이 제품과 서비스를 사용하면서 사용자 트래픽을 만들게 된다. 결과적으로 사용자 트래픽을 통해 많은 거래가 발생하고 성장 데이터들이 만들어진다.[70] 이렇게 벤처 캐피털은 핵심 지표를 순서대로 짚어보면서 투자를 검토하게 된다.

벤처 캐피털이 스타트업을 바라보는 관점도 다르다. 그 관점은 '투자 수익을 많이 낼 수 있는가'이다. 그래서 벤처 캐피털은 스타트업의 '시장성, 수익성, 기술력 · 노하우, 경영자, 재무상태' 등 여러 지표를 따지게 된다. 여기서 시장성은 경쟁사 대비 우위에 있는 점을 뜻한다. 또한 수익성은 한 고객이 우리 서비스를 이용하는 총 기간 내에 얼마큼의 이익을 주었는가를 계산한 고객생애가치(Life Time Value: LTV)와 신규 고객 한 사람을 획득하는 데 드는 비용인 고객획득비용(Customer Acquisition Cost: CAC)으로 판단한다. 당연히 고객생애가치는 높을수록 좋고, 고객획득비용은 낮을수록 좋다. 그리고 기술력 · 노하우는 지표 개선 능력, 특허, 라이선스 등이다. 경영자 부분은 팀 전체의 생산성과 성과를 높여 줄 수 있는 리더들의 운영력이다. 마지막으로 재무상태는 곧 현재 남아있는 자금으로 언제까지 버틸 수 있는가, 그 상태는 건전한가를 보는 것이다.[71] 물론 이보다 훨씬 디테일한 지표와 내용들을 살펴보지만 여기서는 액셀러레이터와의 비교에 초점을 맞춰서 간단히만 살펴보았다.

그런데 이보다 흥미로운 것은 벤처 캐피털이 스타트업에 투자할 때 앞에서 살펴본 것과 같은 지표들을 매우 중요하게 생각하기도 하지만 스타트업에 투자하지 않는 이유도 매우 다양하고 구체적이라는 점이다. 여기에 글로벌 투자사 코리진벤처스(Corigin Ventures)의 벤처 캐피털리스트 제이슨 슈만(Jason Shuman)이 정리한 벤처 캐피털이 투자하지 않는 70가지 이유가 있다.[72] '70가지나 된다고?'라고 생각할지 모른다. 그런데 내용을 보면 대부분 비즈니스 매너에 해당하는 얘기들이다. 그만큼 투자자 커뮤니케이션에 있어서 지켜야 할 기본적인 태도라는 것이 있고, 또 그것이 투자 결정에 영향을 미칠 수도 있다. 그래서 이 부분은 꼭 벤처 캐피털을 대상으로 한다기보다 우리가 일반적으로 마주할 수 있는 비즈니스 상황, 혹은 여러 설득 커뮤니케이션 상황에 맞춰 참고할 필요가 있다.

**● '창업가' 관련 적신호 ●**

1. 투자사 미팅에 직접 나오지 않고, 다른 사람을 보내는 창업가
2. 48시간이 넘도록 이메일 답변을 하지 않는 창업가
3. KPI, OKR을 잘 모르는 창업가
4. 가족이나 친구가 함께 팀에 있어서 역할과 책임(R&R)을 분명히 하지 않은 창업가

5. 본인이 속한 비즈니스의 전문 용어에 익숙하지 않은 창업가
6. 현실성이 없는 창업가
7. 과거 이력을 과하게 뽐내는 창업가
8. 비싼 식당에서 점심 미팅을 하자고 제안하거나, 계산 전 식당 밖으로 나가는 창업가
9. 주니어 벤처 캐피털리스트들을 하대하는 창업가
10. 비서를 고용하는 창업가
11. "다음주에 투자가 마무리됐으면 좋겠다"고 말하는 창업가
12. 벤처 캐피털리스트를 사무실에 초대하지 않고 조직문화를 숨기는듯한 느낌을 주는 창업가
13. 투자 희망 여부를 오락가락하며 말하는 창업가
14. 대답을 회피하고 불명확하게 말하는 창업가
15. 미팅 자료를 파일로 공유하지 않는 창업가
16. 지분 희석 등에 지나치게 민감한 창업가
17. 사실이 아닌데 다른 벤처 캐피털도 자신의 회사에 관심이 있다고 말하는 창업가
18. 투자 원금을 보호하는 계약 조항에 대해서 먼저 얘기하는 창업가
19. 첫 미팅이 끝났는데 회사의 재정 현황을 공유하지 않는 창업가
20. 창업 12~18개월 안에 엑시트할지 여부를 이야기하는 창업가
21. 납득할 만한 사유가 없는데, 기존 투자자가 재투자하지 않는 스타트업
22. 벤처 캐피털의 도전적인 질문에 설득되어 버리는 창업가
23. 관련이 없는 파트너사나 고객사 등을 회사소개 자료에 넣는 창업가
24. 이미 모든 걸 알고 있는 것처럼 말하는 창업가
25. 제품에만 너무 빠져서 사업적인 논의를 빠뜨리는 창업가
26. 회사의 정보를 살짝 꼬아서 주는 창업가
27. 입냄새가 나는 창업가
28. 시드 라운드를 돌고 있는데 이 전에 한 번도 엔젤 투자를 받은 경험은 없는 창업가
29. 연애중인 창업가
30. 다른 회사의 이름을 섞어서 사업을 표현하는 창업가

31. 4개월이 넘도록 투자 라운드를 돌고 있는 스타트업
32. 누군가의 이름을 대며 “그가 저희 사업을 좋게 평가했어요”라고 말하는 창업가
33. 투자 기간 동안 휴가를 가는 창업가
34. 안내하는 직원에게 무례한 창업가
35. 멘토가 없는 창업가
36. 중국에서 제품을 제조하면서 중국의 설이 언제인지도 모르는 창업자
37. 급여가 너무 높은 창업가
38. 벤처 캐피털리스트를 사적으로 만나려는 창업가
39. 본인 홍보에만 몰두하는 어린 창업가
40. 벤처 캐피털리스트와의 미팅에 제대로 준비를 해오지 않는 창업가
41. 재무 모델을 제대로 이해하지 못하는 창업가

● ‘제품’ 관련 적신호 ●

42. 최소기능제품(MVP)부터 별로인 제품을 만드는 스타트업
43. 부정 혹은 중립적인 고객 의견이 있는 스타트업
44. 고객과 소통하지 않는 스타트업

● ‘시장성’ 관련 적신호 ●

45. 우리는 경쟁사가 없다고 말하는 스타트업
46. 이미 너무나 크고 성숙한 시장에서 사업하는 스타트업
47. 비현실적인 가치 평가를 기대하는 스타트업

● ‘수치’ 관련 적신호 ●

48. 자금 소진 속도가 너무 빠른 스타트업
49. 고객생애가치(LTV) 대비 고객획득비용(CAC)이 너무 높은 스타트업
50. 매출 성장이 둔화되었을 때, “투자를 받으면 매출을 높일 수 있다”고 말하는 스타트업
51. 한 고객사가 매출의 큰 부분을 차지하는 스타트업
52. 유료 마케팅으로 대부분의 고객을 유치하는 스타트업
53. 매력적인 수치가 하나도 없는 스타트업

54. 경쟁 우위를 가지고 있지 않은 스타트업
55. 매출을 견인하고 있는 대규모 고객사를 놓치는 스타트업
56. 영업 인건비를 영업 수익을 만드는 데 필요한 비용(COGS)에 포함하지 않는 스타트업
57. 아직 불확실한 계약 건이 많은 스타트업
58. 이익률이 늘어날 가능성이 없어 보이는데, 현재 이익율이 25% 이하인 소비재 스타트업
59. 재결제 기간이 1년 이상인 구독 사업, 혹은 고객이 여러 번 구매를 해야 손익분기점(BEP)을 맞추는 플랫폼 스타트업
60. 고객 만족도를 어떻게 측정할지 모르는 스타트업
61. 고객 경험의 퀄리티를 낮추면서 조급하게 수치를 만드는 스타트업
62. 90% 이상의 트래픽이 SNS를 통해 발생하는 컨텐츠 스타트업
63. 제대로 된 마케팅 전략이 없는 스타트업
64. 이탈률이 5% 이상인 서비스형 소프트웨어(SaaS) 스타트업

**● '팀' 관련 적신호 ●**

65. 팀의 DNA가 별로인 스타트업
66. 팀 내에 개발팀이 없는 기술 스타트업
67. 예산에 비해 실제 지출이 50% 이상 차이나는 스타트업
68. 채용을 과하게 많이 한 스타트업
69. 너무 이른 시기에 과하게 평가되어, 너무 많이 투자를 받은 스타트업
70. 업무 툴을 잘 모르는 스타트업

## 사람을 믿지 말고 상황을 믿으라

투자자 커뮤니케이션에서의 핵심은 투자자의 인성이나 성의가 아니다. 즉, 투자자라는 사람을 볼 것이 아니라 투자사의 '상황'을 봐야 한다. 여기서 상황이란 그동안 투자사가 투자를 해 왔던 투자 포트

폴리오를 뜻한다. 그 투자 포트폴리오를 보면 특정 투자사가 어떤 스타트업에 지속적으로 투자해 왔는지, 그리고 그 성과는 어땠는지를 알 수 있다. 특히, 투자 포트폴리오 중에서 큰 수익을 안겨 준 스타트업이 있다면 투자사는 그 스타트업과 유사한 업종, 사업 아이디어, 비즈니스 모델에 투자를 이어갈 수 있다는 것도 중요한 '상황'으로 작용한다. 그래서 스타트업은 투자사의 투자 포트폴리오를 스터디하면서 꾸준히 트래킹하는 것이 중요하다.

특히, 스타트업 업계에도 트렌드가 있다. 현재 어떤 분야가 빠르게 성장하고 있는지, 그래서 어디에 투자가 몰리고 있는지를 보는 것도 매우 중요하다. 예를 들어, 2023년 상반기 투자는 생성형 인공지능, 그에 따른 반도체, 패션과 리셀 관련 컨슈머테크, 핀테크, 콘텐츠 미디어 분야에 몰리고 있다.[73] 이런 경향들은 스타트업얼라이언스에서 매년 발간하는 『스타트업 트렌드 리포트』와 더밀크에서 격주로 발행되는 『트렌드피드』 등을 통해 손쉽게 파악할 수 있다.

그리고 아무리 좋은 사업 아이디어를 가진 스타트업이라도 타이밍이 중요하다. 예를 들어, 유튜브와 같은 동영상 서비스가 처음부터 큰 주목을 받았던 것은 아니었다. 2006년 구글이 유튜브를 인수했을 때만 해도 언론에서는 구글이 헛돈을 썼다고 했다. 하지만 아이폰을 시작으로 스마트폰의 보급률이 늘어나고, 동영상을 밖에서도 시청할 수 있는 인터넷망이 발전하면서 변곡점을 맞게 된다. 여기에 태플릿PC, 스마트TV 등 유튜브 영상을 큰 화면으로 볼 수 있는 환경이 더해졌다. 그리고 영상 촬영에 특화된 스마트폰이 더욱 발전하고, 액션캠, 마이크 등 영상 제작을 위한 기기나 프로그램이 등장하면서 누구나 쉽게 영상을 제작할 수 있게 되었다. 이렇게 기술에 따른 사회의 변화가 발생하면서 유튜브는 폭발적으로 성장했다. 결국 좋은 사업 아이디어도 중요하지만 그것을 결과로 만들어내는 것은 타이밍일 수도 있는 것이다. 그 타이밍은 기술과 그 기술을 받아들이는 사용자, 그 기술을 필요로 하는 사회, 그리고 인프라가 만나면 만들어진다.[74]

이렇게 투자사의 투자 포트폴리오, 트렌드, 타이밍 등을 잘 갖추면 투자 유치 경쟁력을 갖춘 스타트업으로 거듭날 수 있다. 그렇게 되면 오히려 투자사들이 투자를 받으려고 파격적인 조건을 경쟁적으로 내세우는 역피칭(reverse pitching)도 받을 수 있다. 물론 꿈같은 일이겠지만 말이다. 그리고 이것 역시 우리의 일상에도 적용할 수 있다. 우리가 어떤 기획을 해서 누군가를 설득할 때 그 대상자와의 인간관계를 따질 것이 아니라 그 대상자가 처한 입장이나 주변 이해관계자들과의 상황을 먼저 보려고 노력하고, 그 기획이 기대고 있는 트렌드와 타이밍 등을 잘 접목하면 설득의 확률이 높아질 수 있다.

## 인사이트의 한끗

스타트업에게 있어서 투자 유치란 성장을 가속화시켜 주는 중요한 촉진제이자 기업가치를 평가받을 수 있는 중요한 가늠자이다. 그래서 스타트업 업계는 투자를 유치하기 위한 다양한 개념과 방식들을 도입했고 발전시켜 왔나. 예를 들어, 문제–솔루션–시장으로 설득의 내러티브를 만드는 것, 피칭과 엘리베이터 피치, 데이터 커뮤니케이션 등이 그것이다. 더불어 투자사들은 스타트업에 대해 투자를 검토할 때 꼭 확인하고자 하는 지표들과 질문들도 체계적으로 정리해 왔다. 여기에 스타트업 입장에서 투자사의 상황을 관찰하는 시야, 트렌드와 타이밍 등을 함께 고려하는 관점까지 더해졌다. 이런 것들을 보면 스타트업의 투자 유치 과정은 단순히 돈을 투자받는 수준이 아니라 고도화된 설득 커뮤니케이션임을 알 수 있다. 그렇기 때문에 금융업계, 정치, 언론뿐만 아니라 일상에서도 스타트업의 투자자 커뮤니케이션을 학습하고 활용하려는 움직임이 활발하다. 그만큼 스타트업의 설득 커뮤니케이션 방식의 활용도가 높다는 뜻이다.

#4F #문제–솔루션–시장 #피칭 #엘리베이터 피치 #엑셀 #데이터 커뮤니케이션 #투자 라운드 #시리즈 #엔젤 투자자 #컴퍼니 빌더 #액셀러레이터 #벤처 캐피털 #상황 #트렌드 #타이밍 #역피칭

# 06

# 타다 사태와 토스 신화를 만든 정부

스타트업에게 정부의 역할은 무엇일까? 스타트업에게 정부란 긍정적인 역할을 하는 존재이기도 하고 아니기도 하다. 우선 정부의 역할이 긍정적이고 중요하다는 입장에서 보면 정부는 건강한 스타트업 생태계를 뒷받침하는 존재 중 하나이고, 혁신 산업을 키울 수 있게 하는 마중물 역할을 한다. 반면에 정부의 역할에 대해 부정적인 입장에서 보면 정부가 기존 규제 등을 적기에 해소시켜 주지 못하고, 기존 시장 이해관계자들과의 중재자 역할을 제대로 해 주지 못해 아쉽다는 의견이 지배적이다. 이와 별개로 정부가 스타트업에 미치는 영향이 크지 않다는 의견도 있다. 어차피 스타트업이 만들어 가는 혁신 생태계에 있어서 정부는 보조적 역할에 그치거나 정부와 상관없이 스타트업 비즈니스를 할 수도 있다는 의미이다.

하지만 지금까지 혁신적인 스타트업이 등장하고, 성장하고 때로는 좌절할 때의 사례들을 살펴보면 한국에 있어서 정부의 역할은 매우 절대적인 것으로 보인다. 미국의 경우 스타트업의 생존을 시장에 맡기고 소비자에게 직접적인 피해가 갈 때에만 정부의 역할이 작동하지만 한국에서는 정부가 정책과 제도를 개선해 주지 않거나 투자에 있어서 적극적이지 않다면 스타트업의 혁신 생태계 자체가 위협을 받기 때문이다. 이건 약 50년 이상의 스타트업 역사를 바탕으로 혁신 기업 중심의 인프라가 갖춰진 미국과 달리 이제 막 스타트업 생태계가 태동하고 있는 한국 스타트업의 짧은 역사와 인프라 차이 때문일 것이다.

그래서 기존 기업과 달리 한국 스타트업에 있어서 정부, 그리고 정부의 정책과 제도는 스타트업과 기묘하고 밀접한 관계가 있다고 할 수 있다. 즉, 정부 자체가 스타트업의 주요 이해관계자라는 것이다. 물론 기존 산업화 시대의 기업들에게 있어서도 정부의 존재는 중요했지만 그들은 보다 장기간 정부와 협상을 하거나 의견 차이를 좁혀갈 시간이 충분했다. 그래서 정부가 문제 해결에 적극적이지 않더라도 기업 스스로 문제를 풀 수 있었다. 심지어 특정 정권의 상황을 고려하면서 기다릴 수도 있었다. 하지만 산업화 시대와 달리 혁신의 시대에는 속도와 타이밍이 매우 중요하다. 정책과 제도 문제를 정부가 나서서 해결해 주지 않는다면 스타트업의 비즈니스 타이밍을 놓칠 수 있다. 그리고 그로 인해 국내 스타트업의 성장이 더뎌지면 글로벌 스타트업들에게 자리를 내줄 수도 있다.

일례로 최근 인공지능 기술이 중요해지면서 인공지능 기술이 경제 침체를 극복할 원동력으로 꼽히지만 정치적인 이슈로 국내 플랫폼 스타트업들은 위축된 상태이다. 정부가 부처별로 규제 주도권을 잡기 위해 사전 규제를 외치고 있기 때문이다. 게다가 이 틈을 타 해외 플랫폼 기업들이 속속 국내 진입을 본격화하고 있다. 실제로 이미 네이버와 카카오는 글로벌 빅테크 기업들에게 국내 점유율을 서서히 뺏기고 있다. 특히, 네이버는 하이퍼클로바X를, 카카오는 코GTP2.0을 각각 2023년 하반기 공개할 예정이지만 녹록지 않을 것이라는 평가가 많다. 정부와 국회가 지원은커녕 온라인 플랫폼 규제만 논의하고 있는 실정이기 때문이다.[75] 이런 이슈는 앞으로도 계속될 수 있다. 이런 상황에서 스타트업은 정부 정책과 제도에 대한 대응을 어떻게 하고 해결해 나가야 할까.

# 소 잃고 외양간 고치면 소는 누가 키우나

## 정부는 걸림돌인가? 디딤돌인가?

정부가 걸림돌인지 디딤돌인지에 대한 질문에 답할 때 가장 먼저, 많이 언급되는 것이 이제는 말하기도 지겨운 타다 '사태'이다. 왜 스타트업 업계에서 타다 '사태'라고 하느냐면 사실 타다 이슈는 최초 법적으로 문제가 없었음에도 택시업계의 극단적 반응과 반발을 의식한 국회가 오히려 「여객자동차 운수사업법」 개정안, 즉 '타다 금지법'을 통과시키면서 사업 자체가 막혔기 때문이다. 심지어 타다 관련 소송이 최근 무죄 판결로 결론지어짐으로써 수년간 끌어왔던 법적 쟁점까지 해소되었다. 법은 불법, 판례는 합법인 기묘한 일이 벌어진 것이다.[76] 그 사이에 타다는 관련 서비스를 접었고 피해는 소비자들이 봤다. 모빌리티 시장의 진입 장벽이 높아져 신규 업체가 크게 줄어든 가운데 코로나19 확산으로 택시 운전사들이 택시업계를 떠나자 택시 대란이 터진 것이다. 더불어 타다 사태의 역효과로 많은 혁신 스타트업이 도전하길 두려워한 것은 덤이었다. 결국 이와 같은 타다 사태가 남긴 잔상 때문인지 여전히 여러 스타트업이 각종 규제에 따라 기존 시장 이해관계자와의 갈등으로 신음을 앓고 있다. 로톡, 삼쩜삼, 강남언니, 닥터나우가 대표적이다.[77]

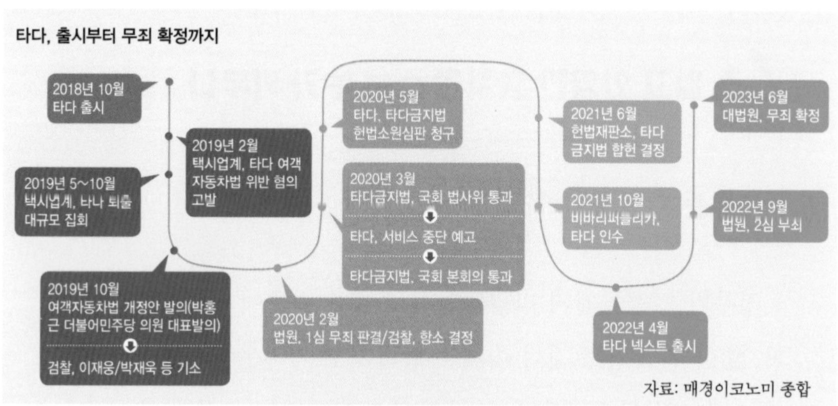


타다의 출시부터 무죄 확정까지의 과정[78]

변호사 법률서비스 플랫폼인 '로톡'은 변호사 수임 정보와 후기를 공유할 수 있게 하였다. 이를 통해 변호사를 만나기 어려운 처지에 놓인 사람들, 그리고 변호사들의 정보를 비교해 최적의 전문가를 선택하고자 하는 사람들에게 편익을 제공했다. 그래서 사용자들에게 로톡을 통해 법률 시장이 투명하고 공정해졌다는 평가를 받았다. 하지만 로톡은 대한변호사협회와 갈등을 빚었고, 그 부분을 정부가 중재하지 못하면서 로톡이 결국 무릎을 꿇었다. 최근 직원 90여 명 중 절반을 감원했고, 입주했던 신사옥도 매물로 내놓았다. 대한변호사협회와의 갈등이 장기간 지속되면서 수익성에 타격이 온 데 따른 조처였다.[79]

프리랜서, 소규모 사업자의 소득 신고와 세금 환급을 돕는 플랫폼 '삼쩜삼'은 매년 수백만 명이 쉽게 세금을 환급받을 수 있도록 하였다. 그 결과 18개월 만에 300만 명 이상에게 5,700억, 즉 한 사람당 평균 18만 원의 세금을 환급해 주었다. 하지만 삼쩜삼은 현재 검찰 조사를 받고 있다. 한국세무사회가 무자격 세무대리, 불법 광고 혐의로 삼쩜삼을 고발했고, 이에 대해 경찰은 무혐의 및 불송치 결정을 내렸지만 한국세무사회가 이의 신청서를 내 검찰 수사로 이어진 것이다.

실제 성형 후기를 기반으로 성형외과와 환자 사이의 중개 수수료를 없애고 성형외과의 정보를 공유할 수 있게 한 '강남언니'는 성형외과의 의료질과 사용자의 만족도를 모두 높였다는 평가를 받았다. 하지만 강남언니를 운영하는 힐링페이퍼는 대한의사협회와 대치 중이다. 대한의사협회가 강남언니가 제공하는 서비스 기준이 표준이 되면 의료 발전에 역행하게 될 것이라는 게 이유이다.

비대면 진료와 약 배달을 가능하게 한 플랫폼 '닥터나우'는 의사의 접수 · 수납 · 결제 업무 부담을 줄여줘 의사와 환자의 시간을 모두 효율화했다는 편익을 제공했다. 하지만 닥터나우는 대한약사회와 마찰을 빚고 있다. 대한약사회는 "닥터나우는 마치 특정 의약

로톡과 대한변호사협회의 갈등

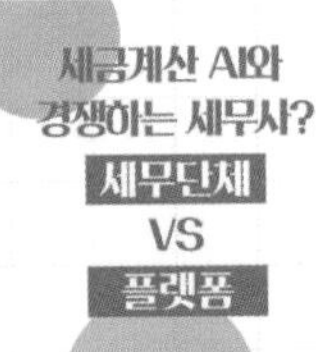

삼쩜삼과 한국세무사회의 갈등

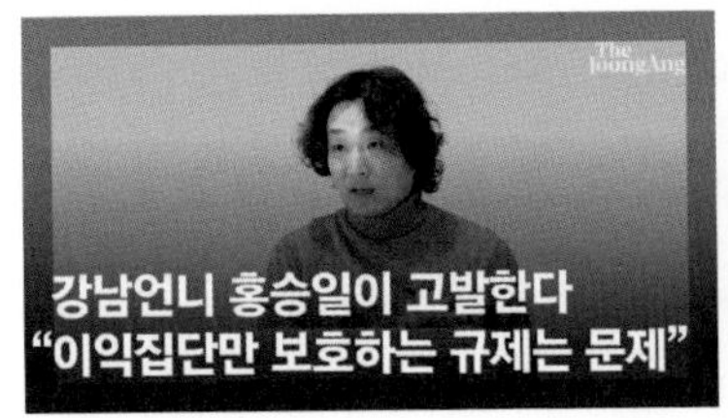


강남언니와 대한의사협회의 갈등

닥터나우와 대한약사회의 갈등

품을 무조건 처방받을 수 있는 것처럼 표기해 약사법을 위반했고, 환자가 약국을 선택할 수 있는 기능이 없다"며 닥터나우가 의료 서비스의 질을 떨어뜨리고 있다고 주장하고 있다.

이 사례들을 보면 로톡, 삼쩜삼, 강남언니, 닥터나우는 모두 시장의 문턱을 낮추고 공정성과 투명성을 높여 준 편익을 제공한 것을 알 수 있다. 그리고 그 혜택은 모두 사용자에게 전달되었다. 심지어 일부 전문직 종사자들은 이런 플랫폼들이 '직업 혁명'을 가능케 했다는 평가를 하기도 했다. 하지만 기존 시장 이해관계자들이 제도와 규제를 들어 반발했고, 그에 대해 정부가 뚜렷한 해결책을 제시하지 못하면서 갈등만 격화되고 있다. 이렇게 되면 시간에 쫓기는 스타트업이 절대적으로 불리하다.

문제는 혁신을 앞세운 스타트업들이 변화를 일으키자 기존 시장 이해관계자들이 정부와 정치권을 끌어들여 크게 반발하고 있는 추세가 커지고 있고, 그래서 스타트업 업계와 전문직 협회 간 전선이 확대되고 있다는 점이다.[80] 앞선 사례 외에도 직방, 다방 등 스타트업 중심의 프롭테크 업계가 한국공인중개사협회와 갈등을 겪고 있는 것이 대표적이다. 여기에 최근 화상 투약기 제조 스타트업인 '쓰리알코리아'의 약 자판기가 정부의 규제 샌드박스 심의를 통과하자 대한약사회가 크게 반발한 일도 있었다. 이렇듯 혁신 스타트업이 신규 디지털 전환 서비스를 내놓을 때마다 기존 시장 이해관계자들은 반발하고, 관련 사용자가 빠르게 증가할 때 정부가 규제 완충 역할이나 중재자 역할을 제대로 하지 못하면서 갈등의 골은 깊어진다.

그래서 한국에서 스타트업 생태계를 성장시키기가 매우 어렵다는 평가가 이어지고 있다. 스타트업 업계의 '2022 스타트업코리아!'

보고서에 따르면 2017년부터 누적 투자액 기준 글로벌 100대 스타트업 중 절반 이상인 56개가 규제로 인해 국내에서 제대로 된 사업을 할 수 없었던 것으로 나타났다. 이와 관련해 해당 보고서는 규제 혁신 제도의 실효성 부족이 원인이라고 지목했다. 규제 해소와 지원 방안 강화가 동시에 이루어지지 못했다는 것이다. 따라서 사업 검토 단계에서 스타트업이 관련 규제를 명확히 인지할 수 있도록 지원하고, 이후엔 규제 샌드박스를 확대 적용해 상용화 가능성을 검증받고 투자 유치 등이 연계될 수 있도록 정책 개선이 필요하다고 주장했다.

이에 대해 코리아스타트업포럼 최성진 대표는 "스타트업이 현재 굉장히 어려운 상황인데, 사업을 잘못한 것이 아니라 외부 요인 때문"이라며 "정부와 국회가 정치력을 발휘해 해결해 줄 수 있는 부분을 도와주면 모든 국민이 혜택을 본다고 생각한다"고 말했다. 더불어 박경수 삼정KPMG 상무 역시 "정부가 국내 스타트업이 성장할 수 있는 여건을 제공하지 못한 것에 대해 아쉬움을 넘어 국내 스타트업이 향후 규제가 해소된 뒤에 글로벌 스타트업과의 경쟁에서 생존할 수 있을지 우려가 크다"고 말했다.

## 근본적으로 왜 이런 문제가 발생하는가

유독 스타트업 업계에서 정부의 규제 문제, 기존 시장 이해관계자와의 갈등이 발생하는 이유는 뭘까. 우선 기존 기업과 스타트업이 신사업과 사업 아이디어를 추진할 때의 입장이 다르기 때문이다. 대기업은 처음부터 규모가 큰 비즈니스를 기획하고, 실패할 때의 막대한 피해를 최소화해야 하기 때문에 기존 법의 테두리 안에서 안정적으로 신사업을 안착시키고자 한다. 그래서 대기업은 신사업과 신제품 기획 단계부터 법무팀이 가동되어 법과 규제 등을 꼼꼼히 살핀다. 꼭 해야 할 신사업인데 부딪히는 규제가 있다면 법무팀과 홍보팀이 동시에 가동된다. 법무팀은 법리 해석, 홍보팀은 대관 업무를 시작하는 것이다. 심지어 기술 특허, 디자인, 도메인 등도 검토하고, 신제품 네이밍 등에서도 정치적 올바름(Political Correctness: PC) 이슈가 없는지도 살핀다.

하지만 스타트업 사업 아이디어의 핵심은 혁신이기 때문에 기존 정책이나 법의 테두리를 고려하기 어렵다. 사실 스타트업이 모든 규제와 허들을 예상하기란 불가능하다. 만약 사업 아이디어를 생각할 때 정부의 정책부터 고려한다면 많은 아이디어들이 사장될 확률이 높다. 그래서 스타트업은 여러 문제를 겪고, 오히려 정부 정책에 대한 화두를 던지고 법의 변화를 이끌기도 한다. 결국 근본적으로 스타트업이 '반역적 사명'을 갖고 있기 때문에 규제 관련 문제가 발생하는 것이다. 반역적 사명이란 '대담한 임무, 비타협성, 무한한 성장'이라는 가치를 갖고 있다. 이에 따르면 스타트업은 기존 업계의 규칙을 재정의하고, 기존 시장 이해관계자들과 갈등을 두려워하지 않으며, 완전히 새로운 시장을 창출한다.[81]

특히, 이런 규제 관련 문제가 쉽게 사그라들지 않는 이유가 있다. 반역적 사명을 가진 스타트업이 만들어 가고 있는 혁신 플랫폼 시장이 계속 커지고 있기 때문이다. 이 혁신 플랫폼 시장은 음식 주문, 택시와 렌터카 호출, 부동산 계약, 가사도우미 요청, 숙박과 레저 시설 예약 등 일상과 매우 밀접한 관련이 있어 급성장 중이다. 과학기술정보통신부에 따르면 국내 혁신 플랫폼 시장 규모는 2018년 2조 2,765억 원에서 2021년 5조 4,323억 원으로 3년 새 두 배 이상 커졌다. 거래액으로 따지면 2021년 147조 3,877억 원까지 증가했다. 여기에 더 많은 서비스에 대한 소비자의 혁신 플랫폼 전환 수요가 급증하면서 기존 시장 이해관계자들도 혁신 플랫폼 스타트업을 마냥 막을 수 없는 상황이 된 것이다.

특히, 한국의 혁신 플랫폼 시장이 계속 태동할 수 있는 인적 자본, 기술력, 연구력, 특허 등은 세계 최고 수준이다. 2021년 블룸버그 혁신지수(innovation index)에 따르면 한국의 혁신지수는 세계 1위이다.[82] 그리고 2021년 세계지식재산기구(WIPO)의 글로벌 혁신지수(global innovation index)에서도 한국은 세계 5위, 아시아 1위를 차지했다. 이 중에서도 인적 자본과 연구 성과는 3년 연속 1위이고, 특허 역시 1위로 나타났다.[83] 한국의 혁신 자본 자체는 세계 최고 수준이라는 얘기이다.

다만 이런 혁신 플랫폼 시장과 혁신 자본에 대한 지표와 달리 정부 관련 지표는 매우 부정적으로 나타나고 있는 것이 더 큰 문제이다. 전국경제인연합회에 따르면 규제 기조를 측정하고 개혁 경과를 추적하기 위해 개발한 상품시장규제(Product Market Regulation: PMR) 지수에서 기업 활동에 대한 정부의 개입 등 한국의 규제 수준이 OECD 38개국 중 33위로 나타났다. OECD 조사대상 국가 중 6번째로 규제가 강하다는 뜻이다.[84] 더불어 국제경영개발대학원(IMD)의 조사에 따르면 한국의 규제 환경이 조사대상 63개국 중 48위로 평가됐다. 정부 규제 측면에서 한국은 하위권이라는 것이다.[85]

특히, 스타트업 생태계의 경쟁력을 가늠할 수 있는 대표적 지표인 실리콘밸리의 드레이퍼 히어로 연구소(Draper Hero Institute)의 글로벌 혁신지수를 보면 이 부분은 더욱 명확히 드러난다. 이에 따르면 2021년 기준 한국 스타트업 생태계의 종합 순위는 20위이다. 중국 15위에 비해 크게 낮은 수준인 것이다. 특히, 글로벌 혁신지수는 8개의 세부 항목으로 구성되어 있는데, 한국의 종합 순위를 가장 많이 깎아 먹는 세부 항목이 공교롭게 42위로 나타난 정부 역량이었다. 드레이퍼 히어로 연구소가 보기엔 한국 정부가 스타트업 생태계를 이끌어 준 게 아니라 오히려 발목을 잡아 왔다는 얘기이다. 이 추이는 2023년에도 크게 다르지 않다. 결국 혁신 자본과 정부 지표의 괴리가 결국 앞선 문제들을 만들어 왔다고 해도 과언이 아니다.

대비되게도 최근 1~2년 사이 주요국은 스타트업을 지원하는 데 팔을 걷고 있다. 미국 정부는 최근 스타트업에 약 72조 원을 융자하는 법안을 통과시켰다. 이를 시작으로 전기차, 바이오 등 주력 산업 보호를 위한 법안과 행정명령을 잇달아 내놓고 있다. 독일 정부도 스타트업 투자를 위해 14조 3천억 원 규모의 정책 펀드를 조성했다. 일본 정부 역시 스타트업 본격 육성을 위해 새로운 보증제도와 융자제도를 도입하면서 일본공적연금까지 스타트업 투자에 활용할 방침이라고 밝혔다.[86]

앞으로 이 문제는 갈수록 커질 수 있다. 혁신을 주도하고 있는 각종 기술, 그중에서도 인공지능의 발전 속도가 빨라지고 있기 때문이다. 과학기술정보통신부에 따르면 인공지능 발전 속도의 가속화로 향후 10년 동안의 인공지능 시장의 변화가 과거 60년간의 변화를 압도할 것이라는 전망이다.[88] 요컨대 기술은 빛의 속도로 발전하는데

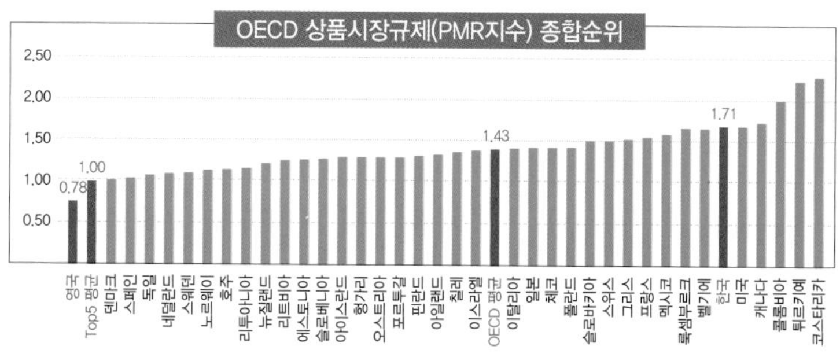

출처: OECD 2018 PMR Database(2021년 업데이트 기준)

OECD 국가 상품시장규제 지수 순위[87]

정책은 그것을 따라가지 못하는 것이다. 이에 대해 EO 김태용 대표는 "어느 나라나 규제는 있다. 하지만 규제를 탄력적으로 운영하지 못하는 정부의 문제가 있다"고 말하기도 했다.

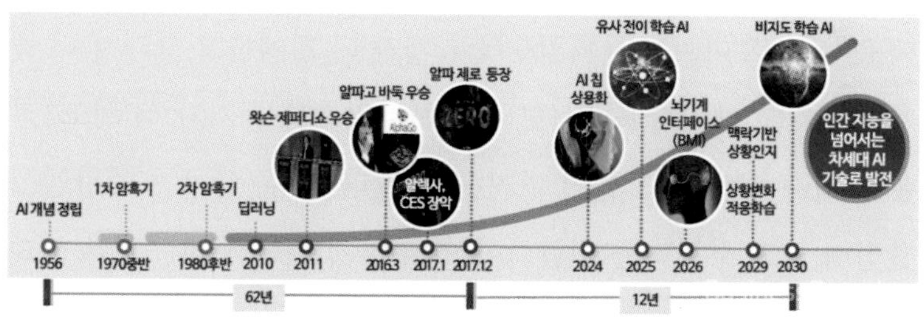

과거 60년을 압도할 향후 10년의 인공지능 발전 속도

## 예상되는 문제에도 불구하고 왜 도전하는가

그렇다면 이렇게 예상되는 규제 문제에도 불구하고 스타트업은 왜 규제에 도전할까. 우선 스타트업 입장에서 규제에 대한 도전은 하이퍼 리스크 하이퍼 리턴(hyper risk hyper return)이다. 즉, 스타트업

이 기존 시장 이해관계자를 잘 설득하고, 규제 문제를 해결하면 새로운 시장이 열린다. 그리고 그 시장의 선도자로서 우월한 지위를 갖고 당분간 독점권을 행사할 수 있다. 이에 대해 토스 이승건 대표는 새로운 금융 서비스를 최초로 런칭할 때마다 한국에서 한 번도 논의된 적 없는 규제 문제가 발생한다며 "왜 우리는 맨날 먼저 매 맞고 먼저 규제를 바꾸려고 해야 되나에 대한 피로감이 높은 게 사실이다"라고 말하면서 "하지만 그 노력으로 규제를 개선했을 때 첫 기회를 맞이하는 것 또한 우리이기도 해서 매출과 성장면에서 오히려 더 좋은 기회였다"고 말했다.

특히, 큰 규제일수록 시장이 크고 더 많은 사람들의 관심을 끌고 있다는 뜻이다. 그래서 큰 규제를 풀수록 더 큰 시장을 열 수 있다. 이에 대해 역시 토스 이승건 대표는 "더 많은 사람들의 삶에 영향을 더 큰 폭으로 미치는 규제일수록 규제가 더 첨예하고 그래서 더 풀기 어렵다고 생각할 수 있는데, 큰 문제일수록 풀기가 더 쉽고, 작은 문제가 오히려 더 풀기 어려운 것 같다. 작은 문제는 사람들이 관심이 없고 사회적인 영향력이 크지 않기 때문에 바꾸기가 어려운데, 오히려 큰 문제일수록 공감대를 얻기가 쉽기 때문에 결국에는 그 규제를 풀기가 더 수월해진다"라고 말했다.

결국 이렇게 큰 규제 문제를 해결하고 나면 후발주자들이 속속 그 시장에 진입한다. 그리고 그 후발주자들에 의해서 시장이 더 커질 수 있다. 이것이 전체 시장 사이즈를 키운다는 점에서 나쁜 것만은 아니다. 그리고 후발주자가 등장한다고 하더라도 후발주자와의 경쟁을 거치면서 상위 3개 기업이 50:30:20의 시장 점유율을 확보하면 과점 시장을 만들 수도 있다. 성형정보 플랫폼 시장을 열은 강남언니는 후발주자인 바비톡, 여신티켓 등에게 길을 열어 줬지만 여전히 시장의 선도자 역할을 하고 있다.

이렇게 선도자가 규제를 풀고 후발주자들이 그 업계로 진입했을 때 선도자에게 이득이 되는 것이 또 있다. 그것은 '사회적 신뢰 자본'이 쌓인다는 것이다. 예를 들어, 토스가 핀테크 규제를 풀고 후발주자들이 핀테크 시장에 진입해서 다양한 금융 서비스를 제공한다고 했을 때, 소비자들의 핀테크에 대한 접점이 늘어나고 사용 빈도도 늘어난다. 그럼 소비자들이 핀테크에 대해 익숙함을 느끼기 시작하면서 신뢰감이 쌓인다. 이렇게 소비자들이 기업과 기술을 신뢰하게 되면 기존에 핀테크에 대해 불신하던 사람들, 즉 개인정보를 넘기는 것에 대해 불안해하거나, 디지털에 익숙치 않거나, 비대면 업무를 불편해하는 사람들을 시장에 진입시킬 수 있다. 그럼 더 넓은 연령, 더 많은 사람을 핀테크 사용자로 만들 수 있다. 이것이 사회적 신뢰 자본의 힘이다.

심지어 스타트업이 새로운 시장을 열거나 아직 시장성이 없는 작은 시장을 크게 키우면 대기업이 나서서 그 시장의 저변을 넓히고 그나마 있던 규제 장벽도 없애면서 파이를 더 크게 키우는 역할을 하기도 한다.[89] 예를 들어, 쏘카가 차량 공유 서비스 시장을 열은 후 현대자동차와 기아자동차, 그리고 SK 등이 카쉐어링 사업에 뛰어들기 시작했다. 그러면서 이제 차량은 소유가 아닌 공유라는 트렌드가 확산되고 있다. 이런 부분에서도 스타트업이 규제를 혁신하며 대기업을 선도한다는 것이 흥미롭다.

특히, 만약 스타트업이 규제에 도전해서 실패한다고 하더라도 그 도전을 해 본 팀과 구성원들은 그 치열한 과정에서 업계와 언론의 주목을 받게 된다. 규제 도전의 중심에 섰던 팀과 구성원들이 정부의 규제 문제에 있어서 전문가로 인정받는다는 것이다. 이에 대해 스타트업 업계에서는 "싸워 본 사람이 해결에 더 가깝다"는 말을 하기도 한다. 이렇게 보면 스타트업이 규제와 맞부딪히면서 도전하는 것이 꼭 제로섬 게임은 아니니다.

그리고 또 하나, 이런 규제 문제가 있음에도 불구하고 투자사들은 왜 투자하는 것일까. 투자사 역시 스타트업이 규제 문제를 안고 있는 것을 선호하지 않는데 말이다. 이에 대해 한 벤처 캐피털리스는 "우리가 투자한 스타트업이 규제 문제의 중심에 서면, 그 문제를 우리가 함께 해결하려고 노력하고 있다는 인식을 스타트업 생태계 전체에 줄 수 있다"며, "그렇게 되면 그 문제를 해결하든 하지 못하든 좋은 스타트업들이 우리의 투자를 받기 위해 찾아오게 되는 선순환 효과가 있다"고 말했다.

## 스타트업은 답을 찾을 것이다, 늘 그랬듯이

결국 문제는 해결하라고 있는 것이고 그 해법을 토스 '신화'가 보여 주었다. 여기서 '신화'라는 의미는 타다 사태로 인해 스타트업 혁신 생태계가 주춤하고 있었던 때에 토스가 꺾이지 않고 결국 정부 규제 문제 해결의 실마리를 보여 줬다는 뜻이 담겨 있다. 그래서 이 정부 규제 문제 해결에 있어서 어떤 방법들이 있는지 토스를 비롯한 그간의 여러 스타트업 사례를 종합해 살펴보고자 한다.

## 힌트는 규제를 이해하려는 노력에서 얻는다

우선 무엇보다 기존 시장 이해관계자와의 소통, 설득이 가장 중요하다. 즉, 새로운 사업으로 인해 불가피하게 마찰이 일어날 수 있는 기존 업계와의 소통이 중요하다는 것이다. 토스는 이 부분에서 많은 노력을 기울였다. 처음에 토스에서 무료 송금 서비스를 도입한다고 했을 때 토스는 토스뿐만 아니라 기존 금융기관들이 모두 이익을 볼 수 있다는 점을 잘 설명하려고 했다. 즉, 토스는 금융기관들에게 기존 규제가 원래 달성하려고 했던 취지가 있는데, 그 취지와는 다르게 새로운 산업을 막는 모순점도 생기고 있고, 그것에 대한 피해를 소비자가 봄으로써 전체 금융 생태계의 활성화와 수익성을 악화시키고 있다는 점을 설득했다. 그래서 토스는 규제 본래의 취지를 달성하면서 규제 완화를 통해서 그 모순점을 해결하여 금융 시장을 활성화시킬 수 있는 방법들이 충분히 있다는 것을 설명했다. 이 과정에서의 핵심은 토스가 정부나 기존 금융기관을 비판하거나 비난하지 않으려고 굉장히 노력했다는 점이다.

이에 대해 토스 이승건 대표는 "항상 규제 문제를 어떻게 해결해야 될까를 생각할 때, 우리는 우리가 원하는 대로 무조건 해달라고 하기보다는 그 규제를 이해하려고 했다"고 하면서 "규제에는 규제가 생긴 합당한 이유가 있고, 그 규제를 당장 해결해 주기 어려운 정부의 올바른 이유도 있기 때문에 그 이유를 해치지 않으면서 규제 문제 해결을 하려고 했다"고 말했다. 그러면서 "결론적으로 규제 완화는 이해관계자 모두가 혜택을 본다는 생각 속에서만 가능하다고 생각한다. 특정 이해관계자의 이익을 침해하거나 빼앗는 형태의 규제 변화는 이루어지기 어렵거나 이루어진다고 하더라도 장기적으로 지속된다고 보기 어려울 것이다"라고 말했다.

이 부분에서 토스와 타다의 차이가 있다. 사실 타다의 경우 법리적으로 문제가 없었던 것은 사실이지만 한편으로는 법의 '허점'을 파고들었다는 의견이 있었다. 그래서 타다의 기본적인 입장은 법의 명문화된 부분에 따라 사업을 하는 것이 전혀 문제가 없다는 것이었고, 이 부분에서 왜 택시업계가 반발하는가에 대해 깊은 공감을 하지 못했다고 전해진다. 결국 그런 입장 차이 때문에 타다와 기존 택시업계가 마찰이 있었고, 보다 원활하고 밀접한 소통을 하지 못한채 좋지 않은 결말을 맞게 된다.

그래서 때로는 기존 시장 이해관계자에 대한 적절한 보상 방안도 고려할 필요가 있다. 모든 스타트업에 해당하는 부분은 아니지만 다음의 창업자였던 이재웅 대표의 지원을 받고 있던 타다의 재정적 배경을 생각한다면 적극적인 설득과 함께 택시업계에 대한 보상 방안이 실행되지 못했던 것이 사용자 입장에서 안타까움을 남긴다. 결국 타다는 출시 후 1년 만에 사용자 170만 명을 모을 만큼 초기 사용자도 빠르게 확보하고 사용자의 평판도 좋았지만 시장 이해관계자를 충분히 설득하지 못했다는 부분에서 타다에게 아쉬움이 있었다는 것이 중론이다.

## 정부도 두드리면 열린다

다음으로 중요한 것이 소위 정책 입안자들을 직접 설득하는 방법이다. 즉, 각 정부 부처와 국회의원들은 각자 분야에서 필요로 하는 정책 이슈가 있다. 이 정책 이슈는 해당 정부 부처와 국회의원들이 관심을 갖고 이슈를 선점하고자 하는 분야에서 발견할 수 있다. 예를 들어, 핀테크, 의료관광 등이다. 그래서 스타트업이 개선이 필요한 정책과 그 정책과 밀접한 정책 입안자를 대상으로 소통하고, 그 정책 입안자를 중심으로 공청회와 세미나를 열면서 여론을 형성할 수 있다.

대표적으로 토스의 경우 금융위원회의 '핀테크 활성화를 위한 규제 개선 장관 보고 회의'를 적극 활용했다. 전 세계적으로 핀테크 산업이 새롭게 부상하고 있을 때, 금융위원회가 핀테크 산업에 높은 관심을 보였고, 토스는 장관 보고 회의에서 핀테크 산업이 왜 중요하고 얼마나 더 성장할 수 있는지 충분히 설명했다. 그런 뒤 정부에 '토스가 이런 종류의 서비스를 하려고 하는데, 법적으로 가능한가'와 같이 질의를 넣고 유권해석을 요청했다. 이런 과정들이 규제 개선에 큰 도움이 되었다.

영어 회화 교육 스타트업 '링글' 역시 이와 유사한 방법으로 관련 규제 문제를 해결했다. 링글은 외국 명문대 대학생에게 비대면으로 영어를 배울 수 있도록 국무조정실과 다양한 정부 부처, 그리고 국회의원들을 두루 만나며 규제 개선 건의를 했다. 이때 명분은 '교육의 보편화'였다. 결국 국무조정실 규제심판부는 외국인 학원강사의 학력 요건을 '대졸 이상'으로 정한 규제를 온라인 강의에 한해 '대학 3학년 재학 이상 또는 전문대졸'로 개선할 것을 교육부에 권고했다. 링글이 국무조정실, 기획재정부, 교육부를 잘 설득한 결과였다.[90)]

그래서 최근 스타트업들의 '대관' 업무 중요성이 높아지고 있다.

대관은 말 그대로 행정부인 정부와 입법부인 국회와 소통하며 기업의 입장을 전달하는 것이다. 주 업무는 기업의 이익을 위해 진흥 정책을 마련하거나 예상치 못한 규제를 사전에 방어하는 역할이다. 그동안 대관이라고 하면 대부분 대기업들만의 영역으로 불렸다. 하지만 최근 배달의민족, 직방 등 스타트업들도 대관 역량을 강화하기 위해 대관 전문가에 대한 투자를 아끼지 않고 있다.[91] 이와 관련해 스타트업과 관련한 법안 및 정책 모니터링 솔루션을 제공하여 전문 대관업무를 대행하는 스타트업 '코딧'도 생겼다.

법안 및 정책 모니터링 솔루션을 제공하는 코딧

정책 입안자 설득에 있어서 스타트업의 공동 대응이 중요하다는 의견도 있다. 특정 이슈에 대해 개별 스타트업이 각자 노력해서 규제 문제를 해결하는 게 아니라 정부 부처와 국회의원, 미디어까지 좀 더 조직화된 방식으로 대응할 필요성이 제기된 것이다. 그래서 특정 이슈를 공유하고 있는 스타트업들이 한 목소리를 내서 기존처럼 1년 이상 소요되는 규제 문제 해결을 보다 빠르게 앞당겨 보자는 목적이 있다. 예를 들어, 배달의민족은 코리아스타트업포럼 내에서, 직방은 한국프롭테크포럼 등과 같이 업계 이익을 대변하는 단체 활동에도 적극적이다. 핀테크 업계에서는 토스를 중심으로 핀테크산업협회가 발족되어 관련 이슈를 공동으로 제기하고 금융기관을 설득하고 있다. 그리고 아예 스타트업 협회가 정책 제안을 하기도 한다. 최근 코리아스타트업포럼, 스타트업 얼라이언스, 디캠프 등 대표적인 스타트업 협회가 한 목소리로 정책 제안을 하기 시작했다.

## 100만 대군이 부럽지 않은 100만 사용자

결국 규제는 기존 시장 이해관계자를 설득함과 동시에 이를 바탕으로 정책 입안자들과 소통하는 과정에서 주로 해결이 될 수 있다. 하지만 이보다 중요한 건 궁극적으로 소비자의 선택을 받는 것이다. 예를 들어, 토스가 처음 금융 시장에 등장한 이후 대출, 증권 등 다른 금융 서비스로 사업을 확대하자 기존 금융기관들은 크게 반발했다. 하지만 이미 토스의 사용자는 월 기준 약 1,500만 명이나 되었고, 이를 막게 되면 소비자의 편익을 해칠 수 있다는 우려가 제기되었다. 결국 기존 금융기관들은 토스를 막기보다 토스를 참고해 여러 서비스를 빠르게 런칭하는 방향으로 선회했다.

이렇듯 소비자의 지지를 받는 건 무엇보다 중요하다. 만약 어떤 스타트업의 제품과 서비스 사용자가 많다면 그것은 여론이 되고, 그 제품과 서비스 사용을 규제하면 결국 여론이 악화되어 규제 개선의 압박 요소로 작용하게 된다. 그래서 스타트업이 빠르게 큰 규모의 사용자를 확보하게 되면 그에 따라 관련 정책이 검토되고 개선되는 경우가 있다. OTT 시장을 열었던 넷플릭스, 음원 스트리밍 시장을 열었던 스포티파이가 대표적이다. 그래서 스타트업 업계에서는 그 정도의 영향력을 행사할 수 있는 상징적인 사용자 규모를 100만 명 정도로 보고 있다. 사용자 100만 명이 특정 제품과 서비스를 지속적으로 이용할 때 발생하는 시장가치가 수천억 원에서 수조 원이 될 수 있기 때문이다. 예를 들어, ChatGPT가 사용자 100만 명을 만드는 데에 단 5일밖에 걸리지 않았고, 불과 2개월 만에 월간 이용자 수가 1억 명에 달하면서 그와 관련된 저작권 문제 등이 뒤늦게 검토되는 것을 보면 잘 알 수 있다.

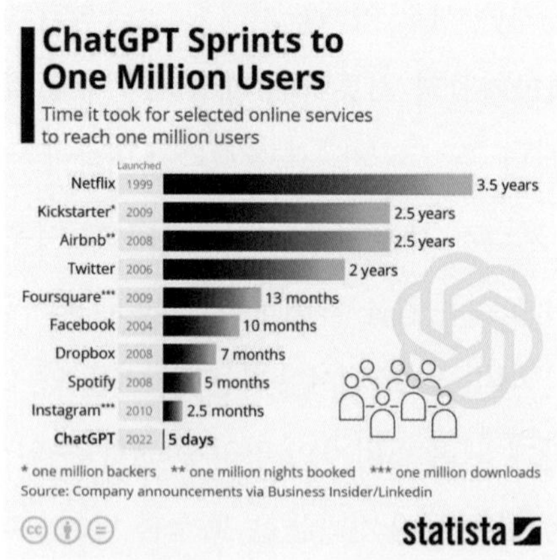


서비스가 100만 명의 사용자에게 도달하는 데 걸린 시간[92]

한편, 해외 사용자의 지지를 받는 것도 하나의 방법이 될 수 있다. 즉, 규제가 다소 심하다고 평가받는 한국 시장에서 규제 문제를 해결하기보다 규제가 상대적으로 덜한 해외 시장에서 성공 후 역진입을 노리는 것이다. 예를 들어, 공유 전동킥보드 스타트업 '스윙'은 최근 일본에 진출했다. 국내에 비해 일본은 마이크로 모빌리티가 보편화돼 있고 전동킥보드 규제도 완화하는 추세라 시장 가능성이 높기 때문이다. 실제로 일본은 최근 「도로교통법」 개정안을 발표하면서 전동킥보드 헬멧 · 면허 의무 규제를 삭제했다.[93] 또한 강남언니는 일찍이 일본에 진출했고 코로나19 이후 다시 외국인 환자 유치 서비스를 재개하며 일본 내 1위 미용 의료 플랫폼으로 자리 잡았다. 오토바이 배달통을 디지털 광고 플랫폼으로 만든 디디박스를 운영하는 뉴코애드윈드는 여러 규제로 사업 지속에 어려움을 겪자 최근 본사를 해외로 이전한다고 발표했다. 이렇듯 한국무역협회가 스타트업 256개사를 대상으로 조사한 결과 응답 기업의 25%가 규제로 해외 이전을 고려하고 있는 것으로 나타났다.[94] 이제 스타트업이 자신들의 비즈니스를 원활하게 할 수 있는 국가를 선택하는 움직임이 감지되고 있는 것이다.

강남언니의 일본 서비스 광고

마지막으로 스타트업 업계가 가장 많이 활용하고 있는 소셜 미디어인 '링크드인'을 활용하는 것도 소비자의 지지를 이끌어낼 수 있다. 링크드인은 주로 스타트업을 비롯한 다양한 업계 관계자들이 사용하는 소셜 미디어이기 때문에 스타트업의 규제 개선 등에 매우 관심이 높다. 특히, 링크드인 사용자 자체가 업계 전문가들이기 때문에 메시지의 확산 파급력이 만만치 않다. 그래서 특정 스타트업의 경우 링크드인에서 규제 문제에 대한 의견을 피력하고, 그에 동조하는 움직임을 모아 정부 커뮤니케이션을 하는 경우도 있다.

## 걸림돌에서 디딤돌로 나아가는 정부

### 정부도 알고 있다 무엇이 부족한지

지금까지 스타트업에게 있어서 정부의 아쉬운 점을 위주로 살펴봤지만 그렇다고 정부가 스타트업에게 부정적인 영향만 주는 것은 절대 아니다. 정부는 스타트업에게 매우 필요한 존재이고, 스타트업은 정부를 통해 실질적인 도움을 많이 받는다. 이것은 스타트업을 바라보는 정부의 관점을 통해서도 알 수 있다. 우선 스타트업의 근간이 되는 '벤처기업'의 정의를 보면 미국은 '몇 명의 사람들이 벤처투자를 받아 실패할 위험이 크지만 성공할 경우 높은 수익을 얻을 수 있는 사업을 하는 것'으로 정의하는 반면, 한국은 '다른 기업에 비해 기술성이나 성장성이 상대적으로 높아, 정부에서 지원할 필요가 있다고 인정하는 기업'으로 보고 있다. 즉, 미국은 스타트업에 대해 '방해하지 않는다'는 개념이 강한 반면, 한국은 스타트업을 '지원한다'는 개념이 더 크다.

그래서 한국 정부는 '규제 샌드박스'라는 제도를 운영한다. 규제 샌드박스란 스타트업이 새로운 제품과 서비스를 시장에 우선 출시해 시험·검증할 수 있도록 현행 규제의 전부나 일부를 적용하지 않는 것을 말한다. 그리고 그 과정에서 수집된 데이터를 토대로 규제를 개선하는 제도이다. 또한 정부는 타다 금지법에 대한 비난이 커지자 2020년 기획재정부를 중심으로 '한걸음 모델'을 도입했다. 한걸음 모델은 스타트업과 기존 시장 이해관계자를 중재하는 제도이다. 기존 시장에 활력을 불어넣기 위해 스타트업과 기존 시장 이해관계자가 각자 '한걸음'씩 양보해 함께 '더 큰 걸음'을 내딛자는 취지이다. 그래서 로톡과 강남언니도 한걸음 모델의 신규 과제로 선정되기도 했다. 다만 아직까지는 성과가 미비한 편이다. 그래도 정부 역시 기존 시장 이해관계자 설득이 중요하고, 정부의 신구 사업자 간 중재가 필수적이라는 점을 인지했다는 점에서는 과거에 비해 진일보했다고 할 수 있다.

## 이번엔 거짓이 아니라고요

스타트업을 성장시키는 데에는 적지 않은 돈이 들어간다. 그래서 이를 위한 자금을 확보하는 것이 스타트업의 가장 큰 숙제 중 하나라고 할 수 있다. 하지만 아직 증명할 수 있는 것이 많지 않은 스타트업이 투자를 받기까지는 상당한 시간이 걸린다. 이럴 때 가장 먼저 떠오르는 방법이 바로 정부의 지원금을 받는 것이다. 그래서 정부 역시 또 다른 투자자가 되고, 주요 거래처가 된다. 물론 정부의 지원금을 받거나 정부 사업을 꼭 해야 하는 것은 아니다. 하지만 정부는 스타트업의 투자 유치 입장에서 가장 중요한 서포터 중 하나인 것이 사실이다. 실제로 스타트업에 대한 정부 지원 프로그램도 많고, 초기 투자금 조달부터 성장 단계별 자금도 조달할 수 있다. 또한 정부는 스타트업 제품과 서비스의 주요 고객이 되기도 한다. 그런 B2G(Business To Government) 분야에 집중하는 스타트업도 있다. 그래서 여러 스타트업 대표들에 따르면 이런 정부의 역할을 통해 초기 안정 및 성장을 도모할 수 있었다고 한다.

우선 투자에 있어서 대표적인 건 정부 주도형 펀드인 '모태펀드'이다. 정부 주도로 설립된 한국벤처투자가 정부 자금으로 펀드를 조성해 민간에서 운영하는 벤처 캐피털에 출자하는 방식으로 스타트업에 투자하게 된다. 또한 중소벤처기업부에서 우수한 기술력을 보유한 스타트업을 지원하고 집중 육성하는 민간투자 주도형 기술창업지원 펀딩 프로그램인 '팁스(Tech Incubator Program for Startup: TIPS)'도 있다. 그리고 최근 얼리 스테이지로 앞당겨지는 투자사 흐름과 마찬가지로 '시드 팁스(Team Incubator Program for Seed-funding: Seed TIPS)'도 생겼다. 시드 팁스는 전문성을 갖춘 민간 투자사가 스타트업의 팀 빌딩부터 시드 투자 유치까지 스타트업의 초기 단계 성장을 책임지고 지원하는 프로그램이다.

특히, 최근 정부는 초기, 중기, 후기로 스타트업의 단계별 자금 지원과 성장 지원을 강화한다고 밝혔다.[95] 여기서 초기는 시드부터 시리즈 A, 중기는 시리즈 B에서 시리즈 C, 후기는 시리즈 C 이후를 뜻한다. 이렇게 각 단계별로 초기 스타트업에 약 6조 1,000억 원,

중기 스타트업에 약 1조 9,000억 원, 후기 스타트업에 약 4,000억 원을 지원하고 인수합병 촉진을 추진한다. 여기서 초기 스타트업에 대한 지원금이 가장 많은 것이 인상적이다.

이 외에도 스타트업을 지원하는 정부 기관으로 스타트업 관련 일들을 도와주는 '중소벤처기업부', 중소벤처기업부 아래에서 스타트업 관련 실무를 하는 '창업진흥원', 스타트업에 대한 지원정책들을 모아서 보여 주는 통합정보사이트인 '중소벤처24', 창업진흥원의 포털 사이트로 스타트업이 이용하기 좋은 정책 자금을 정리한 'K-startup', 중소벤처기업부가 운영하고 스타트업의 다양한 지원정책을 모두 담고 있는 '기업마당', 기술 우위를 바탕으로 경쟁력을 확보한 스타트업에 대해서 다양한 인증과 지원을 알려 주는 '이노비즈', 스타트업 관련 교육 등을 지원하는 '한국청년기업가정신재단', 스타트업의 해외 진출과 해외 투자자의 한국 스타트업 투자를 연결해 주는 'KOTRA' 등이 있다. 그리고 이런 정보들과 정부 지원사업을 특정 스타트업에 맞춰서 제공해 주는 '비즈내비'도 있다. 이렇게 정부가 스타트업 업계에 자금을 지원하고 여러 기관을 통해 서포트를 한 결과 의미 있는 성과가 나타나고 있다.

### 소비되는 지역이 아닌 생산하는 지역

최근 지역거점 국립대나 대전의 카이스트, 광주의 지스트, 대구·경북의 디지스트, 울산의 유니스트와 같은 과학기술특화 대학교들을 중심으로 각 지역에 특화된 스타트업이 등장하고 있고, 또 지역에서 시작하여 크게 성장한 스타트업들이 속속 나타나고 있다.

이런 흐름에 따라 최근 포항시는 포스텍, 애플과 함께 '애플 디벨로퍼 아카데미'를 유치하기도 했다. 여기에 각 지역 엔젤투자자, 액셀러레이터, 벤처 캐피털이 더해지면서 지역 스타트업 생태계가 태동하기 시작했다. 그래서 울산에서 시작한 클래스101, 제주도의 제주패스렌트카, 부산의 브이드림 등과 같은 스타트업들이 탄생했다.

애플 디벨로퍼 아카데미

이런 지역 스타트업 생태계 활성화에 정부가 기여하기도 한다. 이는 '소비되는 지역이 아닌 생산하는 지역'을 위한 정부의 중요한 역할이다. 그래서 창조경제혁신센터와 청년창업사관학교가 각 지역에서 인큐베이팅 역할을 수행하고 있다. 우선 창조경제혁신센터는 부산, 대전, 제주 등 전국 19개 지역에서 스타트업의 성장 및 글로벌 진출을 위한 다양한 프로그램을 운영하고 있다. 구체적으로 멘토링, 컨설팅, 사업화 지원, 판로, 투자유치, 글로벌 진출 등을 서포트한다. 특히, 지역 스타트업 활성화를 위해서 과제를 발굴하고 운영하기도 한다. 또한 최근 창업성공패키지로 이름이 바뀐 청년창업사관학교는 성장 가능성이 높은 초기 스타트업 팀을 발굴하여 다양한 프로그램을 지원한다. 구체적으로 창업공간 제공, 창업 교육, 사업비 지원, 창업 코칭, 기술 지원, 정책자금이나 판로 연계 지원, 글로벌 지원 등이다.

그리고 서울시는 독특하게 지역 자원을 활용한 서울 스타트업을 지원하는 '넥스트 로컬'을 운영한다. 넥스트 로컬 참여 희망자가 특정 지역을 선택해 지원해서 선발되면 협력 지자체는 지역 내 임시 체류 · 사무공간 제공, 지역 생산자와 지역 사회 연결 등을 돕는 것이다. 서울시와 협력해 청년들이 활동할 지자체는 강원 강릉 · 영월, 충남 서천, 전북 익산, 전남 목포 · 강진 · 해남, 경북 영주 · 의성, 경남 밀양 등 총 10곳이다. 이런 다양한 지역별 지원 프로그램을 분류하여 적기에 정보를 전달해 주는 '원더라이즈'도 있다. 이렇듯 정부는 규제 샌드박스와 한걸음 모델과 같은 실질적인 규제 개선 제도를 운영하고, 모태펀드 등을 통해 실질적인 자금을 스타트업에 지원해 주고 있다. 여기에 더해 지역 스타트업 생태계를 위해서도 많은 지원을 하고 있다. 이렇게 보면 정부가 스타트업의 디딤돌 역할도 톡톡히 하고 있는 것으로 보인다.

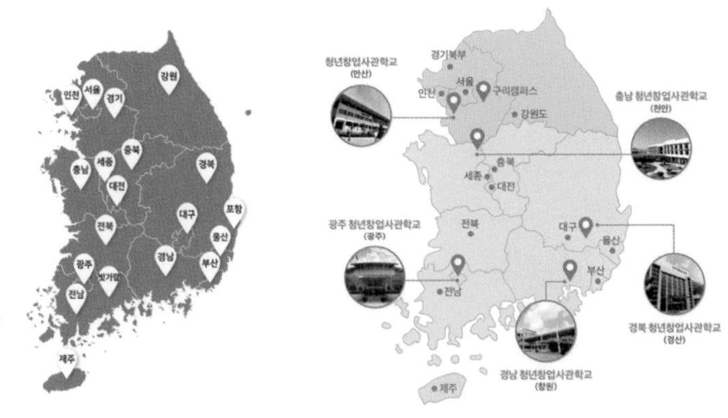


전국 창조경제혁신센터　　　　전국 청년창업사관학교

## 인사이트의 한끗

결국 스타트업의 경로는 크게 두 가지로 예상할 수 있다. '제2의 타다' 아니면 '제2의 토스'가 되는 경우이다. 타다의 좌절과 토스의 성장에 모두 정부가 깊이 관여했다. 타다는 택시업계 반발을 의식한 정치권이 타다 금지법을 내놓자 시장을 떠나야 했다. 반면, 정부가 마련한 인터넷전문은행 제도의 자격을 얻은 토스는 사업을 확대했다. 두 사례 모두 스타트업 혁신 생태계에 미친 파급력이 컸다. 그만큼 기존 기업에 비해 스타트업에게 있어서 정부의 역할이 매우 중요하다. 빠른 성장을 해야 하는 스타트업 입장에서 정책과 제도가 유연하게 작동하지 않으면 제품과 서비스를 중단해야 하고, 정부의 지원이 잘 작동하면 유니콘 기업이 탄생할 수도 있다.

사실 정부와 관계되지 않는 기업은 없다. 합법적 사업이라면 어쨌든 제도권 내에서 비즈니스를 하기 때문이다. 하지만 이렇게까지 정부와 첨예한 관계를 맺고 있는 업계는 스타트업밖에 없다. 결국 스타트업은 반역적 사명으로 혁신을 지향하기 때문에 정부 규제와 기존 시장 이해관계자와의 어려움이 어쩔 수 없이 발생한다. 중요한 것은 문제는 해결하라고 있는 것이다. 스타트업은 이에 대해 다양한 해법들을 찾았다. 기존 시장 이해관계자와 소통하고 정책 입안자를 설득하면서 빠르게 100만 사용자를 확보하는 것이다. 필요하다면 링크드인도 활용한다. 여기서 배울 수 있는 점은 어려움이 있다는 것에 좌절하지 않고, 어떻게 해서든 그 어려움을 합리적이고 효율적인 방법으로 이겨낸다는 것이다. 그렇게 문제를 해결하면 새로운 시장이 열린다는 것을 스타트업이 보여 주고 있다.

#타다 사태 #토스 신화 #직업 혁명 #반역적 사명 #하이퍼 리스크 하이퍼 리턴 #사회적 신뢰 자본 #기존 시장 이해관계자 소통 #정책 입안자 설득 #100만 사용자 #링크드인 #규제 샌드박스 #한걸음 모델 #모태펀드 #팁스 #시드 팁스 #창조경제혁신센터 #청년창업사관학교

# 07

# 저비용 고효율로 대기업을 이기는 스타트업 마케팅

그동안 좋은 사업 아이디어가 나왔고 팀을 구성했고 투자도 받았고 규제 문제도 해결했다. 그래서 제품과 서비스가 시장에 나왔다. 그렇다면 이제 그 제품과 서비스는 마케팅만 잘하면 소비자에게 인정받을 수 있다.[96] 그런데 여기서 먼저 한 가지 짚고 넘어가고 싶은 게 있다. 스타트업에게 있어서 마케팅을 하기 전에 제품이 무엇보다 중요하다는 점이다. 자본이 넘치는 대기업은 어마어마한 마케팅 예산과 매체 장악력으로 평범한 제품도 좋아 보이게 할 수 있지만 스타트업의 경우 한 번의 고객 경험으로 임팩트를 줘야 하고, 재구매나 추천으로 이어지도록 해야 하기 때문에 제품의 첫 경험이 정말 중요하다. 그래서 '제품 × 마케팅 = 매출'이라고 했을 때 제품이 '0'이면 매출도 '0'이다.

단, 여기서 제품이 중요하다고 하는 것은 완벽함이나 완성도를 말하는 게 아니다. 소비자가 이 제품을 써야만 하는 뾰족한 이유(why)를 제시하고, 그 이유를 시원하게 해결해 주는 솔루션을 갖춘 제품을 말한다. 즉, 소비자가 불편했던 가려운 부분을 긁어주는 제품과 서비스가 좋은 제품이다. 예를 들어, B2B 금융 서비스 스타트업 브렉스(Brex)의 핵심적인 마케팅 전략은 다른 것도 아닌 제품 그 자체였다. 브렉스가 짚은 뾰족한 문제는 초기 스타트업은 법인카드를 만들기 어렵기 때문에 개인카드를 사용한다는 점이었다. 그래서 브렉스는 스타트업이 온라인으로 쉽게 계좌를 개설하고, 약 5천만 원만 예치하면 법인카드를 쉽게 발급받을 수 있게 했다. 연회비, 해외 수수료, 대표이사 보증도 필요 없었다. 브렉스는 법인카드 발급과 사용을 위한 최소한의 절차와 기능만 생각했다. 그리고 그 최소한의 절차와 기능만을 어필하는 마케팅을 진행했다. 심지어 카드 거래내역을 볼 수 없는 상태였어도 단지 뾰족한 문제만 해결했다는 점에 따라 가입자가 폭발적으로 늘었다. 이렇게 단 하나의 문제를 해결한 좋은 제품으로 브렉스는 5년 만에 기업 가치가 약 14조 6,800억 원에 달하게 된다.

특히, 대부분의 스타트업은 돈이 없다. 그래서 돈을 최대한 쓰지 않고 소비자를 확보해야 한다. 이에 대해 면도용품 구독 서비스 와이즐리 김동욱 대표는 "스타트업 마케팅은 총알이 몇 발 없는 상황에서 한 번에 과녁을 맞춰야 하는 상황"이라고 했다. 결국 스타트업 마케팅에서는 제품도 중요하고 무엇보다 '저비용 고효율'이 중요하다. 이를 위해서 직접 발로 뛰어서 소비자를 찾아다니고 확보하는 '허슬링(hustling)'도 필요하다.

## 마케팅 패러다임을 바꾸기 위해 판을 뒤집다

저비용 고효율이라는 스타트업 마케팅의 방향을 실현시키기 위해 한 가지 알고 가야 할 개념이 있다. 바로 '그로스 해킹(growth hacking)'이다. 그로스 해킹은 '성장(growth)'을 위한 '수단(hacking)'이라는 뜻으로 2010년 드롭박스의 초기 마케팅 책임자였던 션 엘리스(Sean Ellis)에 의해 만들어졌다. 그로스 해킹은 일단 뿌리고 보는 전통적인 마케팅과 달리 소비자의 구매 여정을 따라가면서 행동과 구매 패턴을 데이터로 수집하고, 그 데이터를 분석한 후 창의적인 마케팅 전략을 세워 매출을 급성장시키는 특징이 있다. 이를 위해 고객 구매를 창출할 수 있는 모든 행동에 대해 빠르고 간단한 '실험'을 한다. 그 실험은 제품 개발에서도 쓰였던 AB 테스트와 같은 것이다. 그 실험을 통해 확인한 데이터를 기반으로 효율적인 의사결정을 내리고 위험 요소를 최소화해 빠르게 성장을 이루는 것을 목표로 한다. 이 점에서 그로스 해킹은 스타트업의 저비용 고효율 마케팅을 달성하게 하는 중요한 개념이라고 할 수 있다.

예를 들어, 애완용품 판매 앱에서 마케팅을 할 때, 소비자들이 특정 기념일 이벤트에 따른 경품에 반응하는지, 또는 대규모 창고할인 행사와 같은 프로모션에 반응하는지 간단한 배너와 링크로 실험한 후 그 결괏값에 따라 마케팅 활동을 보완하고 구체화시키는 것이다. 또는 매체 선택에 있어서도 같은 광고를 인스타그램과 트위터에 똑같이 올리고, 비용 효율이 더 높게 나오는 곳을 찾아 한 채널에만 집중하는 것이다. 이런 방식으로 요기요는 자사 플랫폼 소비자에게는 소셜 미디어보다 오히려 IPTV에서의 광고 효율이 더 높다는 것을 알았다. 배달 앱의 특성상 집에서 IPTV를 보던 소비자들이 요기요에 더 직접적인 반응을 보였기 때문이다. 게다가 IPTV는 시청자들의 프로필, 지역, 프로그램 카테고리, 시간대 등을 활용하여 디테일한 타기팅도 가능했다. 이에 따라 요기요는 IPTV 시청자를 대상으로 정밀한 마케팅을 진행했고, 월평균 매출이 약 30~35% 상승했다.

이렇게 광고나 프로모션을 진행하면서 소비자의 반응에 따라 데이터를 확인하고 보완된 마케팅을 빠르게 재실행하여 소비자의 만족도를 높여 가는 것이 그로스 해킹이다. 소위 마케팅에도 최소기능제품(MVP)이 있고, 애자일(agile) 방법론이 쓰인다. 이런 방식으로 페이스북, 인스타그램, 트위터, 드롭박스 등이 빠른 성장을 할 수 있었다. 그런데 이는 비단 스타트업에만 해당하는 것이 아니다. 최근 이커머스와 플랫폼을 중심으로 한 비즈니스가 많아지면서 성장을 추구하는 모든 기업들의 마케팅에 이 그로스 해킹이라는 철학과 프로세스가 적용되기 시작했다.

## 고객이 모였으면 성과를 내라

이렇게 큰 틀에서 그로스 해킹이라는 개념과 철학이 있다면 그것을 구체적으로 행동에 옮길 마케팅 모델이 있다. 그것은 AARRR이다. AARRR는 2007년 실리콘밸리의 대표적 벤처 캐피털인 500스타트업(500 Startups)의 창업자이자 대표 데이브 맥클루어(Dave McClure)가 고안한 모델로, 획득(acquisition), 활성화(activation), 유지(retention), 추천(referral), 수익(revenue) 단계로 이루어진다. 이 AARRR가 등장하면서 마케팅에 대한 패러다임이 바뀌었다. 즉, 그동안의 마케팅 목표는 '널리 알리는 것'에서 '폭넓게 모이게 하는 것'으로 변해 왔는데, AARRR에 따라 마케팅 목표가 '폭넓게 모이게 하는 것'에서 '효과를 집중시키는 것'으로 전환된 것이다. AARRR는 소비자 여정에 따라 구체적인 지표를 설정하고, 마케팅 효과를 달성하고자 노력하는 것을 지향하기 때문이다.

사실 그동안의 전통적 마케팅은 세부 지표에 목매지 않아도 되었다. 물론 매출과 이익 등 지표를 중시하긴 했지만 측정 지표가 인지도, 호감도 등 매출에 직접적인 관련이 없어도 성과로 보는 경우가 많았던 것이다. 하지만 요기요의 공동창업자였던 박지희 대표에 따르면 스타트업 마케팅은 곧 '재무 지표'로 생각해야 한다. 즉, 마케팅에 얼마를 투자했을 때 실제로 매출에 얼마나 기여했는지, 그에 따라 기업 가치가 얼마나 올라갔는지를 생각해야 한다는 것이다. 그것을 단계별로 지표화하고 관리할 수 있게 해 주는 것이 AARRR이다. 그래서 AARRR의 단계에 따라 어떻게 하면 마케팅 성과를 '효율적으로 빠르게 낼까'로 가치관이 바뀌었다. 그리고 이에 따라 스타트업에서 많이 쓰는 비용 효율과 속도에 중점을 둔 성과 측정 지표들이 생겨났다. 그것을 단계별로 살펴보자.

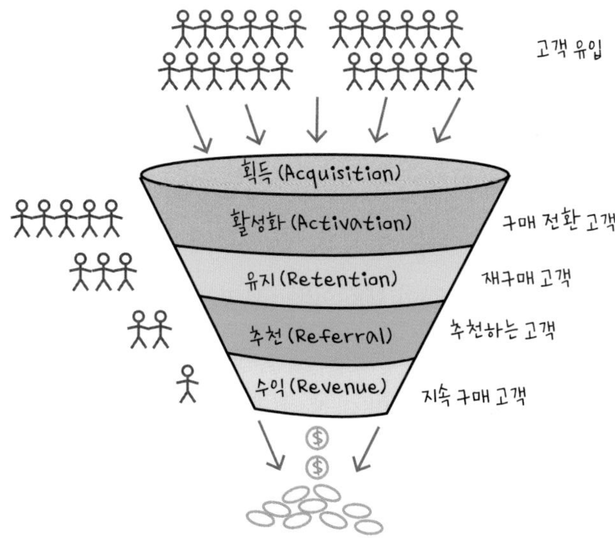


AARRR 퍼널에 따라 달라지는 타깃 고객

- 획득(acquisition): 획득 단계의 목표는 다양한 채널을 통해 최대한 많은 소비자를 확보하는 것이다. 여기서 소비자 확보 방식은 심플하게 4가지로 나뉜다. 유료 마케팅을 통한 신규 소

비자 유입, 유료 마케팅을 통한 기존 소비자 재유입, 자연 유입으로 신규 소비자 유입, 자연 유입으로 기존 소비자 재유입이 그것이다. 이를 위해 검색 엔진 최적화, 온라인 검색광고, 소셜 미디어 마케팅 등을 한다. 그리고 평가 지표는 하루 서비스 이용자 수, 한 달 서비스 이용자 수, 유입 경로, 페이지뷰 수 등을 본다.

- 활성화(activation): 활성화 단계의 목표는 소비자가 제품과 서비스를 처음 접했을 때 그것을 쉽게, 긍정적으로 경험하도록 하는 것이다. 이를 위해 쉬운 사용이 가능한 UI와 UX 설계, 간편한 회원가입과 구매 프로세스, 제품과 서비스의 핵심 기능 강조 등을 한다. 그리고 평가 지표는 구매 전환율, 구매율, 평균 구매 금액 등을 본다. 특히, 이 단계에서는 소비자가 제품과 서비스를 처음 접한 뒤 얼마나 이탈하는지, 구매를 시작했다면 이후의 활성화는 어떻게 되는지, 객단가는 얼마나 되는지 등을 파악하는 것이 핵심이다. 그리고 이를 바탕으로 궁극적으로 구매 전환율을 높이려고 노력하는 것이 중요하다. 만약 구매 전환율이 낮다면 마케팅 활동이 제대로 작동하지 않고 있다는 뜻이다. 그래서 구매 전환율을 높이기 위해 웹과 앱의 디자인을 재검토하거나 제품 상세 페이지를 보완하는 등의 AB 테스트를 빠르게 실행한다.
- 유지(retention): 유지 단계의 목표는 소비자 여정을 지속적으로 관리하여 제품과 서비스에 대한 장기적인 사용, 즉 재구매를 유도하는 것이다. 이를 위해 밀접한 소비자 지원, 개인화 광고와 마케팅, 유저 커뮤니티 구성 등을 한다. 그리고 평가

지표는 재구매율, 이탈률, 평균 구매 빈도 등을 본다. 만약 제품과 서비스 만족도가 높다면 꾸준한 구매로 높은 재구매율을 나타낼 것이고, 재구매율이 낮으면 해당 제품과 서비스는 지속 가능하지 않을 것이다. 이 경우 낮은 재구매율을 끌어올리기 위한 노력으로 푸시 알람, 메일링 리마인드, 제품과 서비스 리뉴얼 등의 다양한 후속 조치가 필요하다.

- 추천(referral): 추천 단계의 목표는 기존 소비자가 자발적으로 추천을 통해 신규 소비자를 유입시키는 것이다. 이를 위한 활동으로 소셜미디어 공유 기능 제공, 지인 초대 유도 기능 제공, 추천 보상 프로그램 도입 등을 한다. 그리고 평가 지표는 추천인 수, 추천율, 리워드 이용률 등을 본다. 이 단계를 통해 유입된 신규 소비자의 이용률이나 구매율을 측정하여 추천을 위한 효과적인 마케팅이 무엇인지 확인하고, 추천 활동을 지속적으로 발전시켜 나갈 수 있다.
- 수익(revenue): 수익 단계의 목표는 소비자에게 제품과 서비스의 '가치'를 전달하고 궁극적으로 매출을 보다 높이는 것이다. 이를 위한 활동으로 구매 혜택 제공, 구독 서비스 제공, 치밀한 광고와 마케팅 등을 한다. 그리고 평가 지표는 매출, 이익률, 소비자 생애 가치(LTV) 등을 본다. 여기서 중요한 것이 소비자 생애 가치인데, 이는 소비자가 제품과 서비스를 사용하는 기간 동안 창출하는 총 수익의 추정치이다. 즉, 이를 통해 한 번의 구매가 아닌 소비자 생애 가치를 높이는 것을 수익 단계의 최종 목표로 삼는 것이다.

이렇게 AARRR의 단계별 구체적인 마케팅 목표, 세부 활동, 그리고 평가 지표 등을 알아 봤지만 이보다 중요한 건 전통적인 마케팅 모델과 AARRR의 차이를 비교하는 것이다. 그 차이점이 마케팅 패러다임의 변화를 잘 설명해 주기 때문이다. 여기서 전통적인 마케팅 모델은 AIDA(Attention-Interest-Desire-Action), AIDMA(Attention-Interest-Desire-Memory-Action), AIDCA(Attention-Interest-Desire-Conviction-Action), AISAS(Attention-Interest-Search-Action-Share) 등이다.

우선 모델을 처음 고안한 주체에서 차이가 있다. AIDA는 1898년 광고 학자인 E. S. 루이스(E. S. Lewis)가, AIDMA는 1924년 경제학자인 롤랜드 홀(Rolland Hall)이, AISAS는 2004년 일본 거대 광고회사 덴츠가 만들었다. 즉, 그동안의 마케팅 모델은 학자 또는 기존 기업에 기반한 광고회사가 만들었다는 뜻이다. 하지만 AARRR는 스타트업 투자자가 만들었다. 투자자 입장에서 광고나 마케팅 활동을 평가하고 스타트업의 성장성을 전망하기 위한 목적을 갖고 있는 것이다. 그래서 AARRR는 허무 지표(vanity metrics)에 시간을 쏟기보다 실행 지표(actionable metrics)에 집중한다. 이 주체의 차이가 나머지 차이도 만들어 냈다.

가장 먼저 기존 모델은 '주목(attention)'에 중점을 두고 시작한다. 즉, 미디어가 소비자에게 강력하고 즉각적인 영향을 미친다는 탄환 이론(bullet theory)과 단순 · 반복 노출 효과에 따라 제품과 서비스를 소비자에게 각인시키는 것에 주력한 것이다. 하지만 AARRR에서는 신규 소비자와 기존 소비자 등 소비자의 체계적 구분과 함께 실제 소비자 획득이 중요하다. 그래서 AARRR는 유료 소비자

(paid user)와 자연 유입 소비자(organic user)를 구분하기도 한다.

그리고 기존 모델은 '행동(action)'이나 '공유(share)'로 끝이 난다. 그런데 여기에서 '행동'이 실제 구매로 연결됐는지는 알기 어려웠다. 하지만 AARRR는 마지막 단계를 '수익'으로 설정하고 이것을 구체적으로 측정하는 것에 초점을 맞추었다. 즉, AARRR는 수익을 '소비자 유입 × 클릭률 × 구매 전환율 × 평균 구매 금액' 등으로 구체화한다. 그리고 궁극적으로 소비자 획득 비용(CAC)을 최대한 낮추고, 소비자 생애 가치(LTV)를 최대한 높이는 것을 목표로 하였다. 이런 특징에 따라 최근 화두가 되고 있는 커뮤니티의 중요성이 등장한 것이다. 커뮤니티가 활성화되어야 소비자를 자연 유입시킬 수 있고, 구매를 지속 가능하게 할 수 있기 때문이다.

마지막으로 기존 모델은 '선형 모델(linear model)'이기 때문에 앞선 단계에서의 마케팅 활동이 끝까지 영향을 미칠 것이라는 기대를 했다. 하지만 AARRR는 '퍼널 모델(funnel model)'이다. 퍼널은 '깔때기'를 뜻하는데, 깔때기 모양처럼 각 단계를 거듭할수록 소비자가 이탈할 수밖에 없고, 각 단계별 이탈률을 최대한 줄여서 전환율을 높이는 것을 마케팅 목표로 한다. 즉, 마케팅에서 '단계별 전환율'이 중요하다는 개념이 처음 도입되었다. 여기서 퍼포먼스 마케팅이라는 개념도 나오게 된 것이다. 결과적으로 AARRR는 각 단계별 마케팅 목표를 측정할 수 있다는 '효과'와 재원 투입에 따른 결과를 관리할 수 있다는 '효율'의 관점이 동시에 적용된 모델이다. 흥미로운 것은 AARRR가 스타트업에서 도출된 모델이지만 최근 기존 기업 마케팅에도 영향을 미치고 있고, 기존 기업들도 도입하는 추세라는 점이다.

## 돌리고, 돌리고, 돌리고

이렇게 AARRR가 마케팅 패러다임을 바꿨지만 이 AARRR조차 개선되고 있다. 2020년 그로스 교육 플랫폼 리포지(Reforge)의 창업자이자 대표인 브라이언 발포어(Brian Balfour)가 'The Universal Growth Loop'라는 글을 작성하면서 AARRR를 퍼널 모델이 아닌 '루프 모델(loop model)'로 개선한 것이다. 브라이언 발포어는 AARRR의 각 단계가 위에서 아래로 떨어지는 점으로만 표현된 것이 한계라고 지적하면서 이를 두 개의 순환되는 루프로 확장해서 이해하고 활용해야 한다고 주장했다.[97] 그래서 그로스 루프는 두 개의 순환 고리로 구성된다. 하나는 획득 루프(acquisition loop)로 소비자 확보에 초점을 두었고, 다른 하나는 몰입 루프(engagement loop)로 소비자의 지속 구매에 초점을 둔 것이다.

구체적으로 살펴보면 우선 획득 루프는 다른 말로 성장 루프(growth loop)라고도 한다. 즉, 사용자의 활동이 반복되면서 제품과 서비스가 성장한다는 것이다. 틱톡을 예로 들어 보자. 어떤 사람이 틱톡의 최신 챌린지 영상을 보고 틱톡을 다운받는다(new user). 그리고 틱톡을 열어 이런 저런 기능들을 써 보면서 챌린지 영상을 따라 만든다(action). 그럼 그 영상이 틱톡에 올라감과 동시에 외부 검색에 노출되면서 공유되기 시작한다(output). 결과적으로 그 영상이 또 다른 신규 사용자 획득에 도움을 준다(new user). 그래서 획득 루프에서는 사용자와 콘텐츠가 늘어날수록 검색 노출이나 알고리즘 추천이 잘 이뤄지고, 그것이 신규 사용자를 늘리는 성장 순환이 이뤄진다.

그리고 몰입 루프는 다른 말로 후크 모델(hook model)이라고도 불린다. 즉, 사용자에게 제품과 서비스의 사용에 따른 즐거움을 지속적으로 제공함으로써 그 제품과 서비스에서 벗어나지 못하게 만드는 것이다. 역시 틱톡을 예로 들어 보자. 우선 다른 소셜 미디어에서는 볼 수 없었던 특별한 틱톡 영상이 틱톡 사용자들의 호기심을 자극한다(trigger). 그럼 틱톡 사용자들은 비슷한, 또는 더 독특한 영상을 만든다(action). 그에 따라 그 영상의 조회 수, 좋아요, 댓글이 올라가고, 그 영상을 만든 틱톡 사용자는 만족감을 느낀다(variable reward). 여기서 더 나아가 틱톡 사용자들은 팬을 늘리기 위해 다른 사람들을 팔로우하고 틱톡에서의 사용 시간을 경쟁적으로 늘린다(investment). 이런 활동들이 다시 다른 사람들의 호기심을 자극한다(trigger). 여기서 흥미로운 것은 구체적인 활동(action)이 양쪽의 루프를 계속 순환시킨다는 점이다. 성장 루프가 잘 돌아가면 그것이 후크 모델을 돌리고, 후크 모델이 잘 돌아가면 성장 루

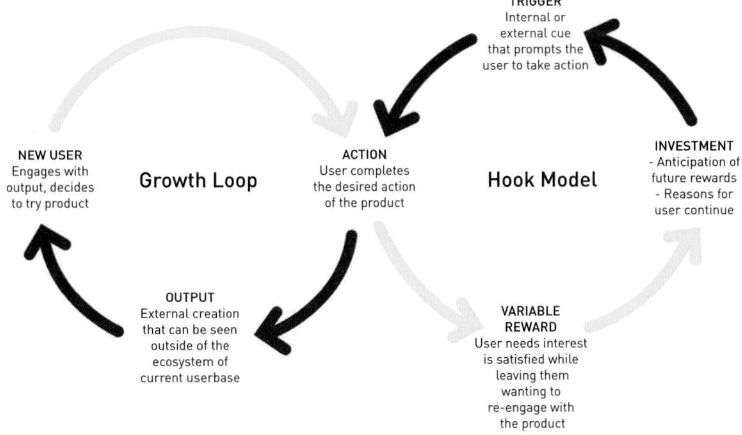


그로스 루프

프를 두 배로 잘 돌리면서 계속 성장해 나간다. 이런 것을 '성장의 복리효과'라고 한다.[98]

결국 그로스 루프는 마케팅 활동이 결과 단계에서 끝나는 것이 아니라 어떻게 마케팅 결과가 재투입되는지를 보여 준다. 그리고 궁극적으로 마케팅이 잘 될수록 락인(lock-In) 효과가 커지는 것을 증명해 주는 것이 그로스 루프의 핵심이다. 그로스 루프는 인스타그램이나 유튜브처럼 사용자가 생산한 콘텐츠가 결과물인 플랫폼이나 페이스북과 링크드인처럼 네트워크 효과가 있는 소셜 미디어에서 활용도가 높다. 하지만 이런 분야가 아니어도 각 루프의 세부 항목을 개별 회사 상황에 맞게 수정하여 적용하면 성장을 지향하는 대부분의 회사에서 쓸 수 있다.

## 경쟁자가 아닌 고객에 집착하라

그로스 루프를 이해하다 보면 눈치 빠른 사람들은 어디서 많이 본 듯한 인상을 받았을 것이다. 이런 루프형 모델을 마케팅에서 비즈니스 전체로 확장한 개념이 있는데, 그게 그 유명한 아마존의 시크릿 소스, 아마존 플라이휠(amazon flywheel)이다. 아마존 플라이휠은 2001년 아마존의 창업자이자 의장인 제프 베이조스(Jeff Bezos)가 만든 개념이다. 아마존 플라이휠은 시작점이 없고, 각 항목의 성장은 다음 항목의 성장을 가져오도록 연결되어 있다. 그래서 어느 항목이라도 더 성장하면 선순환이 반복되어 전체의 성장을 가져다주는 원리를 갖고 있다. 그리고 아마존 플라이휠을 잘 보면 두 개의 순환 고리가 있다는 것을 알 수 있다. 하나는 제품 종류 → 고객 경험 → 방문자 수 → 판매자 수 → 제품 종류로 이루어져 기본적인 성장을 만들어 낸다. 다른 하나는 성장 → 낮은 비용 구조 → 낮은 판매 가격 → 고객 경험으로 이루어져 더 큰 성장을 견인한다.

아마존 플라이휠을 통해 아마존이 어떻게 성장해 왔는지, 그리고 앞으로의 성장을 위해 어떤 노력을 기울이고 있는지 살펴보자. 우선 아마존은 '세상에서 가장 큰 가게'나 '모든 것을 파는 가게'를 지향한다. 그래서 아마존은 책이나 전자제품은 물론이고 다이아몬드나 살아 있는 개미에 이르기까지 법적으로 문제가 되지 않는 모든 제품을 판매하려고 한다(제품 종류). 이렇게 한 곳에서 다양한 종류의 물건을 살 수 있다는 것은 소비자에게 좋은 구매 경험을 안겨줄 수 있다. 다른 제품을 사기 위해 익숙하지 않은 곳을 돌아다니거나 따로 가입할 필요가 없기 때문이다(고객 경험 증진). 그러다 보면 자연스럽게 더 많은 사람들이 더 자주 아마존을 찾게 된다. 이때 아마존은 많은 방문자 수로 인해 사이트가 느려지거나 다운되지 않도록 빠르고 안정적인 인프라 구축을 위해 엄청난 투자를 한다(방문자 수 증가). 이렇게 방문자 수가 많은 사이트에는 더욱 많은 판매자가 몰리게 된다. 여기서 아마존은 판매자들을 위해 광고, 고객 서비스, 배송 등에 대한 대행 서비스를 제공해서 더 많은 판매자들이 판매 활동을 할 수 있게 한다(판매자 수 증가). 결과적으로 많은 판매자들이 아마존에 몰릴수록 다시 제품 종류가 증가하여 플라이휠의 첫 번째 선순환 구조가 온전히 연결된다.

그럼 이 성장에 따라 낮은 비용 구조가 생긴다. 아마존은 이를 더 강화하기 위해 로봇 회사를 인수하여 물류센터 자동화 프로젝트를 진행하기도 하고, 빠르고 저렴한 배송을 위해 드론 배송에 일찌감치 투자하기도 한다(낮은 비용 구조). 그리고 이러한 프로젝트가 성공하면 기존의 비용이 대폭 줄어드는 선순환 구조를 가져오게 된다(낮은 판매 가격). 이것이 플라이휠의 두 번째 선순환 구조인 것이다.[99] 아마존 플라이휠은 넷플릭스나 스포티파이와 같은 콘텐츠 플랫폼에도 적용 가능하고, 에어비앤비나 우버와 같은 공유 플랫폼에도 적용할 수 있다. 실제로 이들 역시 아마존 플라이휠을 경영과 마케팅 전반에 적용하고 있다. 특히, 아마존 플라이휠은 유통과 물류를 기반으로 탄생했기 때문에 삼성전자나 현대자동차 등 제조업을 기반으로 한 기존 기업들도 쉽게 적용할 수 있다는 장점이 있다.

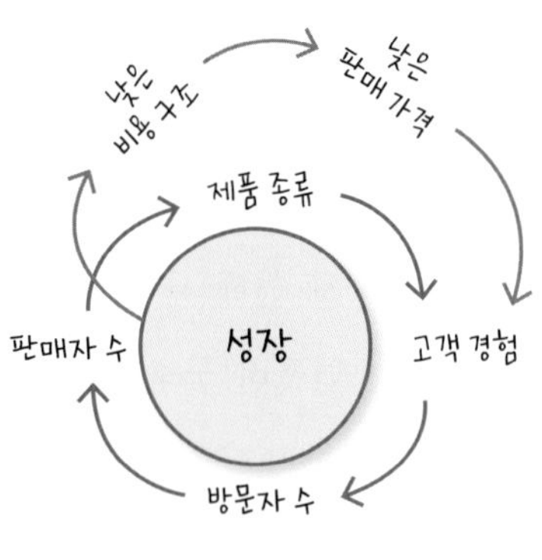


아마존 플라이휠

이렇듯 기존 선형 모델을 벗어나 퍼널과 루프 등 다양한 모델을 만들고 시도하고 개선하는 것이 스타트업 마케팅의 근간이다. 그래서 구체적인 스타트업 마케팅 전략과 방법들을 설명하기 전에 이 부분을 구체적으로 짚어 봤다. 이런 배경을 이해해야 구체적인 방법들이 더 잘 와닿고, 실제로 더 잘 활용될 수 있기 때문이다. 다만 한편으론 지나치게 모델에 집착하고 의존하는 것은 지양해야 한다. 마케팅 모델만 이해하려고 하기보다는 실제로 마케팅 활동을 해 보는 것이 중요하기 때문이다. 이와 관련해서 한 글을 보게 되었다. "외국에서 잘 된 어떤 새로운 개념을 한국에 소개하면 너도나도 우르르 몰려가 공부하고, 그걸 공부한 사람이 마치 실력 있는 것처럼 보인다"면서, "외국에서 잘 나간다고 하는 모델이나 이론을 개념적으로만 공부해서 그 규칙에 맞게 쓰는 것에 집착하지 말고, 현장으로 나가서 손을 더럽혀 보라"는 내용이었다.[100] 개인적으로 매우 공감되는 말이었다. 사실 스타트업 마케팅의 본질은 저비용 고효율이 맞지만 그만큼 중요한 건 발로 뛰는 허슬링(hustling)이기도 하다. 허슬링 역시 저비용 고효율을 위한 좋은 방법이 되기 때문이다.

## 스타트업이 대기업을 이기는 7가지 방법

### 하나, 타깃을 좁히고 순서를 파괴하라

스타트업 마케팅의 핵심 키워드는 결국 저비용 고효율, 허슬링이다. 그렇다면 그것을 어떻게 구현할 것인가. 시작은 타깃을 좁히는 것이다. 스타트업의 파괴적 혁신 정신이라는 것은 작은 것을 집요하게 파서 그 틈을 벌려 크게 키우는 것이다. 이것은 사업 아이디어부터 마케팅까지 계속 영향을 미친다. 그래서 스타트업이 타깃을 좁힌다는 것은 최소 기능으로 그에 맞는 초기 유저를 확보하고,

그 이후에 확장한다는 것이다. 이것을 대기업과 비교하자면 대기업은 처음부터 타깃이 넓을 수밖에 없다. 대기업 마케팅에서 수백만 명, 수천만 명의 타깃은 기본이다. 그래야 규모의 경제를 달성할 수 있고 회사가 돌아간다. 그래서 대기업은 신제품 초기부터 다양한 브랜드 라인을 동시에 출시해서 모든 시장에 접근하고 마케팅을 한다. 예를 들어, 삼성전자 갤럭시 신제품이 출시되면 출시 초기부터 갤럭시 A, S, S+, 울트라 등을 함께 공개하고, 각각에 맞춰 마케팅도 동시에 진행된다.

반면, 스타트업 타깃에서 '모두는 아무도 아니다(everybody is nobody)'.[101] 모든 타깃을 공략하다간 누구도 잡을 수 없다는 뜻이다. 그리고 스타트업이 타깃을 좁힌다는 건 보다 특정한 문제를 해결하는 것이다. 종종 타깃을 좁힌다는 의미를 연령이나 카테고리를 세분화하는 것으로 이해하는 경우가 있다. 물론 그것도 틀린 것은 아니지만 더 중요한 것은 '소비자의 문제를 좁히는 것'이다.

예를 들어, '에어웨이브'라는 매트리스 브랜드가 있다. 에어웨이브는 런칭 초기에 '누구에게나 편안한 맞춤형 잠자리를 제공합니다'라는 슬로건으로 마케팅을 진행했지만 부진을 면치 못했다. 계속되는 판매 부진에 고민하던 에어웨이브는 일반 소비자 타깃의 슬로건을 과감히 포기하고, '운동선수'로 문제를 좁히기로 한다. 그래서 나온 새로운 슬로건이 '몸 관리가 생명인 운동선수의 컨디션 조절을 책임집니다'였다. 그러자 이상한 일이 일어났다. 운동선수는 물론 그동안 반응이 없었던 일반 소비자들까지 매트리스를 구매하기 시작한 것이다. 운동선수 수준으로 몸 관리를 하는 사람들이 쓰는 매트리스로 인식이 확 바뀌었기 때문이다. 이렇게 타깃을 좁혀도 나중에 저변을 확대하는 데에는 전혀 문제가 없다. 잘 팔리는 제품은 좁은 타깃에서 출발한다.

이렇게 타깃을 좁히면 좋은 이유 3가지가 있다. 『스타트업 바이블』의 저자 빌 올렛(Bill Aulet) 교수에 따르면 타깃을 좁히면 '강력한 시장 포지션, 안정적인 현금흐름, 성패를 가르는 입소문'이 생길 수 있다고 한다. 어떻게 그게 가능할까. 차 구독 서비스를 제공하는 스타트업 '보틀웍스' 사례를 보자. 보틀웍스는 건강 및 다이어트를 생각하는 사람들이 대부분 하루에 물을 1리터 이상 마셔야 한다는 사실을 발견했다. 그런데 그들의 물 마시기를 간편하게 도와주는 상품은 많았지만 다양한 맛을 즐길 수 있게 해 주는 상품은 없다는 것을 깨달았다. 특히, 보틀웍스는 그 맛을 건강한 차로 낼 수 있다면 소비자 반응을 이끌어 낼 수 있을 것이라고 생각했다. 그래서 보틀웍스는 '9가지 콜드브루 티 키트'를 만들고 '매일 1리터가 술술 넘어가는 새로운 물 마시기 습관'을 마케팅 슬로건으로 잡았다. 다른 브랜드가 2~3가지의 맛과 인공 첨가물이라는 한계를 갖고 있을 때 보틀웍스는 9가지 맛과 건강한 차라는 '강력한 시장 포지션'을 확보하게 된 것이다.

그러다 보니 보틀웍스는 매일 물을 마실 수밖에 없는 운동선수, 요가 강사, 필라테스 강사로부터 좋은 피드백을 얻기 시작했다. 이때 보틀웍스는 운동 인플루언서라는 좁은 틈을 집요하게 공략한다. 특히, 팔로워가 1만 명 이하인 마이크로 인플루언서에 더 집중했다. 이를 통해 보틀웍스는 마케팅 비용을 줄일 수 있었다. 마이크로 인플루언서들의 팔로워들은 충성도가 높아서 적은 비용으로 많은 소비자를 유치할 수 있었기 때문이다. 이는 결국 '안정적인 현금흐름'을 가져다 주었다. 마지막으로 보틀웍스는 마케팅 메시지를 '1주일 내내 새로운 물 맛' '1리터 순삭' 등으로 보다 간결하게 했다. 마케팅 메시지가 간결해지자 그만큼 노출 효과가 좋아졌다. 일반 소비자들이 여기저기 퍼 나르기 쉬웠기 때문이다. 여기에 마이크로 인플루언서들 사이에서도 인지도가 높아지자 입소문은 더 빠르게 나기 시작했다. 그리고 이는 곧 매출로 이어졌다. '성패를 가르는 입소문'이 실적을 견인한 것이다.

보틀웍스의 9가지 콜드브루 티 키트

테슬라 역시 타깃을 좁혀 지금의 성공에 이르렀다고 해도 과언이 아니다. 테슬라는 초기 스타트업이었을 때 시장이 작은 프리미엄 스포츠 전기차 브랜드로 포지셔닝했다. 그렇게 해서 하이엔드 전기차로 기술력을 어필하고 고가의 스포츠 전기차를 살 수 있는 사람들을 통해 현금흐름을 확보했다. 그리고 그 스포츠 전기차를 조지 클루니 등 할리우드 스타와 실리콘밸리 오피니언 리더들이 선택하면서 입소문을 타게 됐다. 그리고 이는 나중에 대중 소비자를 견인하는 역할을 한다. 이후 테슬라는 스포츠카에서 프리미엄 세단, SUV, 보급형으로 내려가는 역발상 브랜딩 전략을 수립했고 성공했다. 이것이 니치 타기팅을 통해 스타트업이 고속 성장하는 순서 파괴 전략[102]인 것이다.

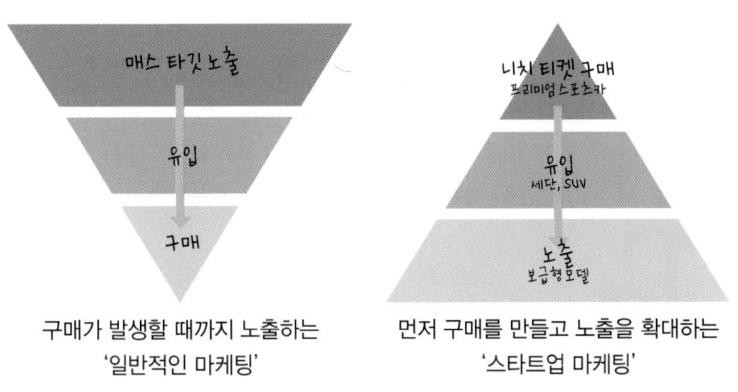


구매가 발생할 때까지 노출하는 '일반적인 마케팅'

먼저 구매를 만들고 노출을 확대하는 '스타트업 마케팅'

## 둘, 아하! 모먼트를 느끼는 초기 고객을 확보하라

타깃을 좁히면 초기 고객을 확보하는 것이 상대적으로 쉽다. 하지만 스타트업에게 한 명 한 명의 고객은 소중하기 때문에 초기 고객 중에서도 유의미하게 활성화된 고객을 확보하려고 노력한다. 그 기준이 되는 것이 '아하 모먼트(aha moment)'이다. 아하 모먼트는 초기 고객이 제품과 서비스에서 처음으로 가치를 느낀 순간이다. 예를 들어, 페이스북은 10일 내 7명의 친구와 연결, 트위터는 30명 팔로우, 드롭박스는 1개 기기의 폴더에 1개 이상의 파일을 저장, 슬랙은 팀 내에서 2,000개의 메시지가 오고 갔을 때, 징가는 회원가입 후 하루 만에 돌아오는 순간을 아하 모먼트로 설정하고 그것을 마케팅 목표로 삼았다. 아하 모먼트를 느낀 초기 고객은 스타트업이 성장할 때까지 가장 든든한 고객이자 지속 가능한 고객이 된다. 그래서 아하 모먼트가 중요한 것이다.

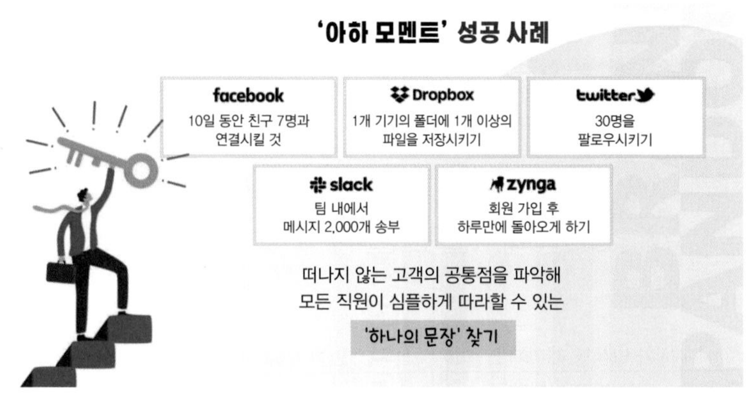


성공한 스타트업의 아하 모먼트[103]

그렇다면 아하 모먼트를 느끼는 초기 고객은 어떻게 확보해야 할까. 이에 대해 와이 콤비네이터의 폴 그레이엄은 5가지 조언을 했다.[104] 우선 가장 중요한 건 '발로 뛰어 확보하는 것'이다. 스타트업 스스로 발품을 팔아 고객을 찾아다니고 고객을 만나 직접 제품과 서비스를 전달하는 일종의 허슬링을 하라는 것이다. 에어비엔비도 초기에는 공동창업자들이 뉴욕의 집들을 일일이 방문하고, 새로운 호스트들을 모집했다. 컬리 역시 초기에 김슬아 대표가 팀원들과 함께 여의도에서 전단지를 돌린 것으로 유명하다. 두 번째는 '하찮아 보이는 일들을 먼저 하는 것'이다. 마케팅이란 고고하고 세련되기만 한 것이 아니다. 오히려 좋은 마케팅은 이렇게까지 해야 하나라는 순간에 효과가 나타나기도 한다. 에어비앤비는 사람들이 호스트의 집과 방을 고를 때 사진을 매우 중요하게 생각한다는 사실을 알게 되었다. 그런데 일부 호스트의 경우 사진을 멋지게 찍어 올리지 않아 거래가 발생하지 않았다. 그래서 에어비앤비 공동창업자와 팀원들이 그런 집들을 방문하여 직접 사진을 찍어 주고, 홈페이지에 올릴 때 수정까지 직접 해 주었다. 이 하찮아 보이는 일을 한 지 몇 달 뒤, 에어비앤비는 가파른 성장 곡선을 그리게 된다.

세 번째는 '초기 고객을 진심으로 대하라'이다. 일면 원론적인 이야기일 수도 있다. 하지만 이 말에는 그만큼 초기 고객이 중요하다는 것과 타깃을 좁힌 초기 고객은 규모가 작기 때문에 더욱더 세심하게 신경쓸 수 있다는 의미를 담고 있다. 예를 들어, 온라인 설문조사 서비스 우프(Wufoo)는 초기에 가입했던 고객들에게 손글씨로 감사 편지를 전하기도 했다. 우프가 온라인 서비스였던 만큼 거꾸로 오프라인의 작동 방식을 활용해 초기 고객을 감동시킨 것이다. 네 번째는 '병적일 정도로 고객 피드백을 받아라'이다. 초기 고객의 피드백을 집요하게 추적하면 초기의 불완전하고 버그 투성이의 제품을 가지고도 초기 고객들에게 미치도록 훌륭한 경험을 제공할 수 있다는 뜻이다. 또 중요한 건 이 피드백을 받는 과정 자체가 초기 고객에게 좋은 경험을 줄 수 있다는 점이다. 마지막으로 다섯 번째는 '의도적으로 좁은 시장에 집중하라'는 것이다. 의도적으로 좁은 시장이란 어떤 제품과 서비스에 열광할 줄 아는 얼리어답터로 구성될 확률이 높다. 따라서 그들은 아주 좋은 입소문 원천이자 제품과 서비스에 대한 개선 포인트까지 줄 수 있다.

당근마켓은 이런 방식으로 초기 고객을 확보한 뒤 지금의 수준으로 성장했다. 당근마켓은 초기에 팀원 3명이 직접 매우 싼 가격에 물건을 올렸다. 그리고 물건을 올리기 귀찮아하는 지인들의 물건도 대신 받아서 올렸다. 이 물건도 얼마 안 가서 동이 나자 선착순 2백 명에게는 물건만 올려 주면 무조건 샤오미 선풍기를 지급하는 이벤트를 했다. 그 다음에는 거래 인증샷을 당근마켓에 보내 주면 무료 커피를 주는 이벤트도 했다. 이런 식으로 당근마켓 내의 거래 상품을 늘려갔다. 이렇게 어렵게 주간 활성 사용자 수 1,000명을 모은 것이 초기 고객이었다. 이 초기 고객을 바탕으로 꾸준히 노력한 결과 당근마켓은 주간 활성 사용자 수에서 1만 배 성장한 1천만 명을 달성하게 된다. 초반에 발로 뛰고 하찮은 일을 하면서 노력했던 결과라고 할 수 있다.

## 셋, 구식이어도 고객을 감동시킬 수만 있다면

타깃을 좁히고 초기 유저를 확보했다면 마케팅도 더 치밀하게 할 수 있다. 그것이 '핀스킨 마케팅(pinskin marketing)'이다. 핀스킨 마케팅은 특정 소비자층을 적극 공략하는 '핀셋(pincette)'과 여기서 한 단계 더 나아가 적극적인 소통을 만들어 나가는 '스킨십(skinship)'이 더해진 개념이다. 즉, 특정한 문제에 반응하는 특정한 소비자를 대상으로 개인화된 메세지를 전달하는 것이다. 그렇게 되면 마케팅 메시지나 콘텐츠의 몰입감이 상승하고, 적중률도 높아진다.

예를 들어, 브렉스는 디지털 마케팅을 하기보다 오히려 옥외 광고를 시도했다. 왜냐하면 브렉스는 B2B 고객, 특히 스타트업을 대상으로 법인카드를 발급해 주는 서비스를 하고 있었는데, 그들을 대상으로 하기에 구글이나 페이스북을 통한 검색 광고 유입은 적을 것으로 예상됐기 때문이다. 게다가 그런 검색 광고로는 브렉스가 원하는 특정 고객층에 도달할 수 없었다. 그래서 브렉스는 버스 정류장 광고를 생각했다. 당시 실리콘밸리 스타트업에서 법인카드와 같은 서비스를 구매할 의사결정권자들은 대부분 창업자이거나 개발자들이었는데, 그들은 대부분 버스를 타고 다녔기 때문이다.

그리고 브렉스는 '우리는 미래를 바꿉니다'라거나 '글로벌 표준을 만듭니다' 같은 추상적인 메시지가 아닌 아주 좁고 명확한 메시지를 전달했다. 바로 '우리는 스타트업을 위한 최초의 법인카드입니다'였다. 실리콘밸리 스타트업 관계자들은 버스 정류장에서 이 메시지를 보고 '내 이야기'라고 생각했고, 브렉스는 단숨에 고객을 늘릴 수 있었다. 이후 브렉스는 버스 정류장뿐만 아니라 인근 지역의 거의 모든 옥외 광고판에 같은 메시지를 3개월간 노출시켰다. 브렉스는 이런 옥외 광고가 디지털 마케팅보다 10배 높은 효과를 냈다고 판단했다. 왜냐면 3개월간 옥외 광고를 한 비용이 디지털 마케팅을 1달 한 비용보다 저렴했기 때문이다. 이것이 가능했던 이유는 브렉스의 타깃이 특정 지역에 매우 집중되어 있었고, '스타트업을 위한 법인카드'라는 선명한 메시지가 있었기 때문이다.[105)]

전자책 플랫폼 '리디'도 옥외 광고로 핀스킨 마케팅을 했다. 리디는 자신들의 타깃이 홍대입구역과 이태원역 근처에 집중되어 있다는 것을 발견했다. 그래서 리디는 홍대입구역과 이태원역의 지하철 옥외 광고에 초점을 맞추고 마케팅을 진행했다. 그리고 리디의 주 소비자층이 여성 1인 가구였기 때문에 그들이 많이 거주하는 지역을 확인했고, 그 지역을 중심으로 버스 정류장 광고를 집중적으

브렉스의 버스 정류장 광고

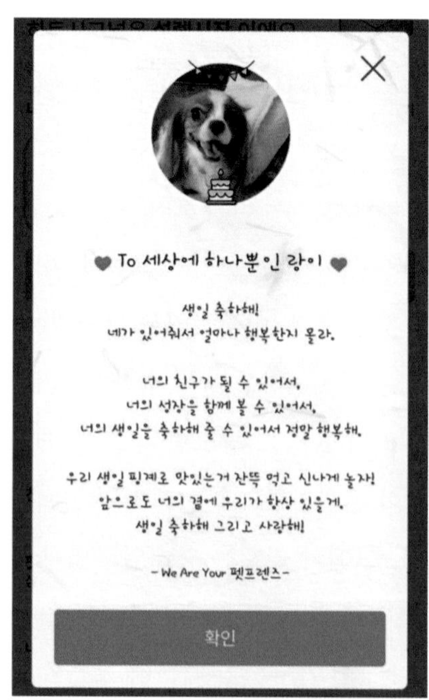


펫프렌즈의 반려동물 생일 축하 영상과 메시지[106]

로 집행했다. 반려동물 이커머스 플랫폼 '펫프렌즈'는 스킨십쪽에 좀 더 포커싱된 핀스킨 마케팅을 실행했다. 펫프렌즈는 고객들이 등록한 반려동물의 생일이 되면 축하 영상과 함께 축하 메시지를 담은 편지를 전송했다. 처음에는 편지 형태였지만 나중에 펫프렌즈 직원들이 직접 축하 영상을 찍어 보내 주기도 했다. 펫프렌즈 고객들은 그 영상을 보고 자신들이 키우는 반려동물이 진심으로 축하받고 있다는 것을 느꼈다고 한다.

## 넷, 오가닉 유저를 확보하는 영리한 미디어 활용

미디어는 기업이 갖고 있는 온드 미디어(owned media), 자연적으로 얻어지는 언드 미디어(earned media), 그리고 돈을 주고 구매하는 페이드 미디어(paid media) 등 크게 3가지가 있다. 이 중에서 스타트업이 집중하는 미디어는 온드 미디어이다. 스타트업은 돈이 부족하기 때문이기도 하지만 온드 미디어는 앞선 핀스킨 마케팅의 효과를 위해서도 필요한 선택이다. 그래서 스타트업은 인스타그램, 페이스북, 블로그, 브런치, 뉴스레터 등을 오피셜 계정으로 활용한다. 그런데 여기서 최근 스타트업이 가장 많이 활용하는 것이 '뉴스레터'이고, 이 뉴스레터가 가장 큰 주목을 받고 있다. 왜냐하면 그 스타트업만 할 수 있는 이야기, 정보들을 그들을 위한 타깃에게 다이렉트로 전달할 수 있기 때문이다. 게다가 뉴스레터를 구독한 사람들은 그 정보를 받는 것을 스스로 선택한 구독자들로 그 스타트업과 강력한 관계를 형성하게 된다.

그렇게 스타트업은 성장하면서 유튜브 웨비나 등 실시간 콘텐츠로 소비자와 적극적으로 상호작용할 수 있는 방향으로 나아간다. 그리고 여기서 더 확장되면 오프라인 세미나 또는 정기 커뮤니티 등 대면 행사로 이어진다. 이런 과정들이 하나의 프로세스로 연결되면서 소비자를 얻게 되는데, 직접 경험한 것을 정리한 내용을 바탕으로 그 프로세스를 좀 더 자세히 살펴보자.

우선 스타트업은 자체 소셜 미디어에서 여러 게시물이나 리포트를 제공한다. 여기에서 소비자들은 스타트업의 소셜 미디어를 팔로우하거나 뉴스레터를 구독한다. 이때 스타트업은 1차 소비자 정보를 확보할 수 있다. 그리고 스타트업은 웨비나나 오프라인 행사를 열면서 자신들의 팔로워와 구독자들에게 행사를 공지한다. 또는 행사 광고 등을 통해 신규 소비자도 유입시킨다. 이때 스타트업은 행사 참여를 받으면서 2차 소비자 정보를 확보한다. 그런 뒤 온라인 · 오프라인 행사를 통해 수준 높고 차별화된 콘텐츠를 제공한다. 행사 중에는 실시간 소통을 하면서 오픈 채팅방이나 슬랙 커뮤니티에 가입을 유도한다. 여기서 3차 소비자 정보를 확보한다. 그것을 통해 추후 관련 자료와 녹화된 영상을 공유한다. 마지막으로 전화나 문자를 통해 더 많은 정보와 컨설팅 서비스를 제공한다.

아드리엘의 마케팅 전략 리포트

이 프로세스에서 중요한 것이 두 가지가 있다. 우선 스타트업이 제공하는 세미나 콘텐츠인데, 이들은 자신의 홍보를 전면에 내세우기보다 자신들의 제품·서비스와 관련된 전문 정보, 관련 기업 사례, 업계 트렌드 등을 더 내세운다. 그리고 마지막에 자신들의 제품·서비스와 관련된 얘기를 한다. 그 행사에 참여한 사람들에게 홍보 목적보다는 인사이트 가득한 전문가 특강을 해 주겠다는 취지가 더 선명하게 드러나는 것이다. 물론 홍보 목적도 있겠지만 그것이 노골적으로 드러나지 않게 연사를 구성한다. 그래서 소비자들은 이런 행사에 자발적으로 참여하게 된다. 예를 들어, 아드리엘의 '잘나가는 스타트업의 요즘 마케팅 전략 세미나'를 보면 4명의 연사 중 앞선 3명은 콘텐츠, 브랜딩, 퍼포먼스 마케팅에 대한 전문 지식을 알려 주고, 아드리엘 관계자는 맨 마지막에 나설 뿐이었다.[107]

아드리엘의 '잘나가는 스타트업의 요즘 마케팅 전략 세미나' 연사 구성

그리고 두 번째는 커뮤니티 형성이다. 스타트업은 이 프로세스에서 행사 참석자들에게 앞으로 더 좋은 정보를 줄테니 카톡 오픈 채팅방이나 슬랙 커뮤니티 등에 가입하기를 독려한다. 그리고 이 커뮤니티가 실제로 활성화된다. 참석자들끼리 스스로 대화를 주고

받고 정보를 주고받는다. 고객들끼리 네트워킹이 가능한 것이다. 여기서 주최사인 스타트업은 매니징만 할 뿐이다. 그러나 중요한 전체 공지를 할 때에 스타트업이 전면에 나선다.

행사를 한 번쯤 기획하고 진행해 본 사람이라면 공감하겠지만 이런 과정이 상당히 발품을 많이 팔게 하는 것이다. 그런데 이런 행사 진행이 스타트업만의 장점이 극대화되는 방식이기도하다. 물론 이런 행사를 대기업을 비롯한 기존 기업들도 할 수 있다. 하지만 대기업에서 이런 행사를 하기 어려운 이유는 단순하다. 대기업 입장에서는 소비자의 기대치 이상으로 준비할 것이 많기 때문에 효율이 안 나기도 하고, 갑작스러운 변수에 따라 대외적인 이미지나 평판에 안 좋은 영향을 줄 수도 있다. 행사를 진행할 때 불만이 없을 수가 없기 때문이다. 반대로 스타트업은 이런 행사를 통해 잃는 것보다 얻는 게 많다. 그래서 아드리엘을 비롯한 플렉스, 플로우 등이 이런 행사를 자주 열고 있다. 이에 대해 브렉스 관계자는 "우리는 입소문을 위해 꽤 수준 높고 저명한 스피커들을 초빙해 세미나 또는 포럼을 자주 열었다. 참석자는 링크드인에서 세미나 초대권을 발부해 모았다. 이것이 브렉스에 대한 초기 반응을 형성하는 데 꽤 도움이 되었다"고 밝혔다.

그리고 브렉스 관계자의 인터뷰 내용에도 나왔듯이 온드 미디어 중 스타트업이 잘 활용하고 있는 것이 바로 '링크드인'이다. 링크드인은 전 세계적으로 6억 4천만 명 이상, 국내 약 260만 명 이상이 사용하고 있는 소셜 미디어로 페이스북, 인스타그램, 트위터와 매우 성격이 다르다. 링크드인은 회사와 관련된 전문 피드를 양산하기도 하고, 스타트업 대표나 구성원들이 공적이고 사적인 정보를 공유하면서 업계 사람들이나 일반 대중에게 친근하게 다가갈 수 있게 한다. 실제로 링크드인 피드에서는 비즈니스 뉴스, 업계 트렌드, 비즈니스 네트워크 업데이트, 회사 정보, 지인 업데이트 등을 주로 알 수 있다.

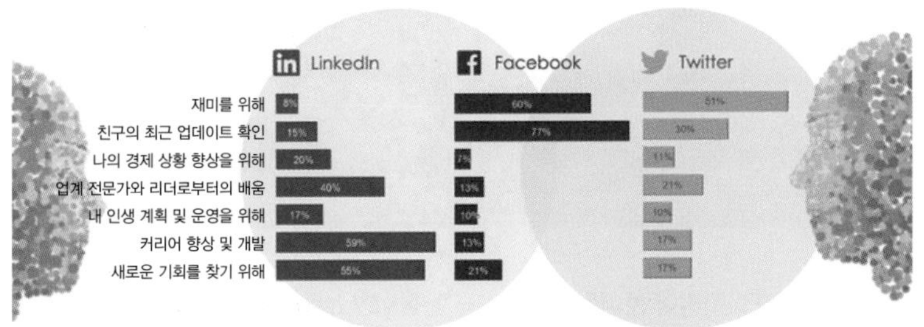


링크드인과 기타 소셜 미디어와의 차이

이 링크드인에서 스타트업 대표와 구성원들이 공적이고 사적인 정보 공유를 많이 한다고 했는데, 이와 관련해서 스타트업만의 매우 독특한 미디어 관점이 바로 '직원도 미디어'라는 점이다. 예를 들어, 자사 로고가 프린트된 티셔츠나 후디를 입는 것, 직원들이 개인 노트북이나 핸드폰 케이스에 자사 로고 스티커를 붙이고 다니는 것 등 직원과 관련된 모든 것이 미디어가 된다. 이는 스타트업이 따로 광고를 할 비용이 없기 때문이기도 하지만 로고가 프린팅된 옷을 입고, 노트북을 쓰고, 카페나 공유 오피스 라운지에서 일하는 모습을 통해 자사를 브랜딩하는 목적도 있기 때문이다. 그래서 스티커를 붙이더라도 상대방이 봤을 때 제대로 볼 수 있는 방향으로 붙인다. 특히, 스타트업은 기존 기업과 달리 대표나 구성원들이 여러 미디어에 나가 콘텐츠에 노출되는 것을 독려한다. 그런 와중에 대중적 인지도가 높아질 수 있기 때문이다. 이에 대해 송준협 8퍼센트 홍보실장은 "스타트업 마케팅은 모든 구성원의 결과물이다"라고 하면서 "창업자의 스피치, 임직원 기명 칼럼, 인터뷰, 영상 출연 등이 모두 회사의 미디어가 된다"고 강조했다.

'NEXT STEP: 커리어 콘퍼런스'에서 센드버드 옷을 입고 키노트 스피치를 하는 센드버드코리아 이상희 대표

'NEXT STEP: 커리어 콘퍼런스'에 참여한 누틸드 데이나 대표, 야놀자 Culture&Grow실 최혜은 실장, 채널코퍼레이션 피플팀 임은지 리드, 맘시터 People&Culture팀 양승혜 리드

## 다섯, 우리만 할 수 있는 이야기, 콘텐츠가 되다

스타트업 마케팅에는 비용, 시간 등 다양한 제약이 존재한다. 그런 스타트업 상황 속에서 가장 효과적인 마케팅 방법은 콘텐츠이다. 단순한 광고를 넘어, 인지도와 가치를 높이는 콘텐츠를 통해 소비자와의 접점을 늘려 그들의 의사결정에 영향을 미칠 수 있기 때문이다. 그리고 그 콘텐츠 중에 핵심은 단연 '브랜디드 콘텐츠(branded contents)'이다. 브랜디드 콘텐츠는 기업 스스로 기업과 관련된 여러 정보와 그 기업만이 할 수 있는 이야기들을 콘텐츠로 풀어낸 것이다. 그래서 브랜디드 콘텐츠는 앞서 얘기한 핀스킨 마케팅과 온드 미디어와도 밀접한 관련이 있다.

브랜디드 콘텐츠는 대기업 등 기존 기업들도 활용하는 추세이긴 하지만 스타트업만의 브랜디드 콘텐츠 영역이 있다는 것이 중요하다. 우선 스타트업에게 있어서 브랜디드 콘텐츠에는 투자를 받고, MOU를 맺고, 어떤 상을 수상한 기사 등도 해당된다. 그리고 스타트업의 브랜디드 콘텐츠는 자신들만이 제공할 수 있는 깊이 있는 정보라는 성격이 있다. '전문 리포트, 관련업계 트렌드, 선진 사례' 등 전문성이 돋보이는 콘텐츠를 통해 자신들의 능력을 보여 주고, 자사 정보도 폭넓게 공개한다. 이를 통해 소비자는 수준 높은 지식을 무료로 제공받고, 해당 스타트업에 대한 인지도와 호감도를 높이게 된다. 예를 들어, 리백(Rebag)은 클레어 리포트, 아드리엘은 마케팅 리포트, 오픈서베이는 리서치 리포트, 애드저스트는 모바일 앱 리포트를 무료로 배포한다.

이런 브랜디드 콘텐츠는 전문 리포트만 있는 것이 아니다. 스타트업의 '기업형 블로그'는 전문 매거진 수준의 지식과 정보를 매주 제공하고 있다. 가장 대표적인 곳이 실리콘밸리의 부동산 중개 플랫폼 '오픈도어 블로그'이다. 오픈도어는 자사 홈페이지 내 블로그를 통해 겨울철 집을 구하는 방법, 마당을 가꾸는 방법, 부동산 사기를 겪지 않는 방법 등 부동산 거래와 직간접적으로 관련이 있는 여러 정보들을 제작해 제공하고 있다. 이를 통해 오픈도어는 엄청난 브랜딩과 마케팅 효과를 거두기도 했다. 그것을 이어받은 것이 토스의 '토스 피드'이다. 토스 피드 역시 주식 하락장에 대응하는 방법, 보이스 피싱을 예방하는 방법, 결혼식의 적정 축의금 등 금융, 넓게는 돈과 관련된 다양한 정보를 제공한다. 그래서 소비자 입장에서는 이런 블로그 글을 보는 것이 기업 홍보로 생각되지 않고 수준 높은 매거진을 보는 느낌을 받는다. 이 기업형 블로그에는 '인터뷰 콘텐츠'도 자주 올라온다. 해당 스타트업의 창업자, 팀원, 고객 등을 인터뷰한 내용을 통해 스스로를 투명하게 보여 주는 것이다. 예를 들어, 에이블리는 입점 브랜드 대표 또는 고객 인터뷰를, 친환경 샴푸바 브랜드 호호히는 '호호히 피플'에서 고객들의 이야기를 담은 인터뷰 시리즈를 올리고 있다.

음악도 흥미로운 브랜디드 콘텐츠이다. 배달의민족은 최근 '배민 음악'이라고 해서 구성원들끼리 듣던 음악을 무료로 배포했다. 음악 제목도 〈출발은 떨렸지만〉 〈배달은 자신 있어〉 〈선물하러 가는 길〉 〈거의 다 왔어요〉 등으로 흥미롭다. 여기어때는 얼마 전 멜론과 함께 여행지별 플레이리스트를 공개해 관심을 모았다.

예능 콘텐츠도 있다. 배달의민족은 유튜브 채널을 3개 운영한다. 배달의민족 공식 유튜브 채널에서는 배달의민족 캐릭터인 '배달이 친구들'과 관련된 영상이 있다. 배티비 채널에서는 음식과 관련된 다양한 에피소드를 만들고 있다. 배민라이브 채널에서는 음악가를 초대해 라이브를 진행하고 그들이 최근에 자주 시켜 먹는 음식 등 다양한 이야기를 나누기도 한다. 인공지능 일임 투자 스타트업 '핀트'는 '한국인의 밥상'을 모티브로 한 '한국인의 밥상머리' 유튜브 예능을 공개했다. '한국인의 밥상머리'는 예능인 박명수가 게스트를 초대해 숙성 음식을 함께 먹는 내용을 담고 있다. 그런데 왜 숙성 음식일까? 핀트 관계자는 "장기투자가 중요한 만큼 투자도 숙성이라는 메시지를 전달하고자 했다"며, "예능인 박명수를 섭외한 것 역시 인공지능 투자가 어렵다는 이미지를 탈피하고자 한 목적이 있다"고 말했다.

더 특이한 스타트업만의 브랜디드 콘텐츠는 배달의민족의 〈맛있는 영화〉와 같은 자체 기획한 영화, 다큐멘터리, 그리고 책이다. 특히, 어떤 문제를 발견하고, 그 문제를 해결하기 위해 어려움을 겪고, 실패도 하고, 결국 성공한 스토리를 담백하게 담아낸 '다큐멘터리'가 스타트업의 핵심 콘텐츠로 자리 잡고 있다. 우리가 어떤 사람의 실패, 좌절, 성공담을 들으면 동기부여가 생기듯이 스타트업 다큐멘터리는 어려움을 극복한 성공 스토리로 많은 인사이트를 준다. 대표적으로 배달의민족의 〈치킨인류〉, 토스의 〈금융을 바꾼 금융 이야기〉, 타입드의 〈T.T.T.(typing team typed)〉 등이 있다. 이 외에도 EO의 '숏다큐멘터리'는 초고속 성장기업의 비밀을 주제로 제작되고 있다. 대표적으로 빅픽처인터렉티브의 〈10명 중 9명이 부정해야 블루오션이죠〉, 지그재그의 〈지그재그는 어떻게 3000만 앱이 되었을까?〉, 강남언니의 〈의사가 만든 380만 명의 인생을 바꾼 서비스〉 등의 콘텐츠가 시리즈로 이어지고 있다.

EO 숏다큐멘터리 〈10명 중 9명이 부정해야 블루오션이죠〉

EO 숏다큐멘터리 〈지그재그는 어떻게 3000만 앱이 되었을까?〉

마지막으로 책이 있는데, 스타트업, 혹은 스타트업 관계자들은 유난히 책을 많이 쓴다. 디지털 콘텐츠 중심으로 나아가고 있는 시대에 책이라는 아날로그 콘텐츠가 독특하긴 하다. 이에 대해 한 스타트업 대표는 "스타트업은 자신들의 이야기를 기록하고 공유하는 것을 즐기기 때문에 책을 많이 쓴다"고 하면서 "한편으로는 디지털 매체에 익숙하지 않은 사람들에게도 어떻게 해서든 접근하고 싶은 마음도 작용한다"고 말했다. 대표적인 책은 배달의민족의 『배민다움』과 『이게 무슨 일이야!』, 토스의 『유난한 도전』, 더뉴그레이의 『뉴그레이』 등이 있다.

결국 브랜디드 콘텐츠는 효율적이고 효과적으로 소비자를 유입시키고 인재를 끌어들이는 역할까지 하고 있다. 즉, 브랜디드 콘텐츠가 스타트업 마케팅에 있어서 중요한 생존전략인 것이다. 이렇게 스타트업만의 브랜디드 콘텐츠가 가능한 이유는 스타트업은 기본적으로 정보 공개와 공유를 두려워하지 않기 때문이고, 스타트업은 정보 보안보다 시장의 확장을 중요하게 생각하기 때문이다. 그래서 스타트업은 자신들이 강점이 있는 분야에 대한 뉴스레터, 리포트, 세미나 등을 제공하는 것이다. 그것도 무료로 말이다.

### 여섯, 소비자는 사적인 소통에 목말라 있다

스타트업 마케팅은 타깃 설정, 미디어 활용, 콘텐츠 성격 등에서 기존 기업과 큰 차이가 있는데, 또 하나 차이를 보이는 것이 바로 커뮤니케이션 방식이다. 즉, 기존 기업들은 대부분 매체의 오피셜 계정이나 대표 전화번호 등 '공적 트래픽(public traffic)' 중심으로 커뮤니케이션을 한다. 하지만 스타트업 커뮤니케이션은 '사적 트래픽(private traffic)'의 특징을 갖고 있다. 사적 트래픽이란 스타트업 관계자 혹은 마케팅 담당자의 사적인 이야기나 회사 내부의 흥미로운 이야기 등을 소비자에게 솔직하게 공유하는 것이다. 우선 스타트업은 창업자뿐만 아니라 각 업무별 담당자가 직접 소통에 나선다. 그들은 소비자와 소통을 할 때 익명을 쓰지 않고 보통 조직 내에서 쓰는 이름이나 실명을 그대로 드러내면서 소통하곤 한다. 예를 들어, 스타트업에서 뉴스레터를 보내더라도 담당자의 이름으로 그대로 보내는 경우가 많다. 아주 사소한 예이긴 하지만 이를 통해 소비자들은 그 스타트업에 대해 친숙함을 느끼게 된다. 그러면서 스타트업은 제품과 서비스 사용에 대한 피드백 또는 인터뷰 요청도 활발히 한다. 한 업무 협업툴을 사용하고 한다고 했을 때, 해당 협업툴의 프로덕트 오너가 직접 고객에게 전화를 걸어 제품 사용에 대한 불편함은 없는지 물어보기도 한다. 심지어 링크드인이나 인스타그램 등에서 특정 스타트업 관계자에게 메시지를 보내면 그에 대한 답도 받을 수 있다. 사소하지만 이런 사적 트래픽이 계속 발생하면 자연스럽게 '소셜 화폐'가 쌓인다.

그리고 사적 트래픽과 관련해 매우 강력한 수단은 '손편지'이다. 코워킹 스페이스 스타트업 패스파인더는 스타트업 위크엔드 행사에서 자사를 알리기 위해 손편지를 썼고, 유의미한 성과를 확인했다.[108] 브렉스도 이런 사적 트래픽을 통해 큰 성과를 거두었다. 브렉스 마케팅 임원은 "그동안 브렉스에서 실시한 마케팅 중 가장 직접적인 효과를 거둔 것은 놀랍게도 손편지였다"면서, "브렉스 창업자는 기업 고객을 유치하기 위해 약 300명의 스타트업 대표들에게 직접 편지를 썼고, 편지가 도착한 1~2주 후 이메일을 보내 법인카드 발급에 대한 의사를 물어봤는데, 300명 중 약 75%가 긍정적인 답변을 보냈다"고 말했다. 이와 관련해 인공지능 물류관리 스타트업 셀로니스(Celonis)의 알렉스 린케(Alex Rinke) 대표는 "손편시는 더 개인적이고 중요한 편지라는 느낌을 주기 때문에 중간에 버려지지 않고 대표에게 전달될 확률도 높다"고 말했다.

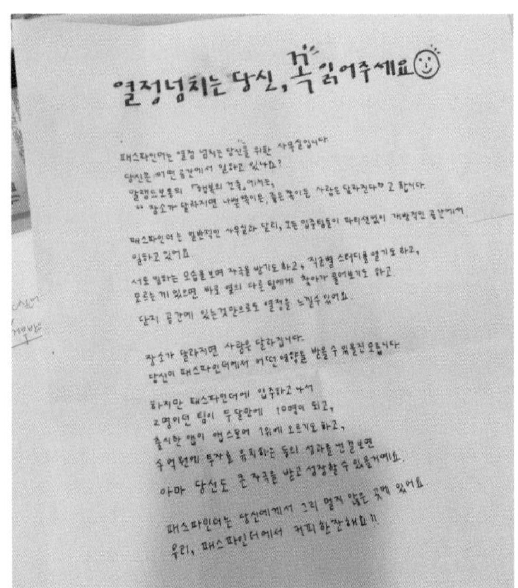

열정넘치는 당신, 꼭 읽어주세요

패스파인더는 열정 넘치는 당신을 위한 사무실입니다.
당신은 어떤 공간에서 일하고 있나요?
알랭드보통의 「행복의 건축」에서는,
"장소가 달라지면 나쁜쪽이든, 좋은 쪽이든 사람도 달라진다"고 합니다.

패스파인더는 일반적인 사무실과 달리, 모든 입주팀들이 파티션없이 개방적인 공간에서
일하고 있어요.
서로 일하는 모습을 보며 자극을 받기도 하고, 직군별 스터디를 열기도 하고,
모르는 게 있으면 바로 옆의 다른 팀에게 찾아가 물어보기도 하고.
단지 공간에 있는것만으로도 열정을 느낄수 있어요.

장소가 달라지면 사람은 달라집니다.
당신이 패스파인더에서 어떤 영향을 받을 수 있을진 모릅니다.

하지만 패스파인더에 입주하고 나서
2명이던 팀이 두달만에 10명이 되고,
출시한 앱이 앱스토어 1위에 오르기도 하고,
수억원에 투자를 유치하는 등의 성과를 거둔걸 보면
아마 당신도 큰 자극을 받고 성장할 수 있을거예요.

패스파인더는 당신에게서 그리 멀지 않은 곳에 있어요.
우리, 패스파인더에서 커피 한잔해요!!

패스파인더의 손편지

## 일곱, 너, 내 동료가 되라!

마지막으로 스타트업이 할 수 있는 저비용 고효율 마케팅은 스타트업들끼리의 '상부상조'이다. 즉, 스타트업들은 특정 투자사를 중심으로 하나의 패밀리를 이루고 있기도 하고, 특정 산업 분야에 있

어서 정부 규제에 공동 대응하면서 공동체를 형성하기도 한다. 이런 것과 마찬가지로 스타트업들은 그들끼리의 협업을 통해 마케팅을 할 수 있다. 아주 간단한 예로는 브랜디드 콘텐츠로 다큐멘터리를 제작할 때 한 투자사의 포트폴리오에 있는 스타트업 대표들이 서로의 다큐멘터리에 출연하여 해당 스타트업에 대해 대신 홍보를 해 주는 경우가 있다.

그리고 스타트업을 전문으로 다루는 매체를 활용하는 것도 이에 포함될 수 있다. 스타트업 전문 매체는 스타트업에 대한 이해도도 높고 기성 언론사보다 스타트업에 대해 호의적이기 때문에 스타트업 입장에서 전달하고자 하는 메시지를 좀 더 긍정적인 입장에서 소비자에게 도달시킬 수 있다. 대표적인 스타트업 전문 매체로는 더밀크, 플래텀, 아웃스탠딩, 스타트업레시피, 벤처스퀘어, 스타트업투데이 등이 있다.

이 외에도 실제 마케팅을 공동으로 진행하기도 한다. 예를 들어, 무신사, 배달의민족, 오늘의집은 '의식주 페스티벌'을 진행했다. 의식주 페스티벌에서 무신사는 패션 트렌드, 스타일, 브랜드 등을, 배달의민족은 치킨, 떡볶이, 족발 등의 음식을, 그리고 오늘의집은 집, 인테리어와 관련된 문제를 내고 다양한 프로모션과 이벤트를 함께 진행했다. 그리고 리멤버와 EO는 공동으로 '커리어 콘퍼런스 2022'를 개최했다. 이 콘퍼런스에서는 스타트업 대표들을 비롯해 다양한 직무의 스타트업 커리어 전문가들이 연사로 나서 최근 취업 준비생과 직장인들이 고민하고 있는 주제에 대해 심도 있게 다뤘다. 이를 통해 리멤버는 HR테크 플랫폼으로 거듭나고자 했고, EO는 스타트업 전문 콘텐츠 기업으로서의 위치를 공고히 하고자 했다.

무신사 · 배달의민족 · 오늘의집의 '의식주 페스티벌'

한편, 최근 당근마켓이 스타트업들의 마케팅 채널로 활용되고 있다. 당근마켓의 지역 비즈니스 서비스인 비즈 프로필과 지역 광고를 활용해 광고와 마케팅을 하는 '동네 스타트업'이 속속 등장하고 있는 것이다. 대표적으로 '남의집'이 있다. 남의집은 취향이 비슷한 사람들의 오프라인 모임을 연결하는 커뮤니티 서비스를 운영하고 있는데, 동네에서 열리는 원데이 클래스나 작업실, 공방 등의 가게와 이웃을 연결하기 위해 당근마켓을 활용하고 있다. 이 외에도 반려동물 돌봄이 가능한 이웃을 연결하는 스타트업 '우주펫', 동네 집정리 · 가구수거 스타트업 '우아한 정리', 동네 주민 자전거 대여 스타트업 '약속의 자전거' 등도 당근마켓의 지역 비즈니스 서비스를 활용해 마케팅을 하고 있다.

물론 스타트업들이 활용할 수 있는 위치 기반 마케팅 채널은 많지만 대부분 전국을 대상으로 하고 있어 경제성과 효율성 측면에서 스타트업이 활용하기 어렵다. 이와 달리 당근마켓의 지역 서비스는 지역별 맞춤 마케팅을 할 수 있어 저비용 고효율을 달성할 수 있는 것이다. 이에 대해 동네 집수리 전문 스타트업 '워커맨' 관계자는 "전국이 아닌 서울 일부 지역에서만 서비스하기 때문에 정밀한 지역별 마케팅 방법을 찾아야 했다"며 "그 점에서 당근마켓의 지역 광고는 지역별로 정밀하게 타기팅할 수 있어서 효율성이 좋았다"고 말했다.[109]

## 이제 대기업과의 경쟁이다, 하지만

스타트업이 그들만의 마케팅 전략으로 성장을 하게 되면 결국 대중을 타깃으로 한 마케팅으로 나아가게 된다. 미디어 역시 TV 광고 등 돈을 지불한 만큼 노출되는 페이드 미디어를 활용하고, 콘텐츠 역시 전문적인 광고회사를 통해 제작하기도 한다. 성장한 스타트업은 이제 니치 마켓을 넘어서 대중의 인지도 영역으로 들어가야 하기 때문이다. 그래서 이 영역부터는 이미 널리 알려진 마케팅 전략과 실행 방안이 활용된다. 그 전략과 실행 방안은 스타트업만의 방식이 아니기 때문에 여기서는 자세히 언급하지 않으려고 한다.

다만 크게 두 가지 포인트를 강조하고자 한다. 우선 성장한 스타트업이 대중 마케팅을 하기 시작한다는 것은 본격적으로 대기업과의 경쟁이 시작된다는 것과 같다. 이때 맞닥뜨리는 소비자들은 대기업과 스타트업을 동일 선상에 두고 비교하게 된다. 이들은 초기 스타트업이 타깃을 좁혔을 때 대했던 소비자들과 다른 속성을 갖고 있다. 초기 스타트업의 타깃 소비자들은 그들 스스로가 스타트업이 제안하는 가치와 문제 해결 방식에 공감하는 입장이었기 때문에 해당 스타트업에 호의적이었던 반면, 대중 소비자는 좀 더 강력한 설득이 되어야 한다.

이때 필요한 것이 바로 '물리적 증거'이다. 여기서 물리적 증거란 소비자들이 어떤 스타트업이 실제 존재를 직접 눈으로 보고 손으로 체험할 수 있는 공간같은 것들이다. 예를 들어, 자사 사옥에 고객 체험단을 초대해 오피스 투어를 시켜 주거나 전시회를 열어서 자사 굿즈를 증정하는 것이 물리적 증거이다. 또한 그동안 앱으로만 존재했던 스타트업이라고 하더라도 팝업 스토어나 체험관을 통해 소비자들이 물리적 공간에서 해당 스타트업을 피부로 느낄 수 있게 해 주는 것도 물리적 증거이다. 대표적으로 더현대 서울에서 열린 지그재그의 팝업 스토어, 친환경 스타트업 이너보틀이 롯데백화점 본점에서 진행한 리필 팝업 스토어 등이 있다. 이를 위해 최근 아산나눔재단은 여러 스타트업이 한 장소에서 팝업 스토어를 열 수 있도록 한 '마루콜렉트'를 마련하기도 했다.

그리고 강조하고자 하는 포인트는 아무리 스타트업이 성장하고 대기업과 경쟁하는 마케팅 영역으로 나아간다고 하더라도 스타트업 마케팅의 본질인 저비용 고효율의 기조는 지킨다는 것이다. 즉, 스타트업이 TV 광고를 하더라도 광고 송출 채널, 시간대, 기간 등은 철저한 소비자 데이터를 기반으로 최소화한다. 또한 버스나 지하철 옥외 광고를 하더라도 버스 노선이나 지하철역 등의 지역을 철저히 계산하기도 한다. 예를 들어, 무신사는 홍대, 성수, 강남역을, 토스는 삼성역, 강남역, 여의도에 마케팅 재원을 집중하고 있다. 결국 소비자들에게 물리적 증거를 주도록 노력하되 스타트업 마케팅의 본질은 잃지 않는 것이 핵심이다.

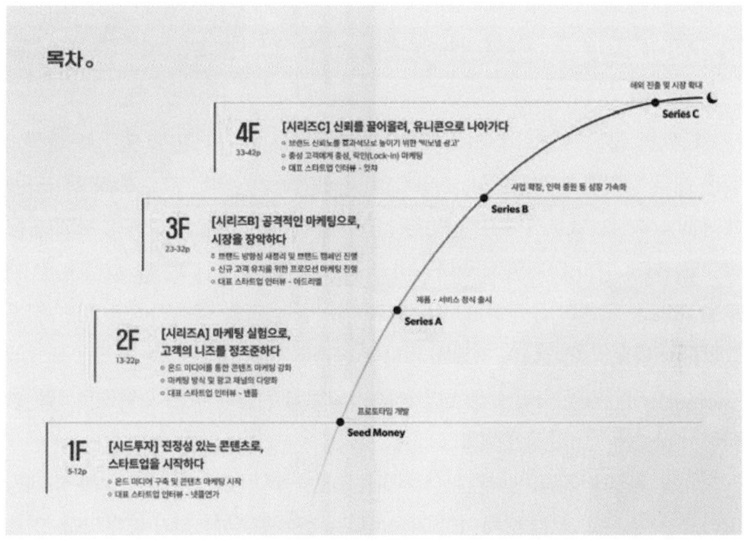


스타트업의 성장 단계별 마케팅 전략[110)]

## 인사이트의 한끗

스타트업 성장의 여러 분야에서 혁신이 필요하지만 마케팅에 있어서 혁신의 힘은 매우 강력하게 작동한다. 스타트업 마케팅에 혁신적인 그로스 해킹이라는 개념과 AARRR, 그로스 루프, 아마존 플라이휠과 같은 새로운 마케팅 모델이 등장했고, 이에 따라 마케팅 패러다임이 바뀌었기 때문이다. 그런데 사실 이런 새로운 마케팅 모델이 등장하고, 치열하게 마케팅 성과를 측정하려고 하는 것은 그만큼 스타트업 마케팅이 녹록지 않다는 증거이기도 하다. 이런 마케팅 모델에 따른 여러 마케팅 전략과 실행 방안들은 스타트업 현실에 따른 그들만의 생존방식이자 고육지책이기 때문이다.

하지만 이런 마케팅 전략들이 시사하는 바는 적지 않다. 우리가 보통 마케팅이라고 하면 돈과 시간을 들여야 가능하다는 한계를 우선 짓기 때문이다. 어느 기업 마케팅 담당자나 결국 돈이 부족하든지, 시간이 부족하다는 어려움을 토로한다. 하지만 이렇게 돈과 시간에 대한 한계를 생각할 것이 아니라 그것을 극복하기 위한 방법은 없는지 생각해 볼 필요가 있다. 예를 들어, 타깃을 좁혀 볼까? 그래서 먼저 구매를 만들고 노출을 확대하는 순서를 파괴해 볼까? 좀 구식이고 귀찮더라도 고객과 스킨십을 적극적으로 해 볼까? 페이드 미디어가 아닌 온드 미디어를 활용해 볼까? 광고회사가 알아서 만들어 주는 콘텐츠가 아닌 브랜디드 콘텐츠를 만들어 볼까? 공적 트래픽이 아닌 사적 트래픽을 만들어 볼까? 등 말이다. 결국 이렇게 마케터들이 겪는 고충에 대해 스타트업의 생존형 저비용 고효율 마케팅 전략이 시사점을 줄 것이라고 생각한다. 그만큼 이제는 스타트업이 대기업 마케팅을 선망하는 것이 아니라 대기업이 스타트업 마케팅을 참고하는 시대가 되고 있다.

#저비용 고효율 #허슬링 #그로스 해킹 #AARRR #마케팅은 재무 지표 #그로스 루프 #성장의 복리효과 #아마존 플라이휠 #니치 타기팅 #순서 파괴 #모두는 아무도 아니다 #아하 모먼트 #핀스킨 마케팅 #온드 미디어 #뉴스레터 #오프라인 세미나 #링크드인 #직원도 미디어 #브랜디드 콘텐츠 #전문 리포트 #기업형 블로그 #음악 #예능 #영화 #다큐멘터리 #책 #사적 트래픽 #소셜 화폐 #손편지 #상부상조 #물리적 증거

# 08

# 생존의 갈림길에서 시대의 질문에 답하다

지금까지 스타트업이 일으킨 작은 시작이 각 분야별로 얼마나 큰 변화를 일으켰는지 살펴봤다. 이렇게 큰 변화를 일으킨 스타트업이기에 더 잘 이해해야 하지만 우리가 앞으로 스타트업을 하지 않더라도, 스타트업에 다니지 않을 것이라도 스타트업에 지속적으로 관심을 기울여야 하는 이유가 있다. 스타트업은 단순히 취업과 이직을 결정하거나 제품과 서비스를 구매할 때 고려하는 대상에 그치는 것이 아닌 문화 그 자체 또는 강력한 흐름이기 때문이다. 그리고 그런 문화나 강력한 흐름을 주도하고 있는 스타트업이기에 개인적인 강점과 존재감을 확보하려면 어떻게 해야하는 것인지, 직장 내 세대 차이와 성별 장벽을 어떻게 극복할 것인지, 대기업의 정체된 성장 동력을 어디서 찾을 것인지, 크게는 국가 경쟁력을 확보하려면 어디를 건드려야 하는지 등 커다란 질문들을 풀어 가는 실마리가될 수 있다.

## 성장을 잊은 기업에게 미래는 없다

이제 제조업 중심의 산업화가 성숙기에 접어든 지도 벌써 십수년이 지났다. 그러다 보니 전 세계적으로 제조업 중심의 국가들과 시장은 이미 다 성장했다고 봐도 과언이 아니다. 기업을 키워서 국가에 기여하겠다는 사업보국도 옛말이 됐다. 그래서 기존 기업들도 신시장을 찾으려고 하고, 생존 방법을 모색하고 있지만 곳곳에서 일어나고 있는 변화들이 너무 빠르다 보니 그에 적응하기가 쉽지 않은 상황이다.

이런 상황에서 대기업들은 새로운 기회를 탐색하며 내부 구성원들에게 활력을 주고 혁신의 기회를 마련하기 위해 노력하고 있기도 하다. 기업형 벤처 캐피털(CVC)을 운영하거나 조직문화 혁신을 주도할 인재를 영입하는 것이 대표적이다. 그런데 우선 기업형 벤처 캐피털이 원하는 대로 잘 작동하지 않는 경우가 많다. 대기업 내에서 여전히 신사업을 주도하는 것은 기업 중심의 사업 포트폴리오이고, 스타트업 중심의 문제 해결이 아니기 때문이다. 그렇기 때문에 스타트업은 대기업 실무자 입장에서도 중요한 관심거리가 되기 어렵다. 더불어 대기업들은 밑바닥에서부터 변화를 주도할 수 있는 인재를 영입하고 있기도 하지만 특정 인재 몇몇으로 스타트업의 가치와 DNA를 그대로 이식시킬 수 없다. 결국 시장은 성숙됐고 기업은 성장 정체에 놓여 있다. 그리고 기술과 시장 변화는 빠른데 대기업의 몇 가지 노력들은 그 효과를 거두기 어려운 한계를 갖고 있어 대기업 자체적으로 상황을 타개하기가 어려워지고 있다. 거기에 질병, 국가 간 갈등 등 대외 변수도 너무 많다. 이런 상황에서 크게 움직이면 망한다는 인식이 있기 때문에 대기업은 더 보수적이 될 수밖에 없다.

결국 이런 상황을 해결할 수 있는 핵심 키워드는 스타트업이 추구하는 '혁신과 속도'이다. 『그레이트 리세션 2023년 경제전망』은 이제 '규모의 경제'에서 '속도의 경제'로 간다고 했고, 유명 벤처 캐피털리스트인 존 도어(John Doerr) 역시 모든 침체를 해결할 수 있는 건 '속도와 성장(speed & scale)'[111]이라고 말하는 등 여러 전문가들이 혁신과 속도를 강조하고 있다. 성숙된 시장에서 빠른 변화를 일으키고 그것을 주도하는 기업들은 큰 기업이 아니라 빠른 기업이라는 것이다. 이제 큰 기업이라도 느리다면 생존할 수 없고, 작은 기업이라도 빠르면 시대를 앞서 나갈 수 있다. 그래서 대기업이 스타트업을 인수하거나 거꾸로 스타트업이 대기업을 집어삼키는 일이 나타나면서 일종의 트렌드로 자리 잡은 모습이다. 대기업들은 당장의 실적이 중요하고, 스타트업들은 당장의 이익보다 규모를 키우는 데 집중하다 보니 서로의 이해관계가 맞아떨어진 것이다. 대기업과 스타트업은 태생적으로 다르다. 둘은 비전과 목표 그리고 조직문화도 차이가 난다. 이 가운데 나타나는 대기업과 스타트업의 M&A는 자연스러운 현상이다.[112] 이에 대해 속도와 혁신을 살 수 있느냐고 묻는다면 아무것도 하지 않고 앉아서 도태되느니 그럴 바엔 속도와 혁신을 사서라도 물리적으로 대기업 내 스타트업 비중을 늘리는 것이 낫다고 조언하고 싶다.

한편, 일부 기업들은 아예 오너부터의 세대 교체를 통해 스타트업적 가치와 DNA를 도입하려고 한다. 가장 대표적인 곳이 LVMH이다. LVMH 회장의 맏딸 델핀 아르노(Delphine Arnault)는 2017년부터 잠재력 있는 스타트업을 발굴해 협업을 이끌어 내는 프로젝트인 'LVMH 혁신 어워드'를 주도하고 있다. 차남인 알렉상드르 아르노(Alexandre Arnault) 역시 대학 생활 대부분 실리콘밸리와 교류하며 지낼 정도로 스타트업과 가깝다. 알렉상드르 아르노는 스포티파이, 우버, 슬랙 등에 투자하기도 했다. 이런 배경을 바탕으로 알렉상드르 아르노는 티파니앤코와 리모와를 혁신시키고 있다. 이렇게 스타트업적인 마인드를 갖춘 오너 세대 교체를 바탕으로 LVMH는 스타트업 인큐베이팅 시스템 'La Maison des Startups'까지 오픈하여 스타트업의 혁신을 LVMH 브랜드에 도입하기 시작했다. 그래서 최근 LVMH가 주최한 '2022 LVMH 이노베이션 어워드'에는 테크 스타트업 대표들이 대거 참석했다. 흥미로운 것은 이 자리에 한국 스타트업 대표들도 있었다는 점이다. 그중 인공지능 위조품 식별 스타트업 '마크비전'은 LVMH 그룹 소속의 명품 브랜드의 위조품 식별을 책임지고 있다.[113] 또한 최근 열렸던 '비바 테크놀로지 2023'에서는 LVMH와 한국 스타트업의 오픈 이노베이션 협력 방안이 논의되기도 했다.

LVMH의 스타트업 인큐베이팅 시스템 'La Maison des Startups'

이렇듯 젊은 오너 세대에서부터 스타트업에 대한 가치를 인정하고 여러 방면에서 그 DNA를 흡수하려고 할 때 성장 정체에 대한 해결의 실마리를 찾을 수 있다. 한국에서는 대표적으로 아산나눔재단 정남이 상임이사가 스타트업 업계에서 보폭을 넓히고 있다. 정남이 상임이사는 아산나눔재단에 합류한 이후 창업지원센터 마루180, 마루360 설립을 주도했다. 이곳에서 명함관리 서비스 '리멤버', 인공지능 번역 플랫폼 '플리토', 맛집 추천 서비스 '망고플레이트' 등이 성장했다. 그리고 최근 정남이 상임이사는 의료 인공지능 스타트업 '루닛'의 사외이사로 선임되기도 했다. 이렇듯 주변을 둘러보면 젊은 오너 세대가 유난히 스타트업 업계와 밀접한 관계를 맺고 있는 접점을 볼 수 있다. 그런 행보에 주목할 필요가 있다.

## 누가 길을 묻거든 스타트업을 보게 하라

무엇보다 대기업 중간 관리자로서, 실무자로서 스타트업을 알아야 하는 이유는 새로운 아이디어 창출, 조직문화, 설득 커뮤니케이션, 정부 정책 대응, 마케팅 등 각 분야에서 인사이트를 얻을 수 있기 때문이다. 대기업과 스타트업이 태생적으로 다른 만큼 각 분야의 개념과 실행 방안들이 크게 차이 난다. 그래서 스타트업의 주요 개념, 전략, 스킬 등을 학습하면 그것이 곧 개인의 경쟁력이 될 뿐만 아니라 스타트업 DNA를 다른 분야에 적용할 수 있는 능력도 키울 수 있다.

스타트업은 작은 문제를 해결하고, 제품 역시 작은 시장을 타기팅하기 때문에 매우 세밀한 접근 방식을 배울 수 있다. 다양한 플랫폼 서비스 역시 매우 세부적인 서비스를 제공하기 때문에 '이런 것도 있을 수 있구나' 하는 참고점을 얻을 수 있다. 더불어 자사 제품 · 서비스와 스타트업의 제품 · 서비스를 비교하여 자사의 문제점과 솔루션을 발견할 수도 있다. 그래서 나아가 스타트업의 플랫폼을 도입할 수도 있고, 심지어 스타트업과 협업을 기획해 볼 수도 있다. 더불어 스타트업 조직문화를 알면 회사에 젊은 인재를 영입하고, 그들을 이해하는 데에도 도움이 될 수 있다. 조직문화를 이해하면 호칭만 '님'이나 '프로'를 쓰는 헛심을 빼지 않아도 된다. 중요한 것은 알아야 길이 보인다는 것이다. 그래서 대기업 관계자라면 스타트업 뉴스레터도 구독하고, 아산나눔재단의 '아산 기업가정신 리뷰(AER)'와 같은 스타트업 케이스 스터디도 읽어 보라고 권하고 싶다. 그리고 스타트업 세미나나 커뮤니티에 종종 참여하는 것도 새로운 시각을 얻는 데에 도움을 준다. 만약 스타트업 세미나와 커뮤니티에 간다면 깜짝 놀랄 것이다. 스타트업 세미나의 연사들은 대부분 스타트업 관계자들인데, 청중 중에는 대기업 소속임을 알 수 있는 명찰이 심심치 않게 보이기 때문이다. 누군가는 그렇게 앞서간다.

이런 관점에서 스타트업을 대체할 또 다른 기업형태가 등장하면 아이러니하게도 과거 전통 기업들의 자리를 대기업들이 대체했듯, 더욱 새로운 가치와 변화를 주도하는 기업 트렌드에 따라 스타트

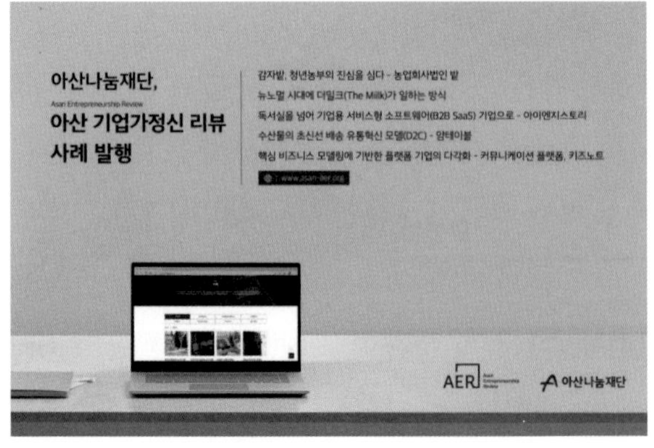

아산나눔재단의 스타트업 케이스 스터디 '아산 기업가정신 리뷰(AER)'

업 역시 흐름을 내어줄지 모른다. 하지만 중요한 것은 우리가 그동안 대기업에 대해 많은 학습이 되어 있는 것을 바탕으로 스타트업의 변화를 느낄 수 있었듯이, 스타트업을 잘 이해해야 다음 세대에 등장할 기업형태를 이해할 수 있다는 점이다. 배움에는 끝이 없다.

## 국가적 계층 사다리를 올라갈 수 있게 하는 스타트업

앞서 기업형태의 변화를 보면 기업 1.0과 기업 2.0에서는 유럽에 주도권이 있었다. 그것이 기업 3.0으로 넘어오면서 미국과 일부 아시아 국가에 경쟁력이 생겼다. 이제 기업 4.0으로 나아가면서 미국의 비중이 상대적으로 줄어든 반면 한국, 중국, 일본, 베트남 등 아시아권 여러 나라들의 약진이 두드러지고 있다. 즉, 스타트업을 통해 세계 기업분포의 틀이 깨지고 있는 것이다. 그래서 세계 각국은 최근 몇 년 간 국가 경쟁력 제고를 위한 다양한 정책을 추진해 왔고 여기에 빠지지 않는 중심 키워드가 스타트업이다.

그것을 대표적으로 보여준 사례는 핀란드이다. 핀란드는 핀란드 경제의 중심이었던 노키아가 몰락한 뒤 빠르게 스타트업 생태계를 만들어서 기업 4.0 체제를 갖추었다. 우선 교육 시스템부터 바꿨다. 헬싱키대, 알토대, 투르쿠대, 오울루대, 탐페레대 등은 재학 시절부터 스타트업에 대해 직간접적인 경험을 할 수 있도록 했다. 이 중 알토대는 2009년 '혁신 정신을 갖추고 꿈을 크게 갖자'며 창업 동아리인 '알토이에스(Aaltoes)'를 만들었다. 알토이에스는 다양한 스타트업 프로그램 탄생에 영향을 주었다. 24시간 문제 해결 대회 '딥다이브', 일정한 시간과 장소에서 프로그램을 개발하는 해커톤 프로그램인 '정션', 대학생들에게 스타트업 정신을 심는 10주짜리 인큐베이팅 캠프인 '이그나이트', 핀란드 창업가들을 실리콘밸리에 석 달간 보내 창업의 비전을 키우게 하는 '실타', 과학자들이 학계에 머물지 않고 그들의 딥 테크를 사업화하도록 돕는 '툴바(Tulva)'가 그것이다. 이런 프로그램들이 여러 기업에서도 활용되고 있다. 특히, 알토이에스는 세계 최대 스타트업 행사인 슬러시의 모태가 된다. 슬러시를 통해 매년 겨울 핀란드라는 작은 나라에 각국 스타트업 관계자와 투자자가 2만 명 이상 몰려든다. 이런 노력들을 바탕으로 인구 약 500만 명인 핀란드에서 4,000여 개의 스타트업이 활약하고 있고, 앵그리버드, 클래시 오브 클랜, 스포티파이 등이 핀란드에서 탄생했다. 이 외에도 게임 스타트업 '슈퍼셀(Supercell)', 음식 배달 스타트업 '월트(Wolt)', 탄소 제거 솔루션 '카보컬처(Carbo culture)', 인공지능 기반 비즈니스 이메일 작성 서비스 '플로라이트(Flowrite)' 등이 글로벌 스타트업 업계의 이목을 집중시키고 있다.[114]

이와 같은 흐름 속에서 산업화의 주도권을 갖지 못했던 중국과 베트남은 제조업 단계를 가파르게 따라잡고, 이제 테크 기반의 스타트업을 육성하는 시스템으로 나아가고 있다. 어차피 기업 3.0 체제에서 패스트 팔로어가 되어도 기업 4.0으로 패권이 넘어가면 또 따라가야 하기 때문이다. 특히, 베트남에 주목할 만하다. 베트남은 인구의 절반이 30대 미만이고, 높은 인터넷 보급률이 강점이다. 베트남에서 스타트업 서바이벌 오디션 '샤크 탱크'의 인기가 높은 것은 당연한 일이다. 그래서 베트남 정부는 2016년을 '창업의 해'로 지정한 이래 스타트업 지원을 위한 법률 체계를 완성하고, 지원 플랫폼 구축 등을 추진하고 있다. 그래서 현재 베트남에는 3,000여 개 이상의 스타트업이 존재하고 4개의 유니콘 스타트업이 있다. 특히, 베트남 스타트업들은 2021년 기준 약 1조 8천억 원 규모의 사상 최대 투자를 유치해 스타트업 생태계 활성화 및 향후 성장에 대한 기대감을 키우고 있다. 그리고 최근 글로벌 벤처 캐피털의 베트남 스타트업 투자도 갈수록 증가하고 있다. 글로벌 경기 침체 속에서도 베트남 스타트업에 대한 투자 지표가 좋아지고 있는 것은 현재보다 미래 발전 가능성을 높이 평가하고 있다는 증거이기도 하다. 이에 대해 글로벌 회계 컨설팅 기업 KPMG는 "베트남은 향후 10년 안에 인도네시아에 이어 동남아시아에서 두 번째로 큰 스타트업 생태계를 갖게 될 것"이라고 전망했다.[115] 결국 국가 경쟁력을 높이기 위해서는 기존 제조업 역시 잘 지원해야 하겠지만 스타트업에 무게 중심 추를 두는 과감함이 필요하다.

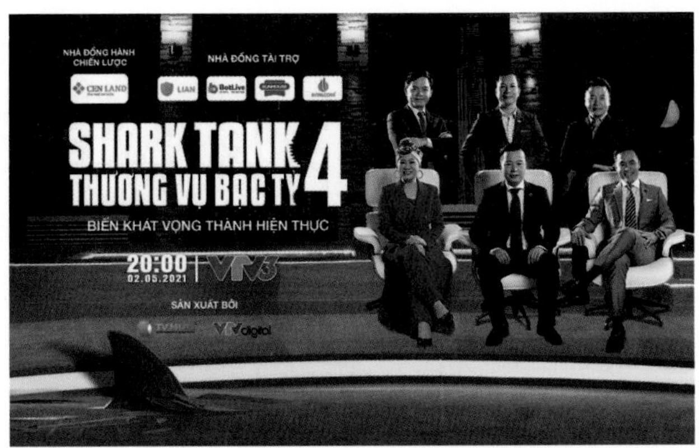


베트남의 스타트업 서바이벌 오디션 '샤크 탱크'

## 보통의 밀레니얼이 직장을 대하는 태도

현재 사회초년생들은 회사를 다니는 마인드, 일을 대하는 방식, 실제 업무를 하는 방법 등에서 기존 세대와 큰 차이를 보인다. 얼마 전 블라인드에 올라온 글이 화제가 됐다. '보통의 밀레니얼이 직장을 대하는 태도'라는 제목의 글이었다. 여기에 '승진에 열 올리기보다는 저는 그냥 일을 덜하고 싶어요. 직장에서 일 열심히 한다고 누가 알아주나요. 즐기기나 하자고요. 어차피 월급으로는 강남에 아파트 못 사는 거 알잖아요? 사이드 프로젝트해야죠. 직장에서는 나는 그저 직원 한 명에 불과하지만 직장 밖에서 나는 작가고, 창업가고, 하나로 정의할 수 없는 '나'라는 브랜드에요. 진짜 인간관계는 직장 밖에서. 원격 근무야말로 내가 사랑하는 사람들과 많은 시간을 보낼 수 있는 최고의 방법이에요.' 등의 내용이 올라왔다. 지금 세대가 원하는 일과 회사는 이런 것이라는 것을 단적으로 보여 주는 예이다.

모든 젊은 세대가 이 블라인드의 글에 해당하는 것은 아니겠지만 그들이 바라는 건 본질적으로 '내 일에 대한 오너십, 오너십을 바탕으로 한 빠른 성장, 자율에 대한 갈망'이다. 우선 이들은 내 것에 대한 소유욕이 강하다. 나의 아이디어, 나의 프로덕트, 나의 프로젝트가 중요하고, 그것을 온전히 통제할 수 있다고 느낄 때 일을 하고 싶어 한다. 그런 오너십을 바탕으로 젊은 세대들은 빠르게 성장하고 싶어한다. 나와 회사의 성장 모두가 빨랐으면 좋겠고, 빠른 변화를 느끼고 싶어한다. 이들은 정체에 대해 오래 기다려 주지 않는다. 그리고 이들은 나와 일에 대한 오너십이 큰 만큼 내 시간과 계획에 따라 자율적으로 움직이고 싶어한다.

그런데 이렇게 보면 이들이 이런 것을 바라는 건 너무 당연하다. 이런 특성은 지금의 젊은 세대뿐만 아니라 그 전 세대부터 원했던 것이기 때문이다. 그래서 지금 세대가 다르다는 것이 아니라 원래 사람들이 원했던 것을 이제야 솔직하게 드러내고 실제로 바라기 시작했다고 보는 것이 맞을 것이다. 그리고 그런 가치들을 구현한 기업형태가 스타트업이다. 스타트업은 일에 대해 자기 주도적인 오너십을 부여하고, 자율과 책임에 따라 일에 대한 권한을 주고, 그 성과에 대해 보상하거나 책임지게 하는 조직문화를 지향하고 있기 때문이다.

그런 결과로 중소벤처기업부가 실시한 '2022 기업가정신 실태조사'에 따르면 기업군별 긍정적 인식에서 스타트업 64.9점, 대기업 63.8점, 일반 중소기업 62.8점으로 나타났다.[116] 그리고 최근 중소벤처기업부가 발표한 스타트업 고용 동향을 보면 2022년 스타트업의 청년 고용은 19만 8,000명으로 2021년 대비 3.6% 늘어났다. 청년 인구 감소, 사회진출 연령대 상승, 신규 채용 축소 등에 따라 전체 기업의 청년 고용이 1.2% 줄어든 것과 달리 증가세를 보인 것이다.

결국 기존 고연령대 중심의 조직문화에서 새로운 세대로의 조직문화가 중시되는 문화 권력 이동이 발생하기 시작했다. 이미 채용 단계에서부터 그런 조짐이 보이기 시작했다. GS리테일은 최근 공채에서 신입사원을 기존 4~7년차 직원들이 뽑는 'MZ세대 면접관 참여제도'를 도입했다. 함께 일하고, 성장하고 싶은 동료를 MZ 면접관이 직접 발굴한다는 취지로 신설된 제도이다. 팀장급 이상만 참여했던 채용 면접관으로 MZ세대 직원들이 나선 것은 대기업 역사상 최초 사례이다.[117] 이와 함께 일부 대기업에서는 젊은 세대 중심으로 승진이 빨라지고 있다. 30대 팀장, 40대 임원은 이제 트렌드가 됐다. 뿐만 아니라 일부 대기업은 젊은 세대들이 선호하는 외부 협업툴도 도입하기 시작했다. 대기업도 젊은 세대에 맞춘 효율 중심의 업무 체계를 갖추려고 하고 있는 것이다. 이렇게 여러 가지 스타트업 조직문화를 잘 이해하고 적용한다면 세대 장벽도 깰 수 있다고 믿는다.

대한민국 바른채용 콘퍼런스에서 우수사례로 소개된 'MZ세대 면접관 참여제도'

## 여성은 배려의 대상이 아닌 기회의 대상

스타트업은 사회적으로 여성 커리어에 대한 틀도 깨고 있다. 스타트업에서 여성 대표나 리더가 차지하는 비중이 대기업에서 여성 임원과 팀장이 차지하는 비중보다 높은 것이다. 여성 스스로 보이지 않는 유리창을 깰 수 있는 기회가 스타트업에 더 많고, 스타트업은 남성이든 여성이든 능력만 있다면 CEO나 리더가 될 수 있기 때문이다. 게다가 최근 기업들이 조직문화를 만들어 가는 역할에 여성 리더들이 주도적으로 참여하고 있다. 그래서 2022년 스타트업의 여성 고용은 24만 3,000명으로 10.0% 증가했다. 이는 전체 기업의 여성 고용 증가율인 2.9%보다 매우 높은 수준인 것이다.[118]

특히, 여성 창업자가 설립한 스타트업 분야가 다양해지고 있다. 과거에는 뷰티, 육아, 교육 등이 여성 스타트업으로 주로 분류됐지만 최근에는 컨슈머 테크, 펫테크, 헬스케어, 소프트웨어 분야에서도 여성 스타트업이 증가하고 있다. 헬스케어 분야에서는 의료기기와 함께 수면 관리, 시니어 케어, 건강 관리를 위한 서비스가 두드러지고, 소프트웨어 분야에서는 생성형 인공지능, B2B 소프트웨어 서비스에도 여성 스타트업이 뛰어들고 있다. 또 게임, 제조, 농업 분야에서도 여성 스타트업이 등장하고 있어 스타트업 생태계의 성별 다양성을 증가시키고 있다.

이런 분야 다양성과 더불어 여성 스타트업의 투자 성공 수도 증가했다. 2020년에는 투자에 성공한 여성 스타트업 수가 51개에 불과했지만 2022년에는 114곳으로 큰 증가를 보였다. 여기에 더 많은 여성들이 스타트업에 뛰어들고 있어 정부는 여성 스타트업 사업에 역대 최대 규모인 101억 원을 투입하겠다고 밝혔다. 그리고 앞으로 여성 스타트업에 대한 지원은 더 다양해질 전망이다.[119] 그래서 인위적으로 특정 조직이나 분야에 여성 할당제를 도입하거나, 여성 임원이나 사외이사의 여성 정원을 설정하는 것보다 스타트업 조직문화에 따른 애자일 조직을 편성하는 것이 여성 고용과 승진에 더 도움을 줄 수 있다.

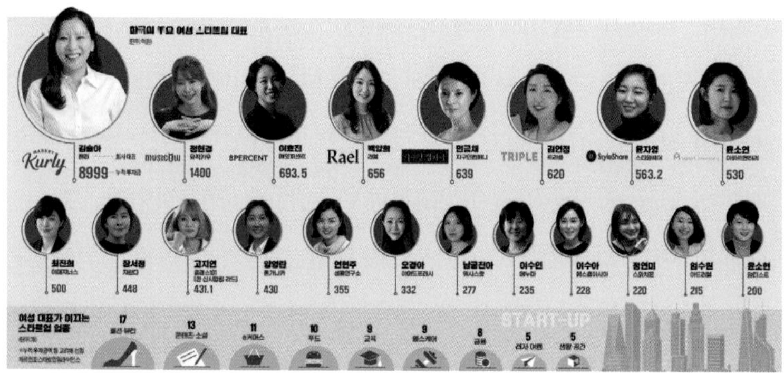


대표적인 여성 스타트업 CEO[120]

# 09

# 대기업 갈래, 스타트업 할래

이제 스타트업에 대한 이해도가 좀 높아졌다면 스타트업을 시작하거나 취업, 이직 등에 있어서 스타트업이 고려의 대상이 될 수 있다. 이런 선택을 앞두고 있을 때, 대기업과 스타트업을 비교한다면 보다 선명한 차이를 느낄 수 있을 것이다. 일반적으로 대기업에 대한 이미지는 안정적인 직장, 높은 연봉, 정기적인 성과급과 상여금, 수많은 계열사를 바탕으로 한 직원 혜택과 복리후생, 대기업에 들어간 것만으로도 느껴지는 성취감, 가족과 지인으로부터 받는 인정, 해외에서의 높은 위상 등이 대표적이다. 반면 보수적, 관료제적, 위계질서, 경직된 회의 분위기 등 다소 부정적인 이미지도 있다. 그에 비해 스타트업은 성장에 대한 가능성이 무궁무진한 곳, 역동적, 수평적이고 빠른 의사소통, 자율적, 자유로운 분위기와 조직문화 등의 이미지가 있다. 반대로 불안정성, 초반 낮은 연봉, 야근과 주말 근무도 감수해야 하는 회사 상황 등이 떠오르기도 한다.

그런데 이런 것들은 대기업과 스타트업에 대해 우리가 막연히 느끼는 점들이고 실제 일을 해 보거나 경험한 사람들의 얘기를 들어 보면 생각보다 다른 점들이 많다는 걸 알게 된다. 요컨대 대기업에 대해서는 일부 편견이 있고, 스타트업에 대해서는 일면 환상이 있다. 그래서 이 부분을 비교하여 스타트업의 장단점을 알아 보는 게 중요하다. 그것을 위해 한 조사를 기준으로 삼아 보려고 한다. 최근 잡코리아가 구직자와 직장인 1,063명을 대상으로 '스타트업에 취업 및 이직 의향'에 대한 설문조사를 진행한 결과 전체 응답자의 72.3%가 '스타트업에 취업 및 이직할 의향이 있다'고 답했다. 그 이유는 스타트업의 높은 성장 가능성 43.7%, 수평적인 조직문화

38.0%, 자율적인 기업문화 30.1%, 다양한 이색 복지제도 26.6%, 개인 역량의 발전 가능성 24.6% 순으로 나타났다.[121] 이렇게 보면 사람들이 스타트업에 대해 느끼는 키워드는 성장, 수평, 자율 등으로 보인다. 하지만 이 단어에는 숨겨진 의미도 있다.

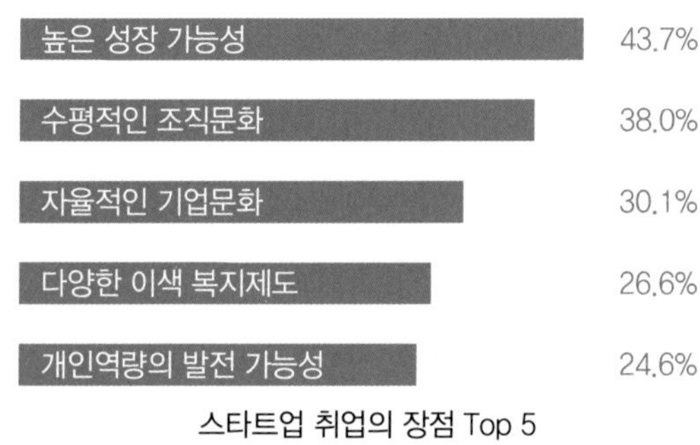

스타트업 취업의 장점 Top 5

## 높은 성장 가능성? 하이 리스크 하이 리턴

많은 사람들이 스타트업의 높은 성장 가능성을 좋게 평가했다. 스타트업 관계자들 역시 스타트업의 높은 성장 가능성에 동의했다. 일반 기업이라면 연간 10% 성장도 힘든데, 스타트업은 한 달에 100% 성장을 하기도 하고, 연간 1,000% 성장하는 경우도 있기 때문이다. 그래서 스타트업 성장을 '로켓 성장'이라고 부르고 대나무가 쭉쭉 성장하는 모습과 같다고 해서 '퀀텀 리프(quantum leap)', 즉 양자 도약으로 부르기도 한다.

결국 스타트업의 높은 성장 가능성에서 기대하는 사람들의 마음은 스타트업의 성장을 통해 얻게 되는 금전적 보상, 즉 파격적인 연봉 인상이나 스톡옵션 등을 말할 것이다. 그래서 스타트업이 J커브를 그리면서 성장하는 만큼 연봉, 성과금, 스톡옵션 역시 J커브를 그리는 것을 기대한다. 실제로 스타트업은 대기업에는 없는 스톡옵션이라는 강력한 보상 제도를 통해 파격적인 성과 보상 문화를 구축하고 있다. 예를 들어, 몰로코는 일정 조건을 걸고 주식을 직접 부여하는 제도인 양도제한조건부주식(RSU)을, 센드버드는 입사 1년 뒤 즉시 행사할 수 있는 스톡옵션을 제공한다. 네이버 역시 '스톡그랜트'라는 이름으로 전 직원에게 연간 1,000만 원 상당의 주식을 부여하고, '주식 매입 리워드'로 네이버 주식 매입 후 6개월 보유 시 매입 금액의 10%를 지원하기도 한다.

이렇게 회사의 성장이 금전적 보상으로 직결되다 보니 일반 기업을 다니는 사람들 입장에서는 주로 연차나 직급에 따라 결정되는 연봉과 평생의 근로소득에 한계를 느끼기도 한다. 예를 들어, 삼성전자를 다닌다고 했을 때 대략 20년을 근속한다고 하면 매년 평균 1억을 벌고, 총 근로소득은 약 20억이 된다. 하지만 스타트업에서는 잘하면 20~30대에 그만한 돈을 벌 수 있는 기회가 생기기도 한다. 실제로 젊은 나이에 스타트업을 시작했거나 초기 멤버로 합류한 몇몇 스타트업 관계자들을 보면 빠른 엑시트를 통해 수십억을 벌었다는 얘기를 심심치 않게 들을 수 있다.

그래서인지 중소벤처기업부에 따르면 30세 미만 스타트업 창업자는 가파르게 늘고 있다. 이에 따라 스타트업 업계에서는 '90년대생 창업자'에 주목하고 있고, 이들이 앞으로 5~10년 내 주류로 떠오를 것으로 보고 있다. 이미 2010년대 스타트업 업계에서 성공한 이들이 쿠팡의 김범석(78년생), 배달의민족의 김봉진(76년생), 야놀자의 이수진(78년생), 토스의 이승건(82년생), 컬리의 김슬아(83년생) 등 70~80년대생이었다면, 이들의 영향을 받은 90년대생들이 그 바통을 이어받을 것이라는 전망이다.[122] 실제로 이들 중엔 벌써 한두 번의 엑시트를 경험한 사례도 있다. 북미 웹소설 플랫폼 래디쉬 창업자 이승윤 대표는 래디쉬를 카카오엔터테인먼트에 5,000억 원에 엑시트했다. 음원 저작권 스타트업 비욘드뮤직 공동창업자 이장원 대표는 창업 1년 만에 2,650억 원의 투자를 유치했다.[123]

90년대생 창업자가 온다

그래서 최근 성공한 스타트업 창업자나 초기 멤버들이 신흥 부자 계층을 형성했다는 말도 들린다. 스타트업이 사회적 계층 사다리를 올라갈 수단이 된 것이다. 과거 고시와 전문직 자격증, 그리고 대기업으로 이어졌던 사회적 계층 사다리에서 스타트업은 '인생 역전의 최후의 수단'으로 여겨진다. 그러다 보니 사람들이 높은 성장 가능성, 즉 스타트업에 인생을 걸어서 큰 성공을 이뤄 보겠다는 열망이 생긴 것도 사실이다.

하지만 이런 성장의 이면에는 매우 큰 리스크가 잠재되어 있다. 앞서 엑시트에 성공한 스타트업을 얘기했지만 실제로 이렇게 스타트업이 엑시트까지 성공할 확률이 얼마나 될까. 대한상공회의소에 따르면 국내 스타트업의 61%는 창업 3년 내 중도 탈락한다.[124] 소위 스타트업이 3년 내에 망할 확률이 절반을 넘는다는 것이다. 어렵게 3년을 넘긴다고 하더라도 시리즈 B, 시리즈 C까지 살아남을 확률은 한 자리 수에 지나지 않는다. 그리고 기업공개, 즉 IPO까지 갈 확률은? 단 0.7%이다. 실제로 수산물 당일 배송 서비스 '오늘회' 운영사인 오늘식탁은 잘 나가다 예고도 없이 갑자기 서비스를 중단하기도 했다. 여기에 높은 성장을 기대하는 만큼 초기의 적은 연봉과 불안정함을 이겨내야 하는 것도 숙명이다. 이에 대해 센드버드코리아 이상희 대표는 "예전에도, 지금도 '스타트업하기 좋은 날'은 없었다"고 고백하기도 했다.

또 한 가지 덧붙이자면 높은 성장도 '빨리' 달성해야 의미가 있다. 빠른 성장이 생명인 스타트업에 있어서 느리게 성공한다는 건 어폐가 있다. 그래서 『빠르게 실패하기』의 저자 존 크럼볼츠(John Krumboltz)와 라이언 바비노(Ryan Babineaux)는 "빠르게 실패하는 게 낫다"고 주장했다. 왓차 박태훈 대표도 역시 "빠르게 성공하는 것보다 더 나쁜 것은 느리게 망하는 것"이라고 말했다. 천천히 성장하고 있거나 멈춰 있다면 뜨거운 물에 안주하는 개구리같다는 것이다. 그만큼 스타트업의 높은 성장 아래엔 '빠른 시간'이라는 전제를 달성하기 위한 어마어마한 압박이 있다는 뜻이다.

## 개인 역량의 발전 가능성? 발전은 몰입한 시간에 비례한다

잡코리아 설문조사에서 개인 역량의 발전 가능성은 5위였지만 이 부분은 1위인 높은 성장 가능성과 관련되어 있기 때문에 이어서 살펴보겠다. 사실 회사가 빨리 성장하면 평균 이상의 개인도 성장할 수밖에 없다. 그리고 개인이 성장하면 일을 주도적으로 할 수 있게 된다. 이에 대해 XL8 정영훈 대표는 구글 재직시절을 떠올리며 "처음에는 작은 일이라도 스스로 결정하는 것에 큰 부담을 느꼈다. 하지만 내가 추구하는 것들을 스스럼없이 이야기하고 피드백을 받으며 한 뼘 성장했다"라며, "그리고 부족한 부분을 스스로 공부하면서 시야도 넓어졌다"고 말했다.[125]

결국 스타트업에게 있어서 회사의 성장은 결국 개인 성장의 합과 같다. 그만큼 개개인의 맨파워가 중요한 곳이 스타트업이기 때문이다. 엄밀히 말해서 개인이 성장하지 않으면 스타트업의 성장도 없다. 이에 대해 토스 이승건 대표는 "개인의 역량이 높아야 조직도 성장하고, 조직이 성장하는 만큼 개인도 발전한다. 그래서 스타트업에서 개인 역량을 발전시킨다는 건 회사의 성장과 교육으로만 얻어질 수 있는 것이 아니다. 때로는 새로운 업무를 배우기 위해 시간과 에너지를 투자해서 노력해야 한다"고 했다. 그래서 어떤 스타트업의 경우 갑자기 팀에서 소프트웨어 개발 역량이 필요하다고 하면 마케터가 6주간 개발 관련 부트 캠프에 가서 소프트웨어 개발 기술을 배우고 오는 경우도 있다. 즉, 스타트업에게 높은 성장 가능성을 기대한다면 팀원 역시 스스로 높은 성장을 해야 한다는 것이다.

그래서 스타트업에서는 회사가 J커브를 그리는 그 기울기에 맞춰 개인 역량 역시 그만큼 성장해야 한다. 그냥 성장한다가 아니라 내 스스로도 성장할 수 있도록 노력해야 한다는 뜻이다. 그렇지 않다면 회사가 빠르게 성장하는 만큼 내가 못 따라가는 경우가 생기고, 그에 따라 오히려 나의 존재가 회사에 도움이 되지 않는 순간을 맞이한다. 반대로 대기업에서는 시간이 지나면서 개인 역량이 서서히 발전하고, 개인 역량의 발전 속도보다 회사의 성장이 더뎌지는 순간부터 개인 역량을 발전시켜야 한다는 부담에서 벗어날 수 있다. 심지어 대기업은 개인 역량을 발전시켜 주기 위해 직군별, 직책별 재교육도 귀찮을 정도로 많이 시킨다. 여기에 출근 전 · 후 어학, 컴퓨터 스킬, 상식, 비즈니스 매너 등 역량 개발을 위한 다양한 프로그램도 진행한다. 대학원 진학이나 자격증 시험도 지원한다. 이렇게 대기업은 개인이 꾸준히 성장할 수 있게 지원도 하면서 그 성장의 시간을 기다려 준다.

그래서 이렇게 비교해 보면 사실 스타트업의 라이프가 아주 좋다고 보기 어렵다. 순간 순간의 업무 몰입도도 높지만 업무의 범위도 넓고, 내가 그 업무를 수행하기에 부족한 스킬이 있다면 스스로 따로 채울 수 있도록 시간을 내고 노력해야 하기 때문이다. 그래서 스티브 잡스나 일론 머스크, 그리고 국내 많은 스타트업 대표들이 '몰입'에 대해 강조한다. 내가 짧은 시간 내에 성장을 하고 싶다면 남보다 많은 시간을 투자해서 몰입해야 한다는 것이다. 스티브 잡스와 일론 머스크가 스스로 '주 100시간' 일했다고 말한 것도 그런 맥락에서 나왔다. 결국 개인 역량이 발전하기 위해서는 내 스스로

의 노력과 몰입이 중요하다는 뜻이다. 회사가 알아서 개인 역량을 발전시켜 주지 않는다.[126]

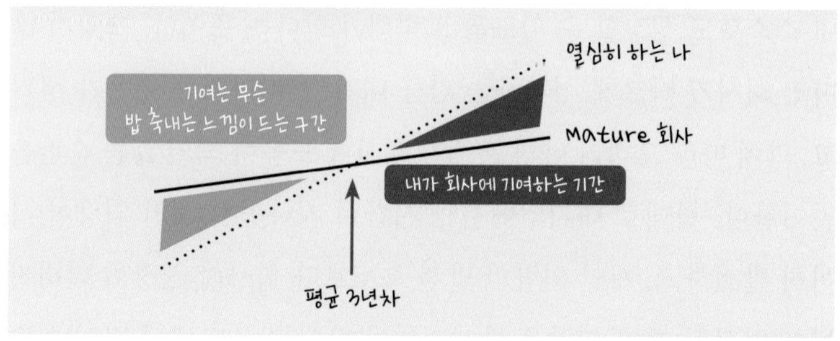


대기업의 개인 역량 발전 그래프

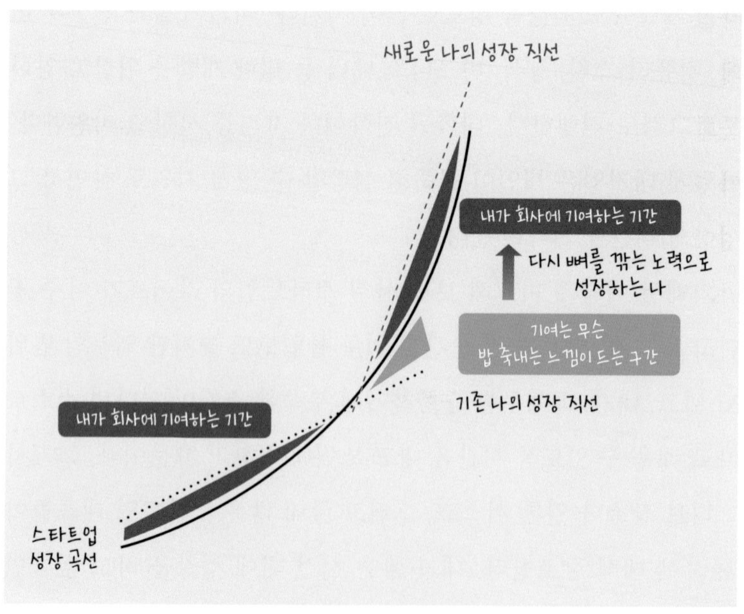


스타트업의 개인 역량 발전 그래프

## 수평적인 조직문화? 수평은 효율의 또 다른 말

우선 조직문화를 수직적이다, 수평적이다로 나누는 건 합리적이지 않다. 수직적이고, 수평적인 조직은 딱 나눌 수 있는 것도 아니고, 마치 수직적이면 나쁘고, 수평적이면 좋다는 가치가 담겨져 있는 것처럼 여겨지기 때문이다. 여기서 비롯되어 대기업은 수직적이어서 나쁘고, 스타트업은 수평적이니까 좋다는 식의 이분법적인 오해와 편견이 있는 것도 사실이다. 그래서 이를 위계조직과 역할조직으로 구분해서 설명한 바 있다. 하지만 여전히 수직적, 수평적이라는 말이 널리 쓰이고 있고, 직관적이기 때문에 여기서도 그에 맞게 설명하고자 한다. 우선 스타트업이 상대적으로 수평적인 조직문화라는 것은 맞다. 그런데 이건 스타트업이 수평적인 조직문화가 좋기 때문에 수평적인 조직문화를 추구하는 것이 아니라 스타트업이 업무에 있어서 '효율'을 추구하고, 효율을 통해 빠르게 성장해야 하기 때문에 '수평적일 수밖에 없다'는 것이 더 맞는 표현이다.

즉, 스타트업에서는 효율이 중요하기 때문에 직급, 직책, 호칭도 복잡하면 안 된다. 일례로 보통 대기업에서는 누군가에게 메일을 보내거나 전화를 할 때 사내 조직도에서 그 사람을 검색해 보고, 그 사람의 직급과 직책을 꼭 확인한다. 그리고 상대방의 직급과 직책을 불러 주는 것이 예의이다. 스타트업에서는 이럴 시간이 없다. 그래서 스타트업에서 ○○님, 영어 이름으로 부르는 것은 수평이 아닌 효율을 위한 선택이다. 보고체계도 단순해야 한다. 보고에 대한 겉치레도 따지지 않는다. 소위 보고를 위한 자료 준비나 보고를 위한 보고는 금물이다. 사무실에서 칸막이를 없애고 CEO나 리더들이 팀원들 사이에 앉는 것 역시 빠른 소통에 따른 업무 효율을 위해서이다. 모두 한 공간에서 수시로 소통하고 하루하루 발생하는 문제를 해결해야 하기 때문이다. 업무적으로 다양한 협업툴을 쓰는 것도 이 때문이다. 모든 정보가 공유되어야 업무를 효율적으로 처리할 수 있기 때문이다. 반복적으로 강조하지만 수평적이라는 것은 '효율적'이라는 것과 같다.

이렇게 수평적인 조직문화를 '효율적인 조직문화'로 바꿔서 보면 스타트업이 이 효율을 위해서 얼마나 전쟁같은 하루하루를 보내는지 알 수 있다. 그래서 이 수평적인 조직문화를 선호한다는 것이 그만큼 스스로 효율을 추구할 수 있고, 효율이 추구하는 속도를 따라갈 수 있다는 뜻이라면 스타트업이 맞을 수도 있다. 하지만 그것이 아니라면 스타트업이 맞지 않을 수 있다. 그리고 수평적이라고 해서 모든 것이 다 좋은 것은 아니다. 리더의 능력에 따라 시행착오가 잦을 수 있다. 또한 수평적이라는 말은 '체계 없음'의 다른 말이기도 하다. 그래서 알아서 일을 찾아서 해야 하고, 갖춰진 체계 없이 온갖 소통이 이뤄지기 때문에 이를 따라가지 못하면 머리가 복잡해질 수 있다.

한편, 수직적인 조직문화는 나쁘고 효율이 떨어지는가? 그렇지 않다. 위계조직에서 설명했듯이 산업화, 제조업 등 획일화된 업무를 하는 데에 있어서는 수직적인 조직문화가 오히려 더 힘을 발휘한다. 문제는 수직적인 조직문화 자체가 아니라 시간이 지나면서 성장보다는 안정을 추구하게 되고, 그러다 보면 적체가 시작되면서 발생한다. 적체란 사고의 적체, 실행력의 적체, 도전의 적체 등이다. 그러다 보니 조직 자체가 변화가 적고 달라진 가치와 세대 교체에 대비하지 못하게 되는 것이다. 이미 수직적, 위계적 조직문화를 바탕으로 성장한 기업은 그 시스템을 공고히 유지하고 있고, 젊은 세대는 수평적, 역할적 가치를 갖고 회사에 들어오다 보니 회사에 소속감을 갖지 못하고 최소한의 일만 하는 '조용한 퇴사'가 이어지는 것이다. 이에 대해 하버드비즈니스리뷰는 "조용한 퇴사는 나쁜 직원이 아닌 나쁜 상사에 관한 문제"라고 짚었다. 직원들의 동기 부족은 관리자의 행동에 대한 반응이자, 신뢰할 수 없는 리더십의 결과라는 것이다. 그러면서 "조용한 퇴사를 감행한 직원을 손가락질하기 전에, 직원들은 자신의 에너지 · 창의성 · 시간 · 열정을 '자격이 있는 조직과 리더'에 주고 싶어한다는 사실부터 명심하라"고 강조했다.[127] 결국 수직적인 조직문화 자체의 문제보다 그것을 잘못 사용하게 된 것이 문제이다. 그 부분만 개선된다면 수직적이고 위계적인 대기업 조직문화도 나쁘지 않다.

Quiet Quitting Is About Bad Bosses, Not Bad Employees
by Jack Zenger and Joseph Folkman
August 31, 2022

하버드비즈니스리뷰 '조용한 퇴사는 나쁜 직원이 아닌 나쁜 상사에 관한 문제'

## 자율적인 기업문화? 회사도 당신에게 자율적일 수 있다

확실히 스타트업이 대기업보다 자율적인 것은 사실이다. 스타트업을 떠올리면 편하게 옷을 입고, 카페나 라운지에서 일을 하며, 언제 출퇴근해도 상관없을 것 같다. 하지만 자율적이라는 의미를 '내 맘대로'로 이해하면 안 된다. 내 맘대로 출퇴근하고, 업무시간과 장소를 정하지 않는다는 의미가 아니다. 그건 자율적이라는 말을 피상적으로 이해한 것이다. 자율적이라는 것은 성과와 효율과도 직결되는 의미이다. 성과와 효율을 내는 데에 자율적인 것이 더 맞다면 자율을 허용하겠다는 것이지 자율적으로 일한다고 해서 성과와 효율이 나는 것이 아니다. 또한 자율적이라는 것은 업무에 대한 '자기주도성'과 관련된 이야기이다. 자율적으로 내가 나의 목표를 설정하고, 달성하고자 하는 구체적인 행동 방안, 업무 방식을 선택할 수 있다는 뜻이다. 그리고 내가 업무에 대한 '자기주도성'과 '자유도'를 갖고 일하기 위해서는 그럴만한 역량과 소통 능력을 갖춰야 한다. 가끔 이를 오해해서 피상적인 자율만 찾다가 스타트업에 적응하지 못하는 사람들도 적지 않다.

요컨대 자율적이기 위해서는 내 일에 대한 책임을 확실히 해야 한다. 자율에는 반드시 책임이 따른다. 즉, 높은 성과가 난다면 성취감을 느끼면서 그에 따른 확실한 보상을 받을 수 있고, 원하는 만큼 자유로울 수 있다. 하지만 내 일에 대한 책임을 다하지 않는다면 회사 입장에서도 그 사람을 해고하는 것이 매우 자율적이다. 내가 자유로울 수 있지만 회사도 당신의 해고에 대해 자율적일 수 있다.

실제로 실리콘밸리 해고 문화가 그렇다. 스타트업의 인력 감축 소식을 집계하는 플랫폼 레이오프fyi(Layoffs.fyi)에 따르면 코로나 19 이후 1,068개의 스타트업이 16만 3,534명을 정리한 것으로 나타난다. 사실 실리콘밸리에서 이런 구조 조정과 인력 감축은 흔한 일이다. 그리고 화상 회의로 정리 해고를 했다는 황당한 에피소드도 가끔 들린다. 최근 미국 최대 암호 화폐 거래소인 코인베이스가 직원의 18%인 1,100명을 감원했는데, 해고 당일 오전, 회사 메일 계정이 바로 끊겼고 영문을 몰랐던 직원들은 추후 개인 메일을 통해 해고 소식을 접했다.[128] 모기지 스타트업 베터닷컴 대표 비샬 가르그(Vishal Garg)는 직원의 9%에 달하는 900명을 '줌 웨비나'로 초대한 뒤 그 자리에서 해고 통보했다.[129] 물론 실리콘밸리는 최소 2주 전에 예고만 하면 아무런 거리낌 없이 직원을 해고할 수 있는 임의 고용 및 해고 문화가 자리 잡고 있기 때문에 이런 일들이 발생하지만 한국이라고 크게 다르지 않다. 스타트업에 있어서 고용과 해고

줌에서 900명을 해고한 베터닷컴 CEO

는 제도의 문제가 아니라 회사의 존폐가 걸린 문제이기 때문이다. 즉, 스타트업은 좋은 쪽이든 안 좋은 쪽이든 모든 것이 열려 있다고 할 수 있다.

## 다양한 이색 복지제도? 이색이란 말에 감춰진 아쉬움

스타트업은 이색적인 방법과 꼭 필요한 편의를 제공하면서 복지에 신경을 많이 쓴다. 예를 들어, 브랜디는 가사, 세탁, 아기나 반려동물 시터, 반찬 구독 중 2개 프로그램을 선택할 수 있다. 펄어비스는 미혼 임직원을 위해 월 1회 가사 청소 지원 서비스를 제공한다. 몰로코는 연간 250만 원 한도로 자기계발비를 지원한다. 센드버드코리아도 연간 최대 396만 원에 달하는 자기계발비와 별도로 연간 360만 원까지 영어학습 지원금을 제공한다. 이 외에도 스타트업마다 구성원들의 특징에 맞는 복지제도를 운영 중이다.

특히, 스타트업은 복지를 위해 'B2E(Business to Employee)'를 활용하기도 한다. B2E는 일반적인 소비자나 기업 고객이 아닌 직원에 초점을 맞춘 서비스를 제공한다. 그래서 내부적으로 여러 복지제도를 운영하기 어렵거나 인프라를 갖추기 부담스러워하는 스타트업들이 주로 B2E를 통해 부족한 부분을 채워나가고 있다. 예를 들어, 스타트업이 B2E 서비스에 가입하면 구성원들은 특정 쇼핑몰에서 커피를 구매하거나 회사 인근 맛집에서 복지 포인트로 점심을 먹을 수 있다. 필요하다면 샐러드를 시켜먹을 수도 있다. 대표적으로 임직원에게 복지 명목으로 식대를 지급하고 관리할 수 있게 하는 '식권대장', 복지 포인트를 네이버페이 포인트로 전환해 사용할 수 있게 한 개방형 복지몰 '복지대장'이 있다. 오피스 커피 구독 서비스, 오피스 샐러드 구독 서비스 등도 그중 하나이다.[130] 이렇게 스타트업 복지제도는 구성원들의 회사생활을 실질적으로 지원하는 데에 집중되어 있다. 그래서 대기업이 갖춘 다양한 문화, 레져, 취미 관련 복지제도와 비교하면 아쉬운 것이 사실이다. 사실 대기업은 여러 계열사나 관계사들이 연계되어 있기 때문에 영화관, 공연장, 쇼핑몰, 여행상품까지 폭넓게 제공할 수 있는 인프라를 갖추고 있다. 그에 비해 스타트업은 이 부분에서는 여전히 갈 길이 멀다. 그래서 스타트업들이 '최고의 복지는 탁월한 동료'라는 가치에 따라 조직문화를 그렇게 강조하는지도 모른다.

식권대장 복지대장

이렇듯 대기업과 스타트업은 각각 장점과 단점이 명확하다. 대기업은 폭넓은 사업망과 캐시 카우를 갖고 있다. 그만큼 공고한 지위를 가졌기 때문에 안정적이지만 보수적이고, 변화를 가져가기 힘들다. 반대로 스타트업은 혁신, 자율을 추구하지만 그만큼 변동성이 크고 치열하다. 그리고 고용 안정성에 문제가 있고, 복지제도에 있어서도 대기업과 갭이 크다. 하지만 이건 어디가 절대적으로 좋다 나쁘다로 구분할 수 있는 것이 아니다.

이제 대기업과 스타트업이라는 두 축이 있다고 봐야 한다. 전에는 대기업이 워낙 큰 비중을 차지하고 큰 영향력을 행사했고, 그 아래에 스타트업이 있었다. 하지만 지금은 스타트업이 성장하고 대기업이 하지 못하는 것들을 해 나가면서 독립적인 영역을 구축하게 됐다. 그래서 두 회사가 각자의 위치에서 상호 공존하는 생태계가 갖춰지기 시작했다. 대기업은 스타트업의 혁신과 성장을 보면서 자극을 받고, 스타트업은 초기 단계에서 대기업의 조력을 받기도 하고, 또 성장 후에는 대기업의 인프라를 통해 스케일업을 하기도 한다. 중요한 것은 '공존'이다. 이들은 이제 서로의 정보, 인재, 인프라, 시스템을 공유하거나 인사이트를 주고받으면서 상호 성장하게 될 것이라고 본다.

그렇게 공존하는 두 기업 형태 속에서 우리는 어떤 선택을 해야 하나라는 고민을 하게 된다. 물론 이런 고민을 하지 않고 영역을 넘나드는 사람들도 있고, 또 그런 것과 상관없는 비즈니스를 하는 사람들도 있다. 하지만 대부분의 사람들은 이 두 가지 노선에서 고민을 하게 될 것이다. 결국 이건 대기업과 스타트업이라는 기업 형태를 보고 결정하는 것이 아니라 내가 추구하는 가치, 나의 성향에 따라 선택할 문제이다. 나의 가치와 성향을 충족시키는 곳은 어디인지, 어떤 곳이 나와 핏(fit)이 맞는가를 봐야 한다는 것이다.

구체적으로 회사와 나의 싱크로율이 낮아도 되는 대신에 안정성이 좋다면 대기업을 선택해도 좋다. 반대로 회사와 나의 싱크로율이 높아야만 한다면 스타트업을 선택하는 게 맞다. 이에 대해 애자일 성과 관리 서비스 '클랩'을 운영하는 디웨일 구자국 대표는 흥미로운 비교를 했다. 구자욱 대표는 "대기업과 스타트업을 비교해 보면 대기업이 스타트업보다 직급별 연봉이 약 1천만 원 정도 높다. 그런데 이 1천만 원의 연봉 차이는 내가 회사에서 느끼는 '인지부조화'에 대한 대가이다. 요컨대 대기업을 들어가기 위해 수많은 스펙을 쌓았지만 막상 회사를 들어가서 일을 하다 보면 기대와 다른 일을 하게 되고 무력해지기 때문에 인지부조화를 느끼는 것이다. 그런 인지부조화를 이겨내고 회사를 성실히 다니는 대가로 주는 연봉이 약 1천만 원의 차이이다. 그래서 이 인지부조화를 버텨내면서 안정적인 급여 소득으로 미래를 설계하고 싶다면 대기업을 가는 것도 좋다. 반대로 현재의 대가를 덜 받는 대신 기대한 일을 하고, 자기주도성으로 눈에 보이는 성과를 달성해 가는 성취감을 더 원한다면 스타트업을 선택하라"고 조언했다.

특히, 어떤 스타트업을 선택한다는 것은 내가 그 스타트업이 해결하고자 하는 문제에 절대적으로 '공감'하느냐에 큰 영향을 받는다. '나와 문제 해결의 동일시'가 중요하다는 것이다. 그렇게 공감이 생기면 내 스스로 오너십을 갖고 문제를 해결하고 싶어하고, 자율과 책임 속에서 성장할 수 있다. 그만큼 나와 회사 간 상호 판단이 중요하기 때문에 스타트업 업계에서는 단순히 회사가 구직자를 면접본다고 하지 않고, 실제 상호 간 살펴보는 '인터(inter)뷰(view)'를 한다고 말한다.

그렇다면 구체적으로 어떤 사람이 스타트업에 어울리는 사람일까? 스타트업 업계는 '자발적이고, 적극적이고, 정체되지 않고, 책임감이 강하고, 기준이 높은 사람'이 스타트업에 맞는 사람이라고 평가한다. 즉, 스타트업은 워낙 빠르게 결정되는 중요 사안이 많아서 스스로 정보를 파악하고, 모르는 게 있다면 직급, 연차, 나이에 상관없이 물어 보고 빠르게 협조를 요청하는 사람이 필요하다. 또한 스타트업은 넷플릭스가 강조하는 'Never say, That's not my job' 마인드를 중요하게 생각한다. 즉, 팀에 문제가 있을 때 자기 일이 아니어도 함께 해결책을 찾아 주려고 노력하는 사람이 팀에서 최고의 동료로 인정받는다. 그리고 익숙해지는 것을 정체된다고 생각하고, 항상 새로운 것을 익히고 도전하고 성장해야 한다고 믿는 사람이 스타트업에 맞는다. 뿐만 아니라 자신이 맡은 업무를 끝까지 해내겠다는 책임감 수준도 다른 사람이 인정받는다. 마지막으로 단지 돈을 벌기 위함이 아니라 자기가 하고 싶은 일을 하고, 나아가 팀의 목표에 공감해 함께 임팩트를 만들어 내기 위해 일을 하는 사람이 잘 맞는다. 여기서 더 나아가서 사회적으로 보람 있고 가치 있는 일을 하기 위한 사람들이 스타트업에 어울린다고 한다.[131] 이에 대해 직무진단 플랫폼 '모카'는 자신이 대기업 인재인지 스타트업 인재인지 성향을 분석해서 그에 맞는 기업을 추천해 준다. 그리고 초기 스타트업 채용 플랫폼 '조이너리'는 자신에게 맞는 스타트업을 추천해 주기도 한다.[132]

여기에 내가 대기업 성향인지 스타트업 성향인지 간단히 알아볼 수 있는 체크리스트가 있다.[133] 딱 정해진 것도 아니고 정답도 아니지만 어느 정도 판단은 할 수 있다. 스스로 한 번 해 보는 것도 재미있을 것이다.

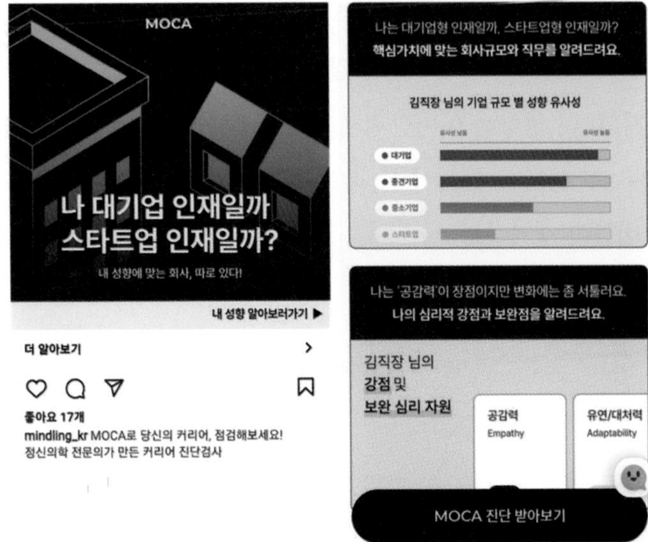


대기업 인재인지 스타트업 인재인지 진단해 주는 '모카'

| 대기업 성향 체크리스트 | 스타트업 성향 체크리스트 |
|---|---|
| ☑ 개인 단위로 할 수 있는 일이 좋다 | ☑ 팀 단위로 구성되는 일이 좋다 |
| ☑ 규칙적인 일을 할 때 안정감이 있다 | ☑ 새로운 업무를 맡는 것이 즐겁다 |
| ☑ 개인적인 시간이 충분히 보장되기를 원한다 | ☑ 업무량이 많아도 성장할 수 있는 기회라면 상관없다 |
| ☑ 자리에 파티션이 있어야 집중이 잘 된다 | ☑ 오픈된 공간에서 일하는 게 좋다 |
| ☑ 사람을 많이 만나거나 대화를 길게 하고 나면 지치는 편인다 | ☑ 여러 사람들을 만나고 대화하는 것이 부담스럽지 않다 |
| ☑ 원칙과 규칙에 따라 일을 처리한다 | ☑ 일을 할 때 융통성이 있는 편이다 |
| ☑ 급여나 보너스에 메리트가 적더라도 안정성이 중요하다 | ☑ 급여 외적인 인센티브가 중요하다 |
| ☑ 계획이 충분히 선 다음에 움직여야 한다 | ☑ 일단 몸으로 부딪혀 보면서 일해야 한다 |
| ☑ 이미 선례가 있는 일들을 하는 것이 좋다 | ☑ 남이 해 보지 않은 방식으로 성공하고 싶다 |
| ☑ 누군가 나를 이끌어 주거나 지시해 주는 방식이 좋다 | ☑ 내가 주도적으로 일하는 방식을 선호한다 |

대기업과 스타트업의 성향 체크리스트

종합해 보면 대기업은 '들어간다'는 표현이 적당하고, 스타트업은 '함께 한다'는 표현이 어울린다. 결국 평소 내가 추구하는 가치가 무엇인지, 나의 성향은 어떠한지에 따라서 이 선택은 갈릴지 모른다. 이 책은 그 선택에 있어서 좀 더 합리적인 방향을 제시해 줄 수 있을 것이라고 생각한다.

# 10

# 누구나 가르쳐 주는 스타트업 학습의 7단계

그동안 스타트업에 대해 많은 경험도 했지만 따로 학습을 하면서 깨달은 게 있다. 스타트업만의 학습 문화와 학습법이 있다는 것이었다. 그래서 그것을 공유하는 것도 의미있겠다는 생각이 들었다. 우리가 보통 뭔가를 배우려고 하면 누군가는 '아무도 안 알려 주는', '나만 알려 주는' 식으로 바이럴하지만 스타트업 업계에는 그런 게 없다. 스타트업 업계에는 누구든지 마음만 먹으면 스타트업에 대한 학습이 가능하도록 상당히 많은 정보들이 공유되어 있다. 또 용기를 갖고 물어 보기만 한다면 스타트업이나 그 스타트업에 다니는 관계자에 대해 많은 얘기를 들을 수 있다. 스타트업 사람들은 '이렇게 하면 어떤 문제가 잘 풀리더라' 또는 '나와 같은 실수를 하지 않기를 바라는 마음에서'라는 식으로 많은 정보를 공유한다. 이런 것들이 가능한 이유는 선배가 후배에게 자신의 경험과 노하우를 흔쾌히 알려 주는 스타트업만의 '페이 잇 포워드(pay it forward)' 문화 덕분이다. 이 문화를 통해 선배의 혜택을 받은 후배는 나중에 선배가 되었을 때 또 다른 후배에게 자신의 지식을 전달한다.

그리고 스타트업 업계에는 스타트업만의 독특한 정보원이 있다. 그것은 스타트업에 특화된 소셜 미디어, 뉴스레터, 세미나와 콘퍼런스, 랜선 사수 등이다. 스타트업 업계는 정보를 공유하는 것이 오히려 그들의 비즈니스에 도움이 된다고 생각하는 부분도 있기 때문에 다양한 정보원들을 통해서 많은 학습이 가능하다. 이렇게 스타트업만의 독특한 문화와 정보원을 바탕으로 스타트업 학습의 7단계를 정리해 보았다. 이 방법들은 실제로 해 보면서 정리한 것들이니 실질적인 도움이 될 것이다.

## 1단계, 직 · 간접적으로 뛰어들기

스타트업에서 인턴을 해 보거나 스타트업을 다녀 보는 게 가장 많은 걸 배우는 방법이겠지만 현실적으로 쉽지 않을 것이다. 그래서 여러 컴퍼니빌딩 프로그램에 직접 지원해 보는 것이 좋다. 왜 굳이 컴퍼니빌딩이냐 하면 컴퍼니빌딩 프로그램은 아이디어만 있거나 나만의 강점 한 가지만 있어도 지원이 가능하고, 또 만약 그 프로그램에 선발된다면 6개월이라는 단기간에 압축적으로 스타트업에 대해 경험할 수 있다. 그리고 그 프로그램에 선발되지 않는다고 해도 지원하는 과정에서 컴퍼니빌더들이 던지는 질문에 대해 고민해볼 수 있고, 각종 테스트를 거치면서 스타트업 시스템에 대해 간접 경험하게 되는 것들이 많다.

## 2단계, 책 읽기

갑자기 책을 읽어 보라고 하면 고루하다고 생각할 수도 있는데, 스타트업이 역동적인 업계임에도 불구하고 기본 틀은 책에서 잘 배울 수 있다. 왜냐하면 스타트업만큼 솔직하고 생생하게 회사와 자신의 이야기를 책으로 풀어놓는 업계가 없기 때문이다. 스타트업의 책들은 단순히 창업자의 성공 스토리나 케이스 스터디 수준이 아니라 정말 자신의 회사를 키우고, 실패하고, 거기서 얻어진 자신만의 노하우를 담고 있다. 심지어 실무자들도 자신의 세세한 업무에 대한 이야기를 책에 털어놓는다. 그래서 책을 통해 전체적인 스타트업 업계를 이해할 수 있고, 스타트업만의 용어에 대해서도 배울 수 있다. 그래서 여러 스타트업 관계자가 책을 쓰기도, 읽기도 한다. 이에 대해 배달의민족 김봉진 의장은 자신의 성공 비결로 독서를 꼽으면서 "책을 통해 묻고, 답을 듣고, 책 속의 현인들과 대화를 나누며 스스로의 길을 찾았고, 그 덕분에 지금 이 자리에 있게 됐다"고 말했다.[134] 실제로 많은 스타트업 대표를 만났을 때 '책은 필요없다' 또는 '책은 뒤쳐졌다'는 말을 한 사람은 단 한 명도 없었다.

그래서 여기에 스타트업 리더들의 블라인드로 불리는 'Lonely Cat Mafia'라는 커뮤니티에서 가장 많이 언급된 스타트업 관련 책 10권을 소개한다.[135] 『하드씽-경영의 난제를 푸는 최선의 한 수』 『린 스타트업-지속적 혁신을 실현하는 창업의 과학』 『크래프톤 웨이-배틀그라운드 신화를 만든 10년의 도전』 『권력의 법칙』 『제로 투 원-스탠퍼드 대학교 스타트업 최고 명강의』 『원칙』 『아이디어 불패의 법칙-구글 최고의 혁신 전문가가 찾아낸 비즈니스 설계와 검증의 방법론』 『순서 파괴-지구상 가장 스마트한 기업 아마존의 유일한 성공 원칙』 『언카피어블-아마존을 이긴 스타트업의 따라 할 수 없는 비즈니스 전략』 『미들맨의 시대-무엇을 연결하고 어떻게 시장을 장악할 것인가』 등이다. 이 외에 스타트업얼라이언스는 각 분야의 전문적인 정보를 담은 책들을 출간하고 있는데, 이를 전자책으로 무료로 배포하고 있다.

### 3단계, 소셜 미디어 팔로우하기

스타트업은 다양한 소셜 미디어에 전문적인 정보나 해당 스타트업에 대한 이야기들을 피드로 잘 만들어 올리고 있다. 그리고 스타트업 대표들도 자신의 개인 소셜 미디어 계정에서 회사에 대한 이야기나 개인 소회 등을 공유하는 것에 거리낌이 없다. 예를 들어, '알라미' 서비스를 운영하는 딜라이트룸의 신재명 대표는 미디엄을 통해 업계 사람들이 주목하는 성공의 비결과 이용자 중심 서비스 관점을 설파하고 있다. 실버테크 스타트업 한국시니어연구소의 이진열 대표는 자신의 성공과 실패 스토리, 스타트업 예비 창업자들이 알아야 할 여러 지식들과 투자 이야기를 유튜브 '스프링살롱'에서 허심탄회하게 풀어놓는다. 주거지 기반 분산 오피스 '집무실' 운영사 알리콘의 김성민 공동대표는 자신의 브랜딩 역량과 집무실 탄생 스토리를 녹여 인스타그램 라이브를 진행하기도 했다. 삼분의일 전주훈 대표는 브런치에서 그동안의 창업 스토리를 디테일하게 올렸다. 특히, 스타트업의 양질의 정보는 확실히 링크드인이 압도적으로 갖고 있다. 실제로 프라이머 권도균 대표도 링크드인을 통해 후배 창업자들에게 조언을 전하고 있다.

## 4단계, 뉴스레터 구독하기

스타트업 마케팅의 중요한 채널인 온드 미디어 중 뉴스레터의 활용도나 정보의 가치가 매우 높아지고 있다. 실제로 스타트업은 정제된 스타트업 정보들을 뉴스레터를 통해 공유하고 있다. 그래서 매주 업데이트가 필요한 스타트업 관련 정보는 뉴스레터를 통해 쉽게 얻을 수 있다. 예를 들어, 그로우앤베터의 '그로우앤베터 뉴스레터', 넥스트유니콘의 '넥스트유니콘 뉴스레터', 뉴스라떼의

'디캠프 뉴스레터', 더밀크의 '뷰스레터', 디스콰이엇의 '디스콰이엇 뉴스레터', 러닝크루의 '러닝크루 뉴스레터', 벤처스퀘어의 '벤처스퀘어 뉴스레터', 센서블컴퍼니의 '센서블박스 위클리', 스타트업레시피의 '스타트업레시피 뉴스레터', 스타트업얼라이언스의 '스얼레터', 인트윈의 '스타트업 로켓레터', 채널토크의 '채널톡 뉴스레터', 플래텀의 '플래텀 뉴스레터' 등이 대표적이다. 이런 뉴스레터를 구독해서 빠르게 읽고 본인에게 맞는 뉴스레터를 선별하고 추리면 좋다.

### 5단계, 세미나 · 콘퍼런스 참석하기

스타트업은 온라인과 오프라인에서 세미나나 콘퍼런스를 자주 연다. 본인들의 제품과 서비스를 알리기 위함이기도 하지만 전문정보의 공유도 활발하다. 이런 세미나와 콘퍼런스는 네트워킹의 장이 되기도 한다. 각 전문분야를 대표하는 세미나들이 있는데, 스타트업 전반에 대한 것은 스타트업얼라이언스와 EO, 그리고 HR과 관련된 것은 플렉스, 재무 관련은 쿼타북, 마케팅은 아드리엘이 정기적으로 세미나를 개최한다. 더불어 언더독스, 노하우 등은 네트워킹 행사를 열기도 한다. 그리고 종합적으로 이벤터스라는 플랫폼에서 다양한 스타트업 세미나와 콘퍼런스를 모아서 제공하기도 한다. 대부분 무료로 제공되거나 유료라고 하더라도 1~2만 원 수준의 참가비만 받기 때문에 하루 종일 들을 수 있는 수준 높은 정보치고 비용이 거의 들지 않는 셈이다.

## 6단계, 온라인 강의 플랫폼 가입하기

스타트업은 '재능 공유 플랫폼'과 같은 온라인 강의 플랫폼이 잘 구축되어 있다. 소위 랜선 사수로 불리는 이 온라인 강의 플랫폼은 다양한 분야의 현업, 실무 스킬들을 텍스트나 영상으로 정리해 콘텐츠로 만들어 올리기 때문에 꼭 스타트업 업계가 아니더라도 실무자라면 활용할만 하다. 예를 들어, 퍼블리, 커리어리, 폴인 등 텍스트 기반 플랫폼, 그로우앤버터, 패스트캠퍼스, 클래스101, 탈잉 등 동영상 플랫폼이 있다. 이들은 대부분 유료인데, 앞의 무료 세미나 · 콘퍼런스와 별개로 때로는 유료 콘텐츠에 돈을 아끼지 않는 것이 필요하다. 정말 중요하고 필요한 정보를 얻기 위해서는 어쩔 수 없이 돈이 든다.

## 7단계, 스타트업 관계자 인터뷰 해 보기

1~6단계를 거쳐야 할 수 있는 것이 스타트업 관계자 인터뷰이고 하이라이트라고 할 수 있다. 우선 앞선 단계를 통해 공부하다 보면 잘 해소가 안 되는 핵심 질문들이 수면 위로 떠오른다. 그럼 그 질문들을 해소시켜 줄 전문가가 필요하다. 그래서 스타트업 대표나 관계자를 찾게 되는데, 잘 찾아 보면 그들과 관련된 기사나 세미나, 강의한 흔적들을 찾아볼 수 있다. 그래서 인터뷰를 하기 전에 그것들을 모두 읽다 보면 인터뷰이에 대해 이해도가 전반적으로 높아진다. 이해도가 높아지면 질문의 깊이와 수준이 올라가고 그걸 바탕으로 실제 인터뷰를 하는 것이다. 그렇게 인터뷰를 하면 그동안 모

았던 정보에서 다소 오류로 느껴지는 것들도 걸러지고, 불필요한 정보들도 삭제된다. 때로는 스타트업 관계자와 나의 생각이 충돌할 때도 있다. 그런 지점도 다시 한번 정리가 된다. 즉, 인터뷰를 하기 위한 사전 조사, 실제 인터뷰, 검증과 수정이 핵심이다.

그럼 어디서 인터뷰이를 찾을까? 링크드인에서 커피챗을 신청할 수도 있고, 각종 세미나나 콘퍼런스를 다니며 명함을 교환하고 연락하면서 인터뷰를 요청할 수도 있다. 명함이 없는 학생이라도 본인의 신분만 밝히면 스타트업 업계에서는 이방인 취급을 하지 않는다. 흥미로운 것은 스타트업의 페이 잇 포워드 문화 덕분에 일면식이 없는 경우에도 스타트업에 대해 배우고 싶다고 연락했을 때 많은 스타트업 대표들, 관계자들이 화답해 주었다. 직접 만날 때도 있고, 줌이나 전화, 이메일이든 방법은 다양하게 진행되었다.

사실 대기업의 경우 학교 선후배나 친한 지인의 소개가 아니면 만나기 어렵고, 또 만나더라도 정보 보안 등의 이슈로 깊이 있는 얘기를 나누기 어렵다. 응당 당연하다. 하지만 스타트업이 이런 부분에 있어서는 좀 더 너그럽다고 해야 할까. 이렇게 한 사이클을 돌면 머리가 터질 정도로 정보가 많이 쌓일 것이다. 하지만 이때 정보들을 잘 분류하면 좀 더 정제된 정보, 좀 더 통찰력 있는 생각들이 자리 잡는다. 때로는 나만의 개념도 만들 수 있다. 그렇다면 이렇게 정리된 내용들을 바탕으로 다시 이 학습의 7단계를 거쳐 보는 것도 매우 좋은 방법이다. 왜냐하면 이 단계들을 반복할수록 애매했던 정보들이 선명해지기 때문이다. 더불어 이 스타트업 학습의 7단계가 익숙해지면 새로운 어떤 분야를 배우고 공부하는 데에도 활용할 수 있다.

# 나가는 말

이 책을 쓴 궁극적인 목적은 3가지이다. 우선 시대 변화의 흐름을 알자는 것이다. 스타트업이 등장해서 기업 형태라는 큰 흐름도 바꾸었지만 그 안에서 다양한 분야의 새로운 개념들이 제시되었다. 그래서 현재의 기업 형태 변화를 이해하고 앞으로의 변화에 대해서도 기반을 다지는 안목이 필요하다. 두 번째는 그런 변화의 흐름을 주도하고 있는 스타트업에 대해 오해든 환상이든 갖지 말고 제대로 알자는 것이다. 그래서 실제로 스타트업을 하더라도, 스타트업으로 취업 또는 이직을 하더라도 실수를 최소화하고, 적응력을 높이자는 것이다. 특히, 스타트업이 아닌 업계에서 스타트업의 가치나 DNA를 도입하려고 할 때 스타트업 전반의 배경을 이해하고 잘 도입하는 게 중요하다. 세 번째는 여러 선택에 있어서 스타트업을 옵션의 하나로 반드시 고려하자는 것이다. 몇 년 전까지만 해도 대기업에서 스타트업으로 이직하는 추세가 주도적이었다. 그런데 이제는 스타트업 출신들이 대기업에 이직하기도 한다. 스타트업의 지위가 그만큼 올라간 것이다. 특히, 스타트업 생태계의 영역이 매우 넓어졌다. 그래서 스타트업을 옵션에서 제외하면 여러 선택에 있어서 선택지가 대폭 줄어든다.

이런 목적을 위해 개인 경험뿐만 아니라 앞선 학습법 등을 통해 많은 정보를 수집했고, 많은 스타트업 관계자들을 인터뷰하면서 의견들을 종합했다. 그럼에도 불구하고 여전히 모든 것을 일반화하기엔 어렵다. 특히, 이 책은 스타트업 입문자용으로 각 파트별 깊이 있는 내용을 다룬 책들을 더 읽고 좀 더 심화된 지식을 얻길 바란다. 마지막으로 스타트업에 대해 알아가면서 스타트업 업계에서 배운 점이 있다. '회사가 스케일업하면 나는 스텝업한다'는 것과 '내가 스텝업하기 위해서는 스피크업해야 한다'는 것이다. 여기서 스피크업이란 목소리를 높인다는 뜻이다. 목소리를 높이는 방향은 두 가지이다. 하나는 조직 내에서, 또 하나는 내 스스로에게이다. 즉, 나의 내면과 나의 인생에 대해서도 목소리를 높이면 무엇이든 자기 주도적으로 해 볼 수 있게 된다. 이건 대기업을 다니든 스타트업을 다니든 혹은 아무것도 하고 있지 않은 모든 사람에게 해당되는 말이다. 그래서 한편으로 뭔가 해 주길 바라는 '해 주세요'의 마음을 갖고 있는 사람들에게 해 주고 싶은 나의 대답은 이것이다.

"해 주세요 하지 말고 해 보세요."

# 후주

1) 김성호(2023). 일본전산 이야기. 쌤앤파커스.

2) CB Insights https://www.cbinsights.com/research-unicorn-companies

3) 방은주(2023. 2. 9.). 국내 유니콘 22곳 … 메가존, 클라우드 분야 첫 탄생. 지디넷코리아.

4) KDI 경제정보센터 https://eiec.kdi.re.kr/policy/materialView.do?num=236701&topic=

5) 김문선(2022. 4. 26.). 벤처 · 스타트업 단체와 인수위의 만남 '디지털 경제 발전 및 규제혁신 방안' 제안. 플래텀.

6) 백봉삼(2022. 6. 28.). 대학생들이 가고싶은 기업 1위 카카오...2 · 3위는 네이버와 삼성. 지디넷코리아.

7) 정호(2023. 3. 15.). 잡코리아, 대학생 가고 싶은 기업 1위 '삼성전자'. 뉴스워치.

8) 잡코리아 https://www.jobkorea.co.kr/goodjob/tip/view?News_No=19694

9) 이수민(2019. 11. 28.). "린하게 하자, 펀딩감이네"…'판교 사투리'를 아시나요. 서울경제.

10) 브런치스토리 https://brunch.co.kr/@roysday/368
11) 지그재그 공식 유튜브 https://www.youtube.com/@ZIGZAG
12) 마케팅몬데 https://maily.so/mkt.monday/posts/473e5ef5
13) 스타트업얼라이언스 https://www.koreastartupecosystem.com/history2022
14) 기업 1.0에서 4.0으로의 개념 정립에 대해 스타트업얼라이언스 최항집 센터장과 함께 논의를 하였다.
15) KDB미래전략연구소 https://rd.kdb.co.kr/FLPBFP02N01.act?_mnuId=FYERER0030#__init__
16) 다도코로 마사유키 저, 이자영 역(2019). 田所雅之(다도코로 마사유키). (2017). 起業の科学：スタートアップサイエンス. 이자영 역(2019). 창업의 과학=Startup science: 스타트업이 반드시 직면하는 모든 문제의 99% 해결법. 한빛미디어. 한빛미디어
17) 이시은(2022. 8. 24.). 페이스북 회의실 이름이 '라떼 이즈 홀스'…무슨 뜻? [긱스]. 한국경제.
18) NEXT STEP: 커리어 콘퍼런스 https://www.youtube.com/watch?v=BnI1Yz9LBaA
19) 패스트벤처스 텍스트북 https://www.fastventures.co.kr/textbook
20) 김문선(2023. 5. 11.). 사람들의 일상을 바꾼 스타트업 서비스 5선. 플래텀.
21) 패스트벤처스 텍스트북 https://www.fastventures.co.kr/textbook
22) Paul Graham http://www.paulgraham.com/growth.html
23) 패스트벤처스 텍스트북 https://www.fastventures.co.kr/textbook
24) 벤처스퀘어 https://www.venturesquare.net/871829
25) 아이디어 도출은 사업 아이디어 구상, 비즈니스 모델 설계, 시제품 출시, 시장 검증, 제품 및 비즈니스 모델 피봇, 투자 유치, 매출 발생 등에서 적용된다.
26) Maggie Wooll(2021. 8. 4.). How the Golden Circle sheds light in a

world full of noise. BetterUp.

27) 아드리엘, 잘나가는 스타트업의 요즘 마케팅 전략 세미나 https://www.adriel.com/ko/aday-2022-06

28) 김호정(2023. 6. 22.). 노래보다 이 질문 답해야…프랑스 성에서 열릴 조수미 콩쿠르. 중앙일보.

29) 김나영(2022. 9. 19.). "부작용 후기에 병원 이름 공개하면 명예훼손?" 바비톡, 업계 최초 실제 '병원명' 공개. 인사이트.

30) 커리어리 https://careerly.co.kr/comments/26248

31) 그로우앤베터 https://www.grownbetter.com/article/238

32) 플로우 톡투유 https://www.facebook.com/flow.team/posts/2347801152028331

33) 예를 들어 앱에서 회원가입을 유도할 때, 사용자가 네이버 로그인에 더 잘 반응하는지, 카카오톡 로그인에 더 잘 반응하는지를 확인하기 위해 네이버와 카카오톡 로그인 기능이 각각 담긴 다른 앱을 소비자에게 직접 테스트하는 것이다. 그 테스트 종류가 2개면 AB 테스트, 3개면 ABC 테스트라고 부른다.

34) 요즘IT https://yozm.wishket.com/magazine/detail/287/

35) 브런치스토리 https://brunch.co.kr/@hailey-hyunjee/27

36) 요즘IT https://yozm.wishket.com/magazine/detail/1622/

37) 스타트업레시피 https://startuprecipe.co.kr/archives/invest-newsletter/5688208

38) 김문선(2023. 1. 4.). [스타트업人] 한국생활 18년차 액셀러레이터 '마르타 알리나'가 말하는 한국 스타트업 생태계. 플래텀.

39) 핀테크 스타트업 8퍼센트의 최초 법인명과 제품명은 모두 '에잇퍼센트'였다. 하지만 설립 초기부터 소비자들이 팔퍼센트라고 부르면서 자연스럽게 제품명이 팔퍼센트로 바뀌었다. 8퍼센트 이효진 대표는 "어르신들이 전화를 해서 '팔퍼센트 맞죠?'라고 물으셨는데, 소비자들이 팔퍼센트라고 부르면 그게 맞는 거다"라고 했다. 이로 인해 8퍼

센트는 법인명은 에잇퍼센트, 제품명은 팔퍼센트로 이원화됐다.

40) 아산나눔재단 AER지식연구소 최화준 선임연구원과의 인터뷰에서 발췌.

41) 그리팅 블로그 https://blog.greetinghr.com/hr-team-namen/

42) 이미란(2023. 1. 16.). 삼성 피플팀 · 롯데 스타팀…대기업 인사팀은 변신 중. 연합인포맥스.

43) 그로우앤베터 https://www.grownbetter.com/article/237

44) Vidit Agrawal(2023. 2. 13.). Four HR Trends For 2023. Forbes.

45) 브런치스토리 https://brunch.co.kr/@supims/609

46) flex webinar https://www.youtube.com/watch?v=wCw1ajm7B18

47) 목표와 성과관리법 중에 MBO(management by objectives)도 있지만 여기서는 OKR과 KPI만 비교하여 선명하게 이해할 수 있도록 하였다.

48) 가인지TV https://www.youtube.com/watch?v=-BbpXwm3_Og

49) EO https://www.youtube.com/watch?v=CZwZ9oim5vs

50) 다독다독 https://www.youtube.com/watch?v=x00Oh0mkFfQ

51) 다이켄의 테크인사이트 https://www.youtube.com/watch?v=fzFQq94lqoI

52) 트렌드라이트 https://stibee.com/api/v1.0/emails/share/uG0c2sghBOrRKL0RqWI3bH6qwM_sJsI=

53) 황순민(2022. 3. 30.). [트렌드] 인재 마음 훔치는…'컬처덱'제작 열풍. 매일경제.

54) 최원희(2022. 9. 29.). '기업문화'가 경쟁력인 시대, 스타트업 기업문화 엿보기. 플래텀.

55) 배민다움 https://story.baemin.com/3359/

56) 김지섭(2023. 2. 26.). 직장인 1000명 심층조사 "번아웃 됐다, 원인은 업무량이 아니고…". 조선일보.

57) 최재서(2023. 6. 14.). "전세계 스트레스 심한 직장인 비율 2년째 최

고…韓 40%". 연합뉴스.

58) 그로우앤베터 https://www.grownbetter.com/article/13

59) 강홍민(2021. 11. 15.). '스케일 업'의 결정적 요소 '자금 · 기술 · 시장' 그리고 이것 [박재현의 디자인 창업 전략]. 매거진한경

60) 그로우앤베터 https://www.grownbetter.com/article/154

61) 그로우앤베터 https://www.grownbetter.com/article/135

62) Morning Studio editors(2022. 1. 14.). Virtual pitch competition aims to lift tech start-ups towards success in a post-pandemic world. South China Morning Post.

63) 아사나 https://asana.com/ko/resources/elevator-pitch-examples

64) Founder Institute https://fi.co/pitch-deck

65) 김예린(2022. 5. 22.). [마켓인]스타트업 몸값 껑충…더 초기투자로 옮겨가는 VC. 이데일리.

66) 고은이, 허란(2022. 5. 9.). "될성부른 스타트업 직접 키운다"…'컴퍼니 빌딩'사업 나서는 AC · VC. 한국경제.

67) 김수경(2019. 7. 24.). 스타트업 성공신화, 숨은 조력자는 광고회사… 브랜드 인큐베이터로 변신. 브랜드브리프.

68) 장우정(2022. 6. 15.). "외부서 먹거리 찾자"… 스타트업계 큰 손 된 기업들. 조선비즈.

69) 그로우앤베터 https://www.grownbetter.com/article/180

70) 그로우앤베터 https://www.grownbetter.com/article/135

71) 포켓컴퍼니 https://포켓컴퍼니.com/pocket-html/invest-build.html

72) 그로우앤베터 https://www.grownbetter.com/article/61

73) 스타트업레시피 https://startuprecipe.co.kr/archives/invest-newsletter/5691244

74) 김영아(2022. 7. 6.). 스타트업 성공 제 1비결은? 돈보다 타이밍. 더밀크.

75) 안희정(2023. 6. 19.). [기자수첩] 'AI 주권' 무심한 정부…규제 프레임

서 벗어나야. 지디넷코리아.

76) 김다린(2023. 6. 20.). 법은 불법, 판례는 합법… 타다 또다른 논쟁 [視리즈]. 더스쿠프.

77) 박희중(2023. 3. 21.). 로톡 · 삼쩜삼 · 강남언니 · 닥터나우는 '직업 혁신' 플랫폼?...이용자들이 좋아해. 뉴스투데이.

78) 명순영, 최창원(2023. 6. 16.). '타다'는 무죄, 그러나…환영 못 받는 新사업들 [Special report]. 매경이코노미.

79) 김하경(2023. 2. 20.). 결국 무릎 꿇은 '로톡'… 직원 절반 줄이고 신사옥 내놔. 동아일보.

80) 김주완(2022. 11. 3.). 디지털 전환 가속화…커지는 스타트업과 '협회들' 간 갈등 [긱스]. 한국경제.

81) 전경련 국제경영원(IMI) 블로그 https://blog.naver.com/iloveimier/222654784633

82) KDI 경제정보센터 https://eiec.kdi.re.kr/policy/materialView.do?num=210276

83) 대한민국 정책브리핑 https://www.korea.kr/news/policyNewsView.do?newsId=148893406

84) 박정규(2021. 12. 16.). 전경련 "韓 상품시장 규제, OECD 38개국 중 33위". 뉴시스.

85) 강진규(2022. 6. 16.). 韓 규제환경 48위 '바닥'…국가경쟁력까지 23→27위로 갉아먹어. 한국경제.

86) 고경봉(2022. 9. 19.). [데스크 칼럼] 번지수 잘못 짚은 스타트업 정책. 한국경제.

87) 정성훈, 성소의(2022. 11. 28.). 정부, 한국 규제수준 원점 재진단...KDI · 행정연과 실태분석 착수. 뉴스핌.

88) 정지수(2021. 1. 20.). [초점] 인공지능, 미래 10년이 과거 60년 압도한다. 데일리인베스트.

89) 권가림(2022. 8. 25.). 카셰어링에 꽂힌 대기업… 법 규제 해소도 시

급. 머니S.

90) 브런치스토리 https://brunch.co.kr/@seunghoon82/213

91) 허준(2021. 10. 8.). "대관, 대기업만의 영역 아냐"...국감으로 보는 배민-직방이 대관에 열 올리는 이유. 테크M.

92) Katharina Buchholz(2023. 1. 24.). ChatGPT Sprints to One Million Users. Statista.

93) 최다은(2022. 7. 20.). 킥보드 견인비만 5억…"규제 풀린 일본 갑니다" [긱스]. 한국경제.

94) 스타트업레시피 https://startuprecipe.co.kr/archives/invest-newsletter/5686392

95) 진민경(2023. 4. 20.). [이슈체크] 벤처 · 스타트업 '데스밸리' 탈출방안 나왔다…정부지원책 A to Z. 조세금융신문.

96) 마케팅 대상은 B2C, B2B, B2G 등 다양하지만 여기서는 주로 B2C를 다루기로 한다.

97) Reforge https://www.reforge.com/blog/growth-loops

98) Mark Arpaia, Kenny Mitchell(2019. 10. 1.). Growth Loops: How The World's Best Brands Build & Sustain Growth. NoGood.

99) 박정준(2019). 나는 아마존에서 미래를 다녔다. 한빛비즈.

100) 허현(2021. 12. 11.). 복리로 성장하는 그로스 loop. PAP.

101) 브런치스토리 https://brunch.co.kr/@hitoe559/10

102) '순서 파괴'는 『순서 파괴-지구상 가장 스마트한 기업 아마존의 유일한 성공 원칙』에서 언급된 개념이다. 이는 주로 일하는 방식에 관한 것이지만 이 책에서는 스타트업이 마케팅을 할 때 일반적인 마케팅의 순서를 뒤집는다는 의미로 활용하였다.

103) 예시카(2023. 2. 22.). 그로스 해킹의 '아하 모멘트 운동'. 오픈애즈.

104) 이한종(2015. 6. 9.). 와이콤비네이터의 폴 그레이엄이 전하는 '초기 유저 확보를 위한 5가지 조언'. 비석세스.

105) 그로우앤베터 https://www.grownbetter.com/article/241

106) 황지혜(2021. 11. 23.). [민지리뷰] 내 강아지의 생일을 축하해주는 서비스에 심쿵해 버렸다. 중앙일보.

107) 아드리엘 https://www.adriel.com/ko/aday-2022-06

108) 브런치스토리 https://brunch.co.kr/@favoriefavorie/11

109) 김근욱(2022. 5. 23.). '동네 수다방' 된 당근마켓에 '스타트업'이 몰린다. 뉴스1.

110) 아드리엘 https://www.adriel.com/ko/ebook/startup-investment-marketing

111) John Doerr(2021). Speed & Scale - An Action Plan for Solving Our Climate Crisis. Portfolio.

112) 박기범(2022. 5. 22.). [M&A 트렌드③] "대기업과 스타트업의 동상이몽, M&A 늘려". 아주경제.

113) 윤경희(2023. 4. 26.). 한국 온 LVMH 아르노 회장 일가... 옆엔 AI로 '짝퉁' 잡는 한국 스타트업이 [더 하이엔드]. 중앙일보.

114) 김선미(2023. 5. 30.). "핀란드, 노키아 몰락뒤 학생-청년사업가 주도로 스타트업 붐". 동아일보.

115) 손요한(2022. 7. 28.). [Go to VINA] 인구 절반이 MZ 세대인 이 나라… 향후 스타트업 강국 된다. 플래텀.

116) 스타트업레시피 https://startuprecipe.co.kr/archives/invest-newsletter/5686874

117) 강동완(2022. 9. 13.). GS리테일, "MZ가 MZ 뽑는다" 하반기 공채 돌입. 머니S.

118) 스타트업레시피 https://startuprecipe.co.kr/archives/invest-newsletter/5686874

119) 스타트업레시피 https://startuprecipe.co.kr/archives/invest-newsletter/5690455

120) 고은이, 최다은, 허란(2022. 8. 18.). '새벽배송' 김슬아, 'P2P금융' 이효진…'파워우먼' 스타트업 시대. 한국경제.

121) 잡코리아 https://www.jobkorea.co.kr/goodjob/tip/view?News_No=19694

122) 김정민, 권유진(2022. 5. 3.). 1년만에 2650억 대박…'이해진 키즈'들, 창업 신주류로 떴다 [90년대생 창업자가 온다]. 중앙일보.

123) 송화연(2021. 5. 11.). 옥스퍼드 유학생→5000억원 잭팟…'스타 창업가' 90년생이 왔다. 뉴스1.

124) 윤종성(2018. 2. 17.). '데스 밸리'에 갇힌 韓 스타트업. 이데일리.

125) Startup Alliance Korea https://www.youtube.com/watch?v=d5U7XjIMM0M

126) 브런치스토리 https://brunch.co.kr/@class101/50

127) Jack Zenger, Joseph Folkman(2022. 8. 31.). Quiet Quitting Is About Bad Bosses, Not Bad Employees. Harvard Business Review.

128) 음재훈(2022. 8. 18.). 티슈와 생수가 있는 회의실...실리콘밸리가 직원과 이별하는 법. 조선일보.

129) 최혜승(2021. 12. 7.). "지금 화상회의 참석자 모두 해고" 900명 자른 스타트업 CEO. 조선일보.

130) 최원희(2022. 10. 6.). B2B 넘어 B2E로 확장하는 사내복지 서비스. 플래텀.

131) 커리어리 https://careerly.co.kr/comments/57111

132) 조이너리 https://www.joinery.kr/new?utm_source=linkedin

133) 브런치스토리 https://brunch.co.kr/@mellogue/28

134) 김경미,김남영(2023. 2. 13.). "창업 성공하려면 이 책 봐라" 김봉진 · 김슬아 · 이승건의 원픽. 중앙일보.

135) 코끼리(2022. 5. 24.). 스타트업 창업자들이 꼽은, 경영에 도움이 된 책 TOP 10권. ㅍㅍㅅㅅ.

# 저자 소개

**민병운**(Min ByungWoon)

서강대학교에서 신문방송학을 전공했고, 연세대학교 경영전문대학원에서 경영학 석사학위, 서강대학교 신문방송학과에서 광고학 박사학위를 받았다. 주요 경력으로 삼성전자 본사 인사팀, 에프오티 공동창업자 겸 COO, 테미스코프 리서치 앤 컨설팅 CEO, 서강대학교 지식융합미디어대학 겸임교수 등을 역임했고, 현재 대구가톨릭대학교 미디어영상광고홍보학부 교수다. 현재까지 삼성전자, 신세계백화점, SSG닷컴, 스타필드, 신세계까사, 한화호텔&리조트, 코오롱, 카카오, SM엔터테인먼트, 동서식품 등 주요 기업의 마케팅 전략 컨설팅과 Awair, Chegg 등 실리콘밸리 스타트업의 마케팅 자문을 진행했다. LG, 롯데, 한국문화관광연구원, 휴넷, 스마트리테일 핵심전략 콘퍼런스, 연세 Executive MBA 등에서 강의를 했으며, 현대경제연구원, IBK 경제연구소, 한국능률협회컨설팅, 한국경제, 퍼블리 등에 마케팅과 트렌드 칼럼을 기고했다. 저서로는 『코로나 시대의 역발상 트렌드: 메가 트렌드를 뛰어넘는 20가지 비즈니스 전략』(공저, 부키, 2021), 『코로나19 이후 지속가능한 소비와 광고』(공저, 정독, 2021), 『리:티핑 포인트: 위기 극복의 11가지 반전 포인트와 45가지 실전 전략』(공저, 학지사, 2022), 『역발상 트렌드 2023: 메가 트렌드를 뒤집는 역발상 전략 15』(공저, 부키, 2023), 『디지털 시대의 광고기획 신론』(공저, 학지사비즈, 2023), 『AI 기반 광고 전략』(공저, 온샘, 2023) 등이 있다. 여러 연구 성과와 저서를 바탕으로 서강언론학회 신진연구자상과 서강언론학술상, 연세 MBA 학술연구 대상을 수상했다.

bwmin@cu.ac.kr | www.linkedin.com/in/byungwoonmin

공식적인 소개 외에 개인적인 소개를 덧붙인다. 이 책은 대기업과 스타트업을 비교하는 내용이 상당수 나온다. 이렇게 두 기업을 모두 건드리는 것에 다소 부담이 있긴 했다. 하지만 한편으로 이 얘기는 대기업과 스타트업을 모두 경험한 사람만이 할 수 있고, 정리할 수 있다는 생각이 들었다. 그래서 용기를 내서 정리를 했다. 그런 바탕이 된 나의 대기업과 스타트업에서의 경험들을 소개하려고 한다.

- 첫 직장이 대기업: 나는 첫 직장생활을 삼성전자 인사팀에서 시작했다. 약 3년 반을 다니면서 업무 외에 대기업의 시스템, 상하 관계, 동료들과의 관계, 하다못해 메일을 쓰고, 전화를 받고, 카톡 메시지를 고민하는 것 등 대기업만의 문화를 체득했다. 개인적으로 이런 것들을 경험하고 배우면서 좋은 영향을 받을 수 있었다. 그래서 대기업은 정말 시스템을 배우기에 최적화되어 있고 최고의 인큐베이터라는 생각을 했다. 특히, 대기업을 들어감으로써 그에 걸맞은 네트워크가 형성되기도 했다. 그리고 나중에 나에 대한 증명을 할 때 대기업 출신이라는 것이 신뢰 관계 형성에 도움이 되기도 했다. 게다가 스타트업 업계 사람들을 만나다 보니 많은 스타트업 대표, 벤처 캐피털리스트들의 첫 커리어도 대기업이었다는 것을 알게 되었다. 대기업에서 경험한 넓은 시야, 세상을 바라보는 관점, 디테일한 시스템 등이 스타트업 업계에 발을 딛는 중요한 밑거름이 된 것이다.

- 두 번의 창업: 잘 다니던 삼성전자를 그만두고 첫 번째 창업을 했다. 공동 창업이었고, 프랜차이즈 디자인 솔루션을 제공하는 회사였다. 당시 프랜차이즈들은 디자인 체계가 제대로 자리 잡혀 있지 않거나 디자인 담당 직원이 없는 경우가 많았다. 반대로 디자이너들은 대부분 프리랜서로 활동하고 있어서 소득의 안정성이 떨어졌다. 그래서 이를 연결하고 월정액으로 서비스를 제공하면 양쪽 모두에게 도움이 되겠다는 생각으로 프랜차이즈 디자인 솔루션 서비스를 제공한 것이다. 하지만 당시에는 앱과 같은 기술적 저변이 확대되어 있지 않던 때

였다. 그래서 모든 영업과 마케팅을 발로 뛰었고, 디자이너들도 직접 고용하는 형태로 경영했다. 결국 기술도 없었고, 모든 업무가 인적 베이스로 진행되다 보니 버틸 수가 없었다. 그렇게 약 4년 만에 회사를 접을 수밖에 없었다. 그런데 최근 스타트업의 경영지원 업무를 구독형으로 서비스하는 곳이 많다는 것을 알게 되었다. 결국 스타트업도 타이밍이다. 한편, 그 후에 두 번째 창업을 했다. 소비자 트렌드와 라이프스타일을 리서치하는 업무를 진행하고 있고, 여기서 대기업과 스타트업의 경영 및 마케팅 컨설팅 등을 약 200회 이상 해 오고 있다.

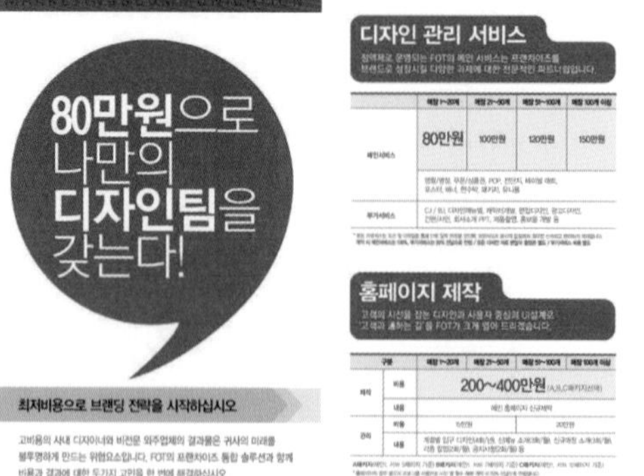


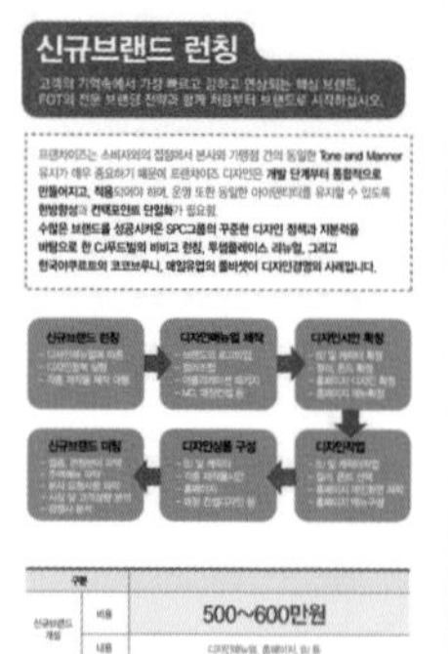


첫 창업을 했을 때 제작했던 서비스 소개 리플릿

• 세 번의 투자: 그동안 엔젤투자를 세 번 해 봤다. 그중 한 건은 2억 5천만 원을 투자해 원금만 회수했고, 나머지 두 건은 3억 원씩 투자했지만 투자금의 대부분을 회수하지 못한 채 큰 손해를 봤다. 두 곳 모두 방만한 경영을 했던 CEO 리스크에 의한 것이었다. 이를 통해 투자를 받는 것도 어렵지만 투자를 하는 것 역시 매우 어려운 것이라는 걸 깨달았다.

이렇게 나는 대기업과 스타트업에 대한 업무, 투자, 컨설팅 등의 경험을 해 왔다. 중요한 것은 그중에 성과를 거둔 것도 있지만 실패를 한 부분도 적지 않다는 점이다. 그래서 나는 스타트업 생태계에서 잘할 수 있는 것이 무엇일지, 무엇으로 기여할 수 있는지 고민했다. 그러다 스타트업 생태계에 기여하기 위해서는 많이 경험하고, 배우고, 그리고 많은 사람을 만나며 들은 것들을 잘 정리해야 한다는 것을 깨달았다. 그리고 그것을 이제 막 사회에 나가려는 학생들, 직장인들에게 잘 전달하는 것이 중요하다고 느꼈다. 왜냐하면 스타트업만의 가치와 DNA가 중요한 트렌드라고 믿기 때문이었다. 마지막으로 이 책을 통해 전달하고 싶은 메시지를 조직심리학자 애덤 그랜트(Adam Grant)의 말로 대신한다.

"가장 의미 있는 성공은 다른 사람의 성공을 도와주는 것이다
(The most meaningful way to succeed is to help others succeed)."

# 스타트업 100인의 커뮤니케이션 전략

**The Communication Strategy of 100 Startups**

2024년 1월 25일 1판 1쇄 인쇄
2024년 1월 30일 1판 1쇄 발행

지은이 • 민병운
펴낸이 • 김진환
펴낸곳 • **학지사비즈**
04031 서울특별시 마포구 양화로 15길 20 마인드월드빌딩
대표전화 • 02-330-5114 팩스 • 02-324-2345
등록번호 • 제313-2006-000265호

홈페이지 • http://www.hakjisa.co.kr
인스타그램 • https://www.instagram.com/hakjisabook

ISBN 979-11-93667-02-6 03320

정가 19,000원